2017—2018年度浙江省高校重大人文社科攻关计划项目:"基于学生成长的高职院校全过程、全方位育人体系研究"(项目编号:2018GH040)的阶段性研究成果

发展素质教育　推进立德树人

——2017年全国高职院校立德树人研讨会论文集

主　编　张鹏超

副主编　施技文　王立成

浙江工商大学出版社
ZHEJIANG GONGSHANG UNIVERSITY PRESS

图书在版编目(CIP)数据

发展素质教育 推进立德树人 / 张鹏超主编. —杭州：浙江工商大学出版社，2018.9

ISBN 978-7-5178-2945-4

Ⅰ. ①发… Ⅱ. ①张… Ⅲ. ①思想政治教育－教学研究－高等职业教育 Ⅳ. ①G711

中国版本图书馆 CIP 数据核字(2018)第 205755 号

发展素质教育　推进立德树人

——2017 年全国高职院校立德树人研讨会论文集

主编 张鹏超　副主编 施技文　王立成

责任编辑	沈敏丽　刘　韵
责任校对	唐桂礼
封面设计	林朦朦
责任印制	包建辉
出版发行	浙江工商大学出版社
	（杭州市教工路 198 号　邮政编码 310012）
	（E-mail：zjgsupress@163.com）
	（网址：http://www.zjgsupress.com）
	电话：0571-88904980，88831806（传真）
排　　版	杭州朝曦图文设计有限公司
印　　刷	虎彩印艺股份有限公司
开　　本	787mm×1092mm　1/16
印　　张	15.75
字　　数	373 千
版 印 次	2018 年 9 月第 1 版　2018 年 9 月第 1 次印刷
书　　号	ISBN 978-7-5178-2945-4
定　　价	48.00 元

编 委 会

目　　录

第一编　立德树人研究

动力场视域下高校学生干部激励机制研究

重庆电子工程职业学院　张华敏

摘　要：勒温的动力场理论认为,行为或每一心理的事件都取决于人之状态及其所处的环境。本文以该理论为指导,分析了高校学生干部激励机制中出现的问题,提出了高校学生干部内容性(需求)激励原则、过程性(动态)激励原则、系统性激励原则,并探讨了高校学生干部激励机制研究的新策略和新路径。

关键词：动力场　需求　激励　高校　学生干部

作者简介：张华敏,女,1979年出生,副教授,硕士研究生,研究方向:高校德育、高等教育研究。

　　高校学生干部是连接高校教师和学生的桥梁,是大学生中的骨干。高校学生管理工作也主要是通过各级学生干部来辅助完成的。高校学生工作中一个重要方面是对学生干部的管理,而在对学生干部的管理中一个最为重要的方面就是对学生干部的激励。[1]高校学生干部队伍建设是高校学生工作的重要组成部分,重视和加强高校学生干部队伍建设关系高校的稳定和发展。高校扩招以来,高校学生干部工作积极性、主动性不够,缺乏吃苦耐劳的精神,工作动力不足,给高校学生干部队伍建设带来很大的挑战。世界著名心理学家勒温的"动力场"理论为积极应对当前的挑战、优化高校学生干部队伍建设提供了新的视野。因此,积极运用"动力场"理论指导高校学生干部激励机制研究,是提高新形势下高校思想政治教育实效性的有益探索。

一、勒温的动力场理论

　　勒温认为,"行为或每一心理的事件都取决于人(P)之状态及其所处的环境(E)。环境虽同而人不同,或人虽同而环境不同,都可以引起不同的行为;而且同是一人,在不同的时间对于相同的环境,也可有不同的行为。所以行为等于人乘环境的函数"。[2]勒温的动力场理论对当前高校学生干部队伍建设具有启示意义。

　　首先,动力场理论指明了学生干部动力来源于学生干部的需求。只要在一个人的内部存在一种心理的需求,也就会存在一种处于紧张状态的系统。[3]而紧张的释放可为心理活动和行为提供动力和能量,从而也就构成了决定人的心理活动和行为表现的潜在因素。[4]如果在高校学生干部队伍激励机制研究中,不了解学生干部的心理需求,没有激发出学生干部参与工作的内在动力,即可视为此工作状态下学生的工作需求为零。按照勒温的行为公式为:B=f(PE),若学生干部的心理需求(P)=0,则其的行为(B)=0,即该激励机制是低效甚至无效的。

其次,该理论指明了环境因素(生活空间)对学生干部的工作动力有重要影响。把人与环境看作是相互依存的有机整体,人的变化会引起环境的变化,环境的变化也会引起人的需求和行为的变化。勒温认为,生活空间是指一个人在某一时间内的行为所决定的全部的事实。[2]高校学生干部的生存离不开社会环境的支持,他们需要与社会环境进行物质、信息和能量的交换,因此,社会环境对学生干部的行为起着重要的影响。

第三,动力场理论还指明了高校学生干部激励机制中还应注意学生干部行为目标的设置。勒温认为,人的行为或心理活动的目标也具有一种力,叫引拒值(Valence)。引拒值具有正负之分,正的引拒值具有吸引力,负的引拒值具有排拒力。除了受人的内在需求和外在生活空间的影响,人的行为还受目标本身的吸引或者排拒。高校学生干部行为目标的实现,让学生干部内心有一种成就感,产生自我效能感。这就为其设定和积极争取实现下一个目标奠定了基础。

二、当前高校学生干部激励机制存在的问题

激励作为心理学的一个概念,指通过一定的中介机制,使个人目标与组织目标最大限度地一致起来,激发人的内在动机,发挥他们的能动性、积极性和创造性。[5]激励是在某种场的作用下,受某种力的作用而发生某种行为的运动过程。高校学生干部的激励机制就是在高校学生干部受其内在需求和生活空间的影响,积极实现其发展目标的过程。高校学生干部激励机制研究日益成为一个核心问题,我国高校在学生干部队伍建设中取得了很多的研究成果,但受诸多因素影响,对学生干部激励机制研究还不太完善。

(一)对学生干部的需求认识不到位

从组织行为学的角度来看,"需求的本质应是一种心理状态,是个体在某种重要而有用或必不可少的事物匮缺、丧失或被剥夺时内心的一种主观感受","需求只有跟某种具体目标相结合,才能转化为动机,并在适当的外部条件下显现为外在的可见行为","需求的不满足才是激励的根源"。[6]受传统师道尊严的影响,高校学生的主体地位并未得到充分的肯定,学生的需求也没有受到充分尊重。这就容易造成高校管理者忽视学生干部自身的成长诉求,使高校的育人目标与学生的成长目标相脱节。外显为学生干部在高校学生管理工作中缺乏动机,容易产生工作倦怠。高校学生干部来自五湖四海,有着不同的家庭背景和人生经历。"一刀切"的激励方式效果并不理想。因此,高校管理者应当尊重学生干部的主体地位,了解他们的真实需求,并尊重他们的成长需求,因地制宜地制定相应的激励政策,才能有针对性地选择激励策略和方法。

(二)激励手段单一,忽视学生的多维需求

由于高校管理者对学生干部的需求缺乏深入的了解,认为予以精神上的认可就能激发学生干部的工作积极性。但是,马斯洛需要层次理论认为,人的精神需要是属于高层次的需

要,是建立在低层次的物质需要的基础之上的。人的物质需要的满足是推动人们行动的最强大的动力。学生干部在满足基本的生活需求后,才能更多关注自我实现的需要。因此,高校管理者应将精神激励方式与物质激励方式相结合,才能达到满意的激励效果。

(三)考核评价体系不够科学完善

高校学生干部考核评价指标的设立不够完善,考核指标较为单一,忽视了目标的层次性。高校学生干部的成长具有阶段性,在不同的阶段有不同的发展目标。而当前高校通常采用定量的方式对学生干部进行考核,注重学生干部之间的横向比较。其考核指标一般设为优秀、合格、不合格三种,且优秀的指标有限;组织学生干部考核的人通常是院系班上主要的学生干部。加之,学生干部考评还容易受高校管理者的左右,不能完全真实有效地反映出学生干部的工作状况。如此一来,该考评指标对学生干部缺乏正向影响力,甚至产生负面影响力。由此可见,该考核评价体系不够科学,严重挫伤了学生干部的积极性。

三、高校学生干部激励机制的设计原则

高校学生干部激励机制的最根本目的是激发学生干部的工作动机,使个人成长需求与学校的育人需求相结合,增加学生对自己工作和学校育人工作的满意感,从而进一步激发和调动学生干部们的积极性和创造性。因此,在设计高校学生干部激励机制时,应以勒温的动力场理论指导高校学生干部管理,主动遵循以下原则:

(一)内容性(需求)激励原则

不论是对组织还是对个人,激励的对象始终是指向人。个人需求的不满足才是学生干部激励的问题根源。需求是激励机制研究的触发源。在高校学生干部激励研究中,应当把学生干部的需求放在研究的首位。关注高校学生干部在工作和生活中的实际需求,并对其需求进行分类整理,不仅要了解学生干部的一般需求,还要根据干部们对不同需求的强烈程度,特别了解和掌握他们在一定时期内的主导需求,有针对性地进行满足。高校管理者主动关心学生干部的成长需求,从根本上来讲,是对学生的主体地位的尊重。高校管理者唯有把脉了学生干部的成长需求走向,才能有针对性地创设学生干部发展平台,才能更好地引领学生发展方向,实现高校的育人目标。

(二)过程性(动态)激励原则

需求是动机的源泉、基础和始发点,动机才是驱动人们去行动的直接动力和原因;因此,需求只有与一定的目标相结合才能转化为动机,并在适当的外部条件下显现为外在的可见行为。[7]人是一种有需求的动物,总是在不断地创造条件满足自身的发展需求。由马斯诺的需要层次理论可知,随着时间的推移,人的需要会不断发生变化的。当人的一种需要得到满足或者说他认为自己的需求无法得到满足后,该需要便失去作为动机源泉的功能,由该需要引发的行为也自动终止。于是,人的另外一种需要就出现了,新的需要将引发人的新的行为。由此推论,高校学生干部在不同时期,其主导需要是不同的;即便是同一时期,对同一种需要的强烈程度也是有差异的。这就要求高校管理者自觉遵循过程性(动态)激励原则,一方面要加强对学生干部成长需求的引领,另一方面要将学生干部的成长需求与高校的育人目标相结合,找寻更多的契合点,学会灵活处理学生干部的激励问题。

（三）系统性激励原则

勒温认为,把人与环境看作是相互依存的有机整体,人的变化会引起环境的变化,环境的变化也会引起人的需求和行为的变化。世界上的事物是普遍联系的,都是以系统方式存在和运行的。"事物与事物之间通过竞争与协同在系统中形成各自的生态位"[8]即系统中要素之间通过竞争与协同,形成其在该系统中独有的结构层次关系。又因系统生成是一个过程,一般由生和成两个一级分过程组成。生是指系统从无到有,成指系统出生后的发育成长……生命、社会、意识都是具有耗散结构的系统,只能在不断与环境进行物质、能量和信息的交换中维持自己。[9]激励是指通过一定的中介机制,使个人目标与组织目标最大限度地一致起来,激发人的内在动机,发挥他们的能动性、积极性和创造性。从此定义可知,在激励高校学生干部的过程中隐含了三个子系统,即学生干部需求子系统、高校育人需求子系统,以及将两者需求相结合的介体子系统。子系统之间形成有机的整体的系统,该系统不断地与外界环境进行着物质、能量和信息的交换。这就要求高校管理者在激励学生干部的过程中,要牢牢树立系统观念整体意识,客观分析子系统之间的有机联系,收集整理反馈信息,及时协调系统内部关系。

四、加强高校学生干部激励机制研究之对策

根据上述高校学生干部激励机制设计原则,高校管理者在构建学生干部激励机制时应注重以下三个方面:

（一）树立人本理念,提高激励水平

1. 以马克思主义人性论为指导,尊重学生在办学治校中的主体作用。

对高校学生干部激励机制的研究,离不开对人性的研究,必须从现实的人出发。"对于各个个人来说,出发点总是他们自己,当然是在一定的历史条件和关系中的个人"[10]无一例外,高校学生干部也是带着自己的需求来参加学生管理工作的。他们积极主动地找寻资源,创造条件来满足自身的需要。需要是激励机制研究的触发源。在高校学生干部激励机制研究中,应充分尊重学生在办学治校过程中的主体地位,把学生干部的需要放在激励研究的核心位置。

2. 提升激励理论水平,优化工作设计。

工作设计问题主要是管理者向其成员分配工作任务和职责的方式问题。工作设计水平的高低,不仅表明高校管理者管理能力的高低,而且会严重影响学生干部的积极性和创造性。只有全面认识工作过程中的激励要素,才能建立各要素之间的有机联系,优化工作设计。高校管理者要自觉应用激励理论指导学生工作实践,有意识地让学生干部有机会参与工作的计划和设计,让学生干部理解和认可高校育人目标,自觉将高校育人目标与个人的成长需要相结合,把学校育人目标内化为个人的目标。只有学生干部自觉接受学校育人目标,才能最大限度地激发学生干部的工作动机。同时,高校管理者在工作设计中还应加强学生干部工作的信息反馈,便于学生干部及时评估和修正自己的工作,使学生干部对工作本身产生兴趣,增加责任感和成就感。概而言之,高校学生干部工作设计得当,会激发学生干部的工作动机,增强其工作归属感和满意感,提升干部的工作实效,增强干部组织的凝聚力。

3．拓展立体通道,构建信息反馈网络。

目前,高校管理者对学生干部工作的信息反馈呈现出"三单"模式:单向度、单内容、单渠道。在"三单"模式中,作为受动方的学生干部,只是被动地接受工作任务;作为施动方的高校管理者,与学生之间的信息交流也仅仅停留在学生工作层面,反馈信息甚为单一;由于高校学生干部是一个庞大的群体,高校管理者常常采取召集主要干部开会,层层下达工作任务的形式。这种单一的工作渠道,无法及时有效地反馈工作中的实际情况。因此,高校管理者应构建多向度、多信息、立体的信息反馈网络(如图1所示)。

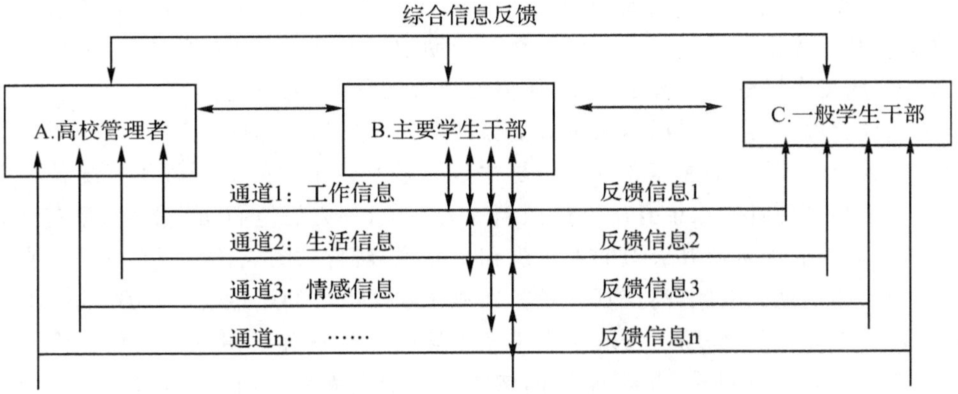

图1　高校管理者对学生干部立体信息反馈网络图

首先,高校管理者和学生干部均为高校治校的主体,高校治校过程中两者均具有施动方和受动方的行为能力。尊重学生干部在工作过程中的主体地位,可以调动其工作的积极性和创造性,有利于增强学生干部的信息反馈能力,切实提升学生干部的工作实效。其次,学生干部的成长需求是多方面的,不断变化发展的。高校管理者要开辟立体通道,增强反馈信息的渠道,全方位动态了解学生干部的成长需要,对此采取有针对性的激励措施。第三,高校管理者要加强与学生干部的多元信息沟通和交流,除了工作信息交流以外,还应以工作交流为纽带,增进管理者与学生干部之间的相互信任,拓展管理者与学生干部之间的非正式群体范围,增强反馈信息的真实有效性。

4．创设开放环境,创新多维激励模式。

系统生成是一个过程,生是指系统从无到有,成指系统出生后的发育成长……生命、社会、意识都是具有耗散结构的系统,只能在不断与环境进行物质、能量和信息的交换中维持自己。无一例外,对高校学生干部的激励也需要不断地与外界进行物质、能量和信息的交换,因此,高校管理者在对学生干部的激励过程中,应主动创设开放的环境。首先,高校管理者要创设开放的物质环境,主动分析现有社会环境所提供的资源。这既是激发学校和个人需要的起点,同时也为学校和个人发展提供了相应的物质基础。其次,要创设开放的心理环境,让学生干部能够表达自己真实的心理需求。需求与目标相结合才能真正触发学生干部的工作动机。由于学生干部之间存在差异,因此不同的奖励形式对其激励作用也是不一样的。有时,从奖励的绝对值来看是相同的,但由于奖励的形式不同,这种不同形式的奖励可能增值也可能贬值。高校管理者应充分了解学校对学生干部的期望和要求,并根据学生干部的工作表现和意愿,创设多维度的奖励模式,如增加对学生干部进行奖励的频率,增加奖励的学生干部人数,增加奖励的项目,增加奖品的类别,扩大对优秀学生干部的宣传力度,满足学生干部的荣誉感和自尊心。了解学生干部真实的成长需要,结合高校育人目标,创设条件,为学生干部提供有针对性的培训,提供精准帮扶。唯有学生干部认识学生工作的重要价值,才能激发他们对学生工作的喜爱,才能调动他们的积极性和主动性,切实提高学生干部自身素质和履行工作职责的能力,在快乐中实现学校和自我的和谐发展。

（二）加强思想政治教育,优化激励路径

学生个人需要的满足程度,要通过个人认知的心理活动过程,才能得出满意与否的评价,从而影响其积极性。思想工作的作用在于帮助学生干部树立正确的人生观和价值观,并由此去调整、改变自己的成长需要,力求使需要切合实际,力求正确。

1.加强理想教育与前途教育,从源头上保证个人需要的合理性。

勒温行为公式表明,个人需要的不满足才是激励学生干部的问题根源。高校学生干部同时具有学生和管理者的双重身份。作为当代大学生,一方面他们朝气蓬勃,富有理想和追求;但另一方面他们尚未形成成熟的人生观和价值观,对自己的成长需要和学校的育人目标也存在认识上的不足。因此,高校管理者应加强对学生干部的思想政治教育,特别要加强学生干部的理想教育与前途教育,帮助学生树立正确的人生观和价值观。让学生干部将个人目标与学校育人目标相结合,把学校目标纳入个人的发展目标,自觉肃清不合理的成长需要,从源头上保证个人需要的合理性。

2.加强国情教育,在过程中调整期望与效价的关系。

学生干部周围的环境因素（生活空间）对学生干部的行为产生巨大影响。高校管理者应加强学生的国情教育,这样才能让学生干部将自己的期望建立在客观可能的基础上。合理期望的实现,会增强学生干部在工作中的自我效能感,会激发其在将来工作中的自信心。

3.加强改革意识教育,正确对待学生工作结果的公平性。

学生干部的公平感（对分配或者工作结果评价是否公平的感觉）是本人主观上的感觉,心理因素占有很重要的部分。人们通过比较发现自己和他人之间有差别,尤其是不利于自己的差别时,便会产生不满（$B=f(PE)$中$P=0$或者$P<0$）。高校管理者应加强学生干部的改革意识教育,改变自己的惯用思维、旧观念,换位思考,选择另一个参照者或者另一种参照标准,就会缓解或消除不公平感,保持和提高学生干部的主动性和积极性。

（三）培育组织文化,营造良好的激励氛围

培育高校管理工作中的激励文化,将激励作为高校管理过程中共同的价值观和行为准则并在其规章制度、行为方式和物质设施中表现出来。组织激励文化具有导向、凝聚和激励作用。组织激励文化一旦形成后,将会潜移默化地影响着高校管理者和学生干部,使二者在不知不觉中接受该文化,从而把个人融合到集体中去,让管理者和学生干部产生归属感、荣誉感,融洽了人际关系,增强了凝聚力,激发了学生干部的工作热情。

[参考文献]

[1] 荀朝莉.高等学校学生干部评价体系研究[J].重庆大学学报（社会科学版）,2002
(5):105.

［2］勒温.拓扑心理学原理［M］.高觉敷,译.北京:商务印书馆,2009:13,15.

［3］WOLMAN B. Contemporary Theories and Systems in Psychology［M］. New York: Plenum Publishing Corporation,1981:477.

［4］申荷永.论勒温心理学中的动力［J］.心理学,1991(3):306.

［5］周国华,蒋国伟.论我国高校教师激励机制的问题、原则及其实现［J］.教育与职业, 2013(12):66.

［6］［7］卢盛忠.组织行为学:理论与实践［M］.杭州:浙江教育出版社,1993:88-89.

［8］吴彤.自组织方法论研究［M］.北京:清华大学出版社,2001:48-49.

［9］苗东升.系统科学精要［M］.北京:中国人民大学出版社,2010:44-46.

［10］马克思,恩格斯.德意志意识形态［M］.北京:人民出版社.1979:84.

高职院校发展服务型心理健康教育工作体系的构建与实践

——以浙江金融职业学院为例

浙江金融职业学院 叶 星

摘 要:本文旨在解析学校心理健康教育工作中存在的问题,贯彻落实科学发展观,坚持以生为本,探索与构建新时期高职院校面向全体学生,以发展性心理支持为主线,以开发学生心理潜能、促进学生健康快乐和持久发展为目的,以"课堂教学、课外活动、个别咨询、团体辅导、文化营造、环境创设、危机干预"为内容的高职院校学生心理健康发展服务型工作体系。

关键词:高职院校 发展服务型 心理健康 工作体系

作者简介:叶星,女,1982年出生,浙江金融职业学院明理学院讲师,心理健康咨询中心主任,心理健康教育指导中心副主任,硕士研究生,研究方向:大学生心理健康教育。

学生心理健康教育是高职院校育人工作的一项重要任务,教育部、卫生部、共青团中央《关于进一步加强和改进大学生心理健康教育的意见》中指出"加强和改进大学生心理健康教育是新形势下全面贯彻党的教育方针、推进素质教育的重要举措,是促进大学生健康成长、培养高素质合格人才的重要途径,是加强和改进大学生思想政治教育的重要任务"。高职院校应结合实际积极探索适合本校的心理健康教育工作体系,既要符合高校培养目标的要求,更要适应学生心理发展的需要,突出重点,以生为本。

一、目前高职院校心理健康教育的现状分析

高职院校不仅要注重学生思想素质、文化素质、身体素质和专业素质的培养,更要注重学生心理素质的养成。面对新时代的大学生,高职院校心理健康教育工作要继承优良传统,面对现实,不断创新。发展服务型心理健康教育工作体系立足于当前高职实际,指向学生未来发展,把解决问题与学生的成长、成才相结合,正是基于当前高职院校心理健康教育工作的现实问题而设计的。问题具体表现在以下几个方面。

(一)心理健康工作研究水平有待提高,在指导实践方面表现不佳

在当前情况下,我们国家的普通高等院校在心理健康教育研究方面存在着诸多的困难,从理论研究层面来看,大多没有什么特色,水平有待提高,不成系列,比较分散,自说自话的多,争鸣之类的少,在发展和服务性这些方面也表现不佳;从实践研究层面来看,大部分研究所选择的对象不够有代表性,研究所得到的结论也缺乏公正性,往往分析难以建立在坚实的基础上,不能很好地控制相关变量,如此等等,不一而足。其中高职院校的心理健康教育工作体系的研究欠缺理论深度,没有形成高职院校的特色,理论与心理工作实际衔接较差,缺

乏对高职院校心理工作的有效指导,从而造成理论难以落地生根。

(二)心理健康教育的组织机构不健全,认识存在误区

通过对高职院校的工作调研发现,各学校的心理健康教育发展极不平衡,有些高职院校的负责人在心理健康教育工作的重要性方面,存在一定的认识偏差,对这项工作不够重视,学校心理健康教育工作存在很多问题,例如,机制不健全,管理不到位,政策制度不完善,分工不明确等。虽然很多高职院校成立了心理健康教育和咨询机构,但是,这类部门往往在管理上隶属不明,使心理健康教育在规范性上做得不够。部分高职院校把心理健康教育工作的主要目标,放在了那些有心理障碍的学生身上,其实这部分学生所占比例很低;还常常把主要注意力放在对学生心理疾病的治疗上,对心理疾病的预防比较忽视,对于发展性心理教育工作也往往没有什么投入,导致大学生的心理健康教育推广和普及较差。此外,部分高职院校将心理健康教育工作与思想政治教育工作混在了一起,有的高职院校只谈思想政治教育,不谈心理健康教育,致使学生的心理健康问题不易解决,甚至更加严重。

(三)心理健康教育工作内容不丰富,忽视发展性服务育人功能

心理健康教育工作应是全面考虑到学生的实际需求,紧密围绕学生在校生活而开展的相关教育活动,但是部分高职院校在开展心理健康教育工作时,往往过于关注有心理健康问题学生的管理,未能形成一种长效机制,未能关注学生的全面发展。心理工作服务于学校的教育工作大局,同时更应结合学生的实际情况开展,把以生为本的理念贯彻在心理工作体系中。高职院校的心理健康教育工作不能忽视服务育人功能,不仅仅限于解决问题,而应该立足实际,面向长远。从学生心理问题产生的根源着手,对症下药,才能药到病除,效果显著。

(四)心理健康教育保障机制不够完善,经费投入不足

部分高职院校在经费投入上尤其不重视心理健康教育工作,致使经费严重不足,其突出表现在基础设施、基础设备等方面,正是这些方面经费投入不足造成的硬件不够,严重阻碍了高职院校心理健康教育工作的顺利开展。对于高等职业院校心理健康教育工作中最亟须解决的问题,经调查研究反映:最缺的是人,在高职院校从事心理健康教育工作的人手不足;其次经费,经费不足意味相应配套的硬件设施也不足。这些保障条件的缺失,反映出来的是部分高职院校对于心理健康教育工作的重视程度不够,这些都会阻碍心理工作的顺利开展。

二、从理论上阐释如何发展服务型心理健康教育工作体系

(一)发展服务型心理健康教育工作体系的政策背景

2011 年,《教育部办公厅关于印发〈普通高等学校学生心理健康教育工作基本建设标准(试行)〉的通知》(教思政厅〔2011〕1 号)中指出"加强和改进大学生心理健康教育是新形势下贯彻落实全国教育工作会议和《国家中长期教育改革和发展规划纲要(2010—2020 年)》

精神,促进大学生健康成长、培养造就拔尖创新人才的重要途径,是全面贯彻党的教育方针、建设人力资源强国的重要举措,是推动高等教育改革、加强和改进大学生思想政治教育的重要任务"。这一文件在对大专院校学生的心理健康工作方面,从多个层面进行了详尽的描述,并提出标准化的要求,这些方面包括:体制机制、活动体系、师资队伍、服务体系、教学体系、心理危机预防与干预体系以及工作条件等。发展服务型心理工作体系正是在这些标准的基础上,保证心理健康教育的正确导向,同时结合高职院校培养目标发展和建立起来的。

(二)发展服务型心理健康教育工作体系的理论基础

心理学研究表明:高职学生的年龄一般在 18 至 22 岁之间,从心理发展水平看正处于迅速走向成熟而又尚未完全成熟的状态。入学后面对新的生活环境、学习环境、人际环境会经历一个适应阶段;尔后新的心理平衡和生活习惯建立起来以后,会进入相对稳定的发展阶段;最后经历从学业生涯到职业生涯过渡的成熟阶段。发展服务型心理工作体系的主要内容就是帮助学生在这三个阶段的发展变化过程中,预见危机发生的可能,提供自助和求助的途径,进行必要的抗挫折、抗风险等心理与行为训练,为学生未来持久发展奠定基础。

(三)构建发展服务型心理健康教育工作体系的重要意义

一方面,发展服务型心理健康教育工作体系的构建是立足当前高职院校大学生心理问题而提出的。社会飞速变化,高等教育加速变革,对新一代大学生来说,无论在其思想观念、人际关系还是行为方式和心理状态上都产生了重要影响,对高职院校学生的心理素质提出了更高的要求。现实的紧迫性要求高职院校探索在大数据时代背景下的心理工作体系,发展服务型心理健康教育工作体系是应实际的需求而产生的。

另一方面,发展服务型心理健康教育工作体系是全面推进素质教育和实现培养目标的重要保证。诸多事例表明,大学生要想完成正常的学习、生活、交往和发展,必须要有良好的心理素质,一旦罹患心理疾病,完成学业将变得异常艰难。心理健康是思想和行为端正的保障,没有良好的心理素质,就很难保证大学生有良好的思想政治素质。发展服务型心理健康教育工作体系既关注学生的心理问题,更注重服务育人的功能,尊重学生,帮助每一位学生找到适合自己的发展之路,提高人才培养质量。

(四)发展服务型心理健康教育工作内涵

本文对发展服务型心理工作体系的定义如下:根据大学生的身心发展特点,面向全体学生,以发展性心理支持为主线,以开发学生心理潜能、促进学生健康快乐和持久发展为目的,运用心理学理论和技巧,结合学校和社会资源,以各部门密切配合、工作条件落实完善为保障,以"课堂教学、课外活动、个别咨询、团体辅导、文化营造、环境创设、危机干预"为内容的学生心理健康发展服务型工作体系。

三、构建和完善高职院校发展服务型心理健康教育工作体系

当前,党中央、国务院高度重视心理健康服务和社会心理服务体系建设工作。2016 年底,习近平总书记在全国卫生与健康大会上提出,要加大心理健康问题基础性研究,做好心理健康知识和心理疾病科普工作,规范发展心理治疗、心理咨询等心理健康服务。2017 年习近平总书记在党的十九大报告再次指出:"加强社会心理服务体系建设,培育自尊自信、理性平和、积极向上的社会心态。"浙江金融职业学院深入贯彻党的十九大会议精神,进一步推进心理健康教育纵深发展,充分发挥心理健康教育在大学生思想政治教育工作中的重要作用,在既往的心理健康教育工作经验的总结基础上,吸取教训,重新定位心理工作性质,形成一个更有利于学生综合素质培养和多种能力提升的发展服务型心理健康教育工作体系。

(一)坚持"以生为本"教育理念,科学规划心理健康教育工作

"以生为本"的教育理念是从"以人为本"的教育思想发展而来的。教育是使原始的生物人成为健全的社会人的过程,学校不是工厂,学生也不是物体,教育除了知识和技能的传授以外,更多地包含着人文关怀和情感滋养,教育中提倡"以人为本",进而发展为"以生为本",强调的是对学生生命的尊重和独立人格的培养,是时代发展的产物,也是时代发展的必然要求。高校的心理健康教育工作,更应坚持以学生为本的教育理念,从学生的实际需要出发,尊重他们身体和心理发展存在的内在规律,充分发挥学生的潜能,促使其朝向心理健康、感情愉悦的方面发展。

(二)各部门协调配合,完善心理健康教育组织管理体系

把"以生为本"的教育理念生动体现、扎实贯穿在培养和塑造学生健康心理的每个环节和全部过程中,需要全校各部门和全体教师的配合与努力。高职院校要建立完善的心理健康教育工作制度,成立心理健康工作领导小组,全面负责学院的心理健康工作,研究、讨论、分析学生心理工作方面的新情况、新问题,协调指导全院学生心理健康工作,督促检查工作落实和机制保障情况。

高职院校要强化心理健康教育工作的组织机构建设,独立设置心理健康教研中心和心理健康咨询中心。心理健康教研中心主要负责心理健康方面的教育教学、课题研究和学术交流工作的开展,通过教学实践和调查研究,普及心理健康知识,总结出切实可行的教育教学工作经验,增强心理健康教育工作的科学性、针对性和实效性。心理健康咨询中心主要负责心理健康方面的咨询干预和宣传教育工作的开展,通过案例咨询和宣传活动,帮助学生排解心理困扰,开发学生的心理潜能,提高学生的心理素质,以促进学生全面发展为宗旨。同时,各部门要协调配合、分工负责,做好学生心理健康的宣传教育、教学指导、信息反馈、咨询干预等工作。全院教师要共同关心全体学生的心理健康,让学生体会到一个安全放心的属于自己的"心灵家园"。

（三）加强人员场地保障，提高心理健康教育工作水平

高职院校要严格按照心理咨询室的建设标准，开辟相关场所，比如个体咨询室、团体咨询室、团体活动室等，配置设备。可以开展多种咨询方式，除了来访咨询之外，还可以推出电话咨询、电子邮件咨询、微信朋友圈咨询、书信往来咨询、QQ 咨询等诸如此类的咨询项目，以心理健康咨询中心专职教师为主，根据学生的预约和各系反馈的学生信息，有针对性地开展咨询工作。

学校心理健康咨询中心除了本校的专兼职教师以外，还可以聘请医院和其他高校的专家为学校兼职教授，整体督导学院心理健康教育教学工作的开展，并为特殊学生专业的心理治疗服务，以便于及时发现问题，尽早进行干预。

为提升心理健康工作队伍的专业水平和咨询技能，有必要将专兼职教师的培训纳入整个学校的整体师资培养计划当中去，同时，把对辅导员的心理健康工作培训纳入岗位培训计划中去，通过这些培训，逐步提高高职院校心理健康教育工作在理论、专业和操作方面的水平。

（四）将心理健康教育设为必修课，以此作为心理健康教育的主阵地

开设心理健康教育课程是发展服务型心理健康教育工作体系中的主要渠道。教师通过这类课程完成知识的传授、理念的转变和技能的塑造，有助于让大学生正确客观地认识自我、增强自我心理的调解能力，正确对待生活中的挫折和缩短自我成长的心理预期，有助于学生尽快适应新环境，正确处理人际关系，对学生人格的完善发挥重要的作用。因此，发展服务型心理健康教育工作仍然要重视心理健康课程，高职院校要认真执行国家制定的《普通高等学校学生心理健康教育课程教学基本要求》（以下简称《要求》），完成《要求》规定的教学目标、教学内容和教学评估。同时，努力把心理健康教育课程融入到学生各科教学活动中，发挥各学科潜移默化的功效。

（五）开发课外实践活动，促进学生自我教育自主成长

心理健康教育的目的在于促进学生成长和发展，而成长和发展必然是主动参与的过程。因此，在心理健康教育过程中要充分尊重学生的主体地位，发挥学生的主动性，促使学生自知、自觉、自助地进行自我指导，不采取强制手段，更不代替学生去解决他们应当面对的问题。

高职院校在注重发挥课堂教育主渠道作用的同时，还要组织一些别开生面、丰富多彩的活动，包括通过辩论的方式、游戏的方式、角色扮演的方式和视频互动的方式以及团队组织讨论的方式，让大学生们对心理健康不再陌生，由此产生积极的兴趣。通过对他们在语言表达、人际交往、自信心、潜能拓展和情绪控制方面的训练，让大学生真正得到有效的锻炼，提高环境适应能力，提前适应职业工作，增强专业能力，树立专业信心。还可以结合学校特色，根据学生所学专业以及未来工作岗位的要求，有针对性地开展心理素质和能力素养的提高和训练。

(六)营造良好的校园心理氛围,守住心理危机的底线

文化营造、环境创设造就学生阳光心态。良好的校园文化环境是心理健康发展的必要条件,它时刻改变和塑造着学生的认知、情绪和行为,影响学生理想、道德、信念、价值观的形成。可以有效利用各类现代传播手段和宣传媒介,普及心理健康方面的知识,增加其了解,培养其兴趣。还可以经常举办面向全体学生、以发展性为主的心理辅导和咨询活动,针对高职学生的特点及心理困扰,向学生提供经常、及时、有效的心理指导与服务、辅导和咨询。此外,还可以定期为教师提供娱乐身心的资料和活动,通过改善教师的心理状况来改善校园"软环境",逐渐增强学生的心理品质。

在营造有利于学生心理健康发展大环境的同时,也要坚守学生心理危机干预的小阵地。除了常规的形成工作体系、建立工作制度、完善工作机制之外,学校还要坚持学生工作领导小组定期思想研判制度和驻公寓辅导员每日谈心制度,及时发现和了解学生的思想动态和可能存在的心理问题。要经常组织培训学习,普及心理健康知识,交流心理健康工作经验等,鼓励班主任、辅导员参加心理健康教育方面培训学习和学历提升,考取资格证书。在校内,宿舍也是心理健康教育的重要阵地。要组织宿管人员的座谈和培训,及时掌握各楼的动态信息,这样不仅让宿管人员有倾诉需要和宣泄压力的途径,通过培训也让他们基本掌握了危机识别的要领,了解信息上报的渠道。此外还要发挥寝室长的人际网络优势,开展以寝室为单位参与的校园文化节及专门针对寝室长设计的心理培训课程等,教授如何识别常见的心理危机以及寝室问题的处理方法,让他们鼓励室友共同经营和努力维系良好的寝室人际关系,共享和谐的寝室氛围,同时发现问题及时反映,未雨绸缪。这样就使心理危机干预的重心下移,为危机干预提供了一个可靠的信息依托。

经过多年的教育研究与实践,我们充分认识到高职院校大学生心理健康教育是一项复杂的系统工程,具有较强的科学性、专业性和技术性特点,我院探索形成的发展服务型心理健康教育工作体系,将问题解决与和谐发展相结合,积极创新,提高效能,贯彻落实科学发展观,符合以生为本的现代教育理念,具有重要的现实意义。

[参考文献]

[1] 姚本先.我国学校心理健康教育:现状、问题、展望[J].课程·教材·教法,2003(2):41-44.

[2] 李明秀.我国高校心理健康教育体系的构建与完善[D/OL].长春:东北师范大学,2009[2017-12-16].http://book.hzu.edu.cn/1130819.html.

[3] 曾骊.高职心理健康教育工作体系的重构[J].职教论坛,2012(29):62-64.

[4] 许丽伟.基于服务理念的大学生心理健康教育工作体系构建[J].黑龙江教育(高教研究与评估),2013(3):85-86.

[5] 邓先丽.高职生宿舍人际冲突调查及对心理健康教育工作的启示[J].教育教学论坛,2014(22):16-17.

非遗文化与高校思政教育的耦合性及路径研究

常州信息职业技术学院　高成瑨

摘　要： 我国进入社会主义新时代，急需高校培养"德智体美全面发展的社会主义建设者和接班人"，非遗文化因本身承载着民族与国家发展历史中的文化底蕴与精神内涵，和高校思想政治教育能够在内容、育人价值、功能等方面具有高度的耦合性，能够使思想政治教育在内容、方法、功能上得到扩展，促进思想政治教育工作的发展与提升。

关键词： 非遗文化　思想政治教育　耦合性　高等院校

作者简介： 高成瑨，男，1985年出生，讲师，硕士研究生，主要研究方向：思想政治教育与创新创业教育。

党的十九大报告提出，要"坚定文化自信"，"深入挖掘中华优秀传统文化蕴含的思想观念、人文精神、道德规范，结合时代要求继承创新，让中华文化展现出永久魅力和时代风采"。新时代也要求高校的思想政治教育更加注重以文化人、以文育人。非遗文化因本身承载着民族、国家发展历史中的文化底蕴与精神内涵，与高校思想政治教育在内容、育人价值、功能等方面具有高度的耦合性，使高校思想政治教育在内容、方法、功能上得到扩展，让文化育人在高校思想政治教育中真正实现落实与突破。

一、非遗与思政的育人共性：非遗文化的教育定位与认知

"非遗"全称是"非物质文化遗产"，联合国教科文组织在《保护非物质文化遗产公约》中将"非物质文化遗产"定义为被各社区、群体，有时是个人，视为其文化遗产组成部分的各种社会实践、观念表述、表现形式、知识、技能以及相关的工具、实物、手工艺品和文化场所。2011年《中华人民共和国非物质文化遗产法》将"非物质文化遗产"概念界定为各族人民世代相传并视为其文化遗产组成部分的各种传统文化表现形式，以及与传统文化表现形式相关的实物和场所。当前，非遗文化因契合思想政治教育的发展而受到部分高校的重视，但传统的思想政治教育思维和惯性导致对非遗文化的定位、认知、功能与价值仍然存在一定的偏差。在新时代背景下，深刻把握非遗文化的教育特性有利于思想政治教育工作拓展和价值实现，有利于坚定文化自信、文化育人功能的实现。

（一）非遗文化的教育定位

首先，非遗文化是思想政治教育的重要载体。从定义可以看出，非遗文化多数具有地域性和民族性，是极其丰富的历史文化资源。以常州地区为例，国家级以上的非物质文化遗产有金坛刻纸、常州梳篦、留青竹刻等14项，省市级项目87项。在思想政治教育工作开展的过程中，可结合非遗文化创立非遗社团，开展非遗文化进校园等活动，让学生体验中国传统文化的博大精深与深刻内涵，让学生建立文化自信、民族自信，实现教育效果。其次，非遗文化是思想政治教育的方法创新和手段创新的重要方式。非物质文化遗产是难以用文字或是其他形式进行固化的，必须要通过传帮带的口传心授的方式才可以获得良好的传承，而且每

一项非遗文化都蕴含当地的民俗文化艺术，具有独一性。这些都需要亲身去体会与实践。非遗文化为思想政治教育提供了新的实践路径，对教育的方法和手段都是重要的创新。

（二）非遗文化的教育认知

当前的核心价值观教育和传统的思想政治教育均比较关注意识形态及政治理念，青年学生接受和理解存在一定的难度。这要求思政教育工作者能够改进思政工作方法和思路，采用无缝对接青年学生生活和日常方式来隐形地进行思想政治教育和社会主义核心价值观教育。非遗文化能够紧密联系群众生活，是传统文化的血脉，拥有极高的人文价值内涵、具有中华民族传统活的文化的内在精神与价值观念，能够提升民众的文化自觉与文化认同，具有重要的维系中华民族文化传承的功能。非遗文化在传统文化教育引导方面是有具有重要的思想政治教育作用的，能够对学生进行隐形的主流价值文化影响和引导，塑造学生形成良好的价值观。

（三）非遗文化的教育价值

教育的价值在于促进人的发展和价值实现。文化作为教育的方式和手段，能够有效促进人的价值观形成，培养社会所有民众养成共同的精神追求、伦理原则、历史意识、思维特质等。非遗文化作为中国传统优秀文化，其中蕴含着深厚的独特文化内涵、历史人文精神、社会价值理念，能够促进学生的价值观、人生观和世界观的良性培养，同时培养学生的人文素养、历史素养、艺术素养等，实现学生的发展和价值实现。其次，非遗文化在学校的发展也结合了国家、社会和文化育人的要求和发展战略。我国正处于社会主义新时代、实现两个一百年奋斗目标的历史交汇期，急需"德智体美全面发展的社会主义建设者和接班人"，这对当前的思想政治教育工作及模式都提出新的要求，以适应时代发展的步伐。

二、新时代教育事业的发展追求：非遗文化与思政教育的耦合性

党的十九大提出，要"坚定文化自信"，要"加强和改进思想政治工作"，这对高职思想政治教育也提出更高的要求。非遗文化教育和高校思想政治教育二者是紧密联系、互相促进的，在内容、功能和价值方面存在高度耦合性，这些因素可支撑非遗文化为高校思想政治教育提供支撑和动力。

（一）内容耦合

在软件工程中，若一个模块可以直接调用另一个模块的内容，就可以认为发生内容耦合。内容耦合有两个关键因素，一是耦合模块内部代码重叠，二是调用的模块依赖修改模块内容。在现代化的建设过程中，大量的具有极高传承价值的非遗文化面临后继无人和失传的危险。将非遗文化引入校园，使思想政治教育工作可以直接调用相关的非遗文化资源，让非遗文化通过思政教育的模式发挥作用，一方面可以让学生了解非遗文化，认同其中蕴含的传统文化、技艺精神、匠心精神及民族精神，进而提升学生对我国社会主义核心价值观的认同。另一方面，学生通过思想政治教育了解非遗文化及保护非遗文化的重要意义，在潜移默化中会形成保护非遗文化的思想，进而加入到非遗文化保护行列中。青年学生作为国家的未来和事业接班人，他们对非遗文化的认同和重视将直接促进非遗文化事业的保护与发展。

（二）功能耦合

习近平总书记在全国高校思想政治工作会议上强调"要更加注重以文化人以文育人"。

当前,在西方多元文化的影响下,学生的价值观也受到直接影响,追求"个人主义""自我价值",自私自利的行为相对严重,对社会主流价值观和准则构成不小的冲击。非遗文化相对于传统的思想政治教育来说,更为生动、活泼,内容也有较强的吸引力,有效利用非遗文化进行教育引导,有利于学生提升道德水平和主流价值观的形成。青年学生通过实践非遗文化的过程能够有效培养实践能力和创新能力,通过接触非遗文化作品能够提升青年学生的审美水平,最终促进青年学生的道德观念、人文精神和综合素养的提升,而非遗文化具有立德树人的教育功能,这也是高校思想政治教育工作的根本目的之所在。同时,青年学生综合素养的提升也会促进非遗文化在高校的发展和传承,与思想政治教育工作更好地融合,互相促进、影响与提升。

（三）价值耦合

所有的非遗项目都经历了长期的历史发展过程,能够体现一个地区、群体乃至一个民族、国家的文化和精神内涵,是民族精神的重要载体和传承方式。首先,非遗文化中的匠心精神具有极高的思政教育价值。每一项非遗文化均有较长的历史传承,由于非遗本身不能使用文字或是固化形态进行留存,这就要求每一代的非遗传承人必须通过口传心授来保证技艺的延续。在传承的过程中所展现出的匠心精神对当今中国制造具有极高的教育价值,尤其是塑造高职院校学生的新时代"工匠精神"。其次,非遗文化具有爱国主义教育价值。非遗文化可以成为爱国主义的新载体,例如金坛刻纸、常州吟诵、留青竹刻、地方锡剧等等诸多形式都可以融入爱国主义素材进行加工,并以全新的形式向青年学生展示,弘扬爱国精神和民族精神,可以增强学生文化认同和教育的实效性。第三,非遗文化是民族精神的体现和传承。例如端午节文化中蕴含的勇于担当和奉献的爱国主义精神,这是培养当前的社会主义核心价值观的重要内容。非遗文化的教育价值和思想政治教育的价值方向是统一的,体现了人的发展和教育发展的内在规律。

三、耦合促进共生:非遗文化拓展高校思政教育的路径探索

习近平在全国高校思想政治工作会议上指出,"做好高校思想政治工作,要因事而化、因时而进、因势而新","形成协同效应"。在社会主义新时代,做好思想政治教育工作的挑战更多更复杂,需要调动更多的资源来充实思想政治教育工作的内容,深化思想政治教育的内涵,提升思想政治教育工作的水平。非遗文化因与思想政治教育存在内在耦合性而成为重要的支撑点。通过与学生实践、与学校思政教育发展特点、与互联网＋相融合等路径,促进高校的思想政治教育水平的提升。

（一）与学生发展相融合

思政教育工作的根本是学生的全面发展,非遗文化的内容可以有效融合高校学生日常活动,促进学生的全面发展。第一,高校学生实践活动是学生锻炼实践能力、促进学生理论与实践结合的重要方式。通过实践活动能够增加学生对社会的了解水平,能够锻炼大学生的坚强意志、培养学生克服困难的坚强意志,对于塑造学生个性、调动学生学习积极性和主动性、促进学生个性化发展具有重要作用。高校学生实践活动分为校内实践活动和校外社会实践活动。在校内实践活动中,高校应充分发挥积极主动性,邀请非遗文化进校园,让非遗文化融入校园社团文化建设。通过创建非遗文化社团,让非遗文化在校园获得传承和发

展。例如常州信息职业技术学院成立了泥人非遗文化社团,社团定期开展非遗文化活动,向学生展示相关作品和介绍发展历史,起到内化于心的良好效果。第二,在每年的暑期社会实践和寒假社会实践中,也可以开展非遗文化的调研工作,组织学生前往非遗文化保护区进行参观学习,让学生通过调研、参观和学习实践,去发现中国传统非遗文化的魅力和精神,加强学生文化底蕴的积累。高校思政课程除了理论政策学习,也需要将具有地方典型非遗文化拓展为思政课程的资源,挖掘非遗文化的原始意义,并将传统文化赋予新时代的诠释,让传统非遗文化在新时代发挥其应有的育人价值。第三,将非遗文化融入高校创新创业教育,提升学生创新能力。很多非遗文化项目经过现代技术的革新,可以焕发新的生命力,非常适合学生创业,例如乱针绣、苏绣等。

(二)与高校文化建设相融合

高校文化是一所学校的灵魂所在,也是学校综合实力的体现。所以各个高校都非常重视文化建设。当前,不少高职院校教学质量、文化内涵、学校气质颇有不足,如果非遗文化能够在校园生根发芽,则对提升高职院校文化内涵是一种有效举措。首先,高校可以和地方统筹建设具有地方非遗文化特色的史料馆,为高校学生提供一个系统地学习了解地方文化的窗口,例如常州非物质文化遗产博物馆落户常州大学。其次,高校可以将非遗文化打造成校园文化艺术节特色项目。每个高校都有自己的文化艺术节,以此为契机,可以将非遗文化打造成为具有浓郁地方特色的文化展示项目,让在校学生能够近距离地体验非遗文化。例如,金坛刻纸文化可以结合社会主义核心价值观、中国梦为主题制作刻纸文化展,锡剧、董永传说等可以搬上艺术节的舞台,让师生欣赏具有中华民族特色的文化盛宴。第三,非遗文化与专业文化建设相融合,开设艺术类的非遗专业。因非遗文化项目讲究手艺性,具有较强的实用性,例如戏曲、技艺等,与学院艺术专业结合具有一定的现实性,而且作为单独专业存在也具有可行性。同时非遗文化在与专业文化结合的过程中也实现了思想政治教育的融入。所以非遗文化以专业形式进校园可实现高校教育与非遗保护的双赢。

(三)与"互联网＋思政"相融合

互联网是高校思想政治教育的新途径,高校思政教育工作者要顺势而为,抢占思想政治教育的网络阵地。推进网络思政建设,首先要强化主流网站建设,积极利用新媒体平台,推进思想政治教育与媒体的融合,推出积极向上的网络思政作品。非遗文化因其本身固有的优势,可以有效地同"互联网＋思政"相融合,非遗文化上网可以营造积极健康向上的高品位网络文化,例如通过现代互联网技术 VR、AR 等模拟推介具有优秀传统文化的非遗项目,可以让学校师生更为直观地体验、感受非遗文化的魅力,达到潜移默化的教育效果。同时通过互联网微信、论坛、博客等介绍非遗文化传承人在从事非遗工作的匠心精神、创造精神和品德,以此去影响学生、启发学生,可以实现良好的思想政治教育效果。其次,可以将一些优秀的非遗文化项目遴选进高校思政网络公开课,邀请非遗项目传承人进行录制,并在线开放供高校学生选修,通过宣传非遗文化来达到思政教育目的。第三,可以将非遗文化项目资源建成网上资源库,利用数据库技术进行分类归档,开发 App 面向高校学生进行推广,学生可以根据自己的兴趣进行选取观看,增加学生自身的文化修养和内涵。

在新时代,我国高校的思想政治教育任重而道远,但总体的思路是清晰的,即培养"又红又专、德才兼备、全面发展的中国特色社会主义合格建设者和可靠接班人"。在人才培养过程中,非遗文化能够为思想政治工作提供教育资源、手段及价值引导支撑与对接,促进思想政治教育工作的发展与提升。

[参考文献]

[1] 习近平.决胜全面建成小康社会 夺取新时代中国特色社会主义伟大胜利:在中国共产党第十九次全国代表大会上的报告[M].北京:人民出版社,2017:42.

[2] 吴晶,胡浩.习近平在全国高校思想政治工作会议上强调把思想政治工作贯穿教育教学全过程 开创我国高等教育事业发展新局面[N].光明日报,2016-12-09(1).

[3] 廖德凯."非遗"专业进高校可实现双赢[N].中国教育报,2015-08-17(2).

[4] 黄伟."非遗"在民族地区大学生思政教育中的应用[J].贵州民族研究,2017,38(7):238-241.

[5] 杨旭,董成稳.高校世界遗产课与思政课相结合的美育及实践研究:以齐鲁工业大学为例[J].山东工会论坛,2015(2):133-134.

[6] 计卫舸.利用"非遗"资源提高爱国主义教育针对性和实效性研究[J].河北科技大学学报(社会科学版),2012(1):84-88.

[7] 王恩妍.论非遗教育对高校思政教育载体的突破[J].内蒙古农业大学学报(社会科学版),2014,16(1):112-114.

城市精神的思政育人功能研究

——基于成蹊社区的调查

浙江经贸职业技术学院　方　雯

摘　要：把城市精神与大学生思想政治教育相结合既符合党思想政治教育工作的指导方针，也是开展思想政治教育工作的内在要求。大学生作为祖国的未来，民族的希望，他们是思想政治教育工作的主要对象。为进一步加强大学生的思想政治教育，我们在加强马克思主义理论学习的同时，应借鉴和发挥城市精神中的积极因素，这对于塑造大学生的良好人格、提升大学生的思想政治教育效果将会有积极的作用。杭州的城市精神是中国传统文化中一种历史久远的地域性文化，它有着丰富的思想内容和显著的精神特质，它的精髓体现和反映了中国传统文化的内涵和中华民族的精神。本文基于对杭州市下沙大学城成蹊社区的调查，就杭州的城市精神的思政育人功能展开调查研究，并尝试提出一些建设性的建议。

关键词：杭州　城市精神　成蹊社区　奋斗精神　革命精神

作者简介：方雯，女，1989年出生，讲师，硕士研究生，研究方向：思想政治教育。

一、杭州的城市精神

城市精神是当代城市发展面临的一项文化课题。一个城市的城市精神的实质是什么？许多城市在发展的过程中都提出了这样的问题。可以说，城市精神是城市文化的核心价值。每一座城市都有自己的城市精神。因为任何一座城市都有自己的历史和文化，城市精神是城市文化的标志。杭州的城市精神又是怎样一种精神？"精致、和谐、大气、开放"是杭州城市精神的一个最具共识的概括之一。具体来说，杭州城市精神主要包含：

（一）峰会志愿精神

城市精神是一座城市的灵魂，举办G20峰会为杭州提供了一次展示其城市精神的机会。G20峰会作为提升城市综合竞争力的重要路径，更是城市精神文明的重要表现形式。峰会能否展示出杭州的深厚文化底蕴，能否大大提升杭州的国际知名度与美誉度，依赖于各个层面、各个群体的共同努力。其中，志愿服务工作是最直接最有效的举措之一，更是展示宣传杭州城市文明的窗口。志愿服务是一项以自愿的方式无偿为社会服务的崇高事业，是以切实的点滴行动促进社会文明进步的事业。做好G20峰会的志愿服务工作，既能宣传杭州城市文明，更能促进杭州文明程度的进一步提升。面对来自各国、各地的贵宾和游客，2016年的G20峰会是杭州城市精神的重要展示平台。凡是杭州市市民人人都参与其中，为办成一个文明、绿色、安全的世界级峰会而努力，杭州市民用自己的行动对杭州城市精神进行了一次很好的诠释。

市民素质影响着城市精神，市民文明形象是城市精神的最外在、最基本的表现。以文明的素养、友善的形象迎接四方来宾，杭州市民用自己的表现诠释着杭州的城市精神。与此同时，G20峰会的开展不仅优化了杭州城市形态功能，更重要的是要从整体上提升、提高市民道德素质,增强市民幸福指数,极大地丰富和发展了杭州城市精神的内涵,这也是杭州城市发展的需要,也是时代进步的杠杆,更是杭州社会文明的标志。所以说,峰会精神是杭州城市精神的内涵之一。

（二）红色革命精神

杭州是中国工人阶级最集中的城市之一,有着丰富的红色资源。在经过革命先辈的浴血奋战后,这座城市的很多地方都留存下他们当年战斗的遗迹。这些旧址不仅述说着杭州深刻的文化内涵,同时也诠释着杭州的城市精神。

在西湖的青山绿水中,埋葬着多少英雄豪杰、志士仁人的忠骨,他们为国家的命运、人民的安危,披肝沥胆,献尽了最后一滴热血。他们的英名,将与西湖、与杭州日月同辉。从国家范围而言,杭州在中国历史发展的长河中,抹上了浓墨重彩的一笔。中华人民共和国成立后的1954年,毛泽东主席在杭州亲笔起草了新中国第一部宪法。1972年,《中美联合公报》也是在杭州西湖,由周恩来总理和美国总统尼克松草签。

从这些丰富的红色资源中我们可以看出杭州与革命有着千丝万缕的联系,杭州的城市精神也毋庸置疑地包含了对革命精神的继承和发扬。在当代改革开放的历史背景下,城市精神作为一种精神文明的承载体,同样包含了改革开放的奋斗精神。杭州的城市精神所具有的教化育人的职责和功能在改革开放的成就中更加日益地显示出其越来越高的现实价值。

（三）改革奋斗精神

浙江是改革开放的前沿阵地。改革开放30多年来,杭州所取得的成就有目共睹。这些成就分布在杭州的各个角落,不仅述说着杭州发达的经济状况同时也诠释着敢于奋斗的杭州城市精神。改革开放以来杭州翻天覆地的变化,是"精致、和谐、大气、开放"新的城市精神的最好印证。钱江新城的崛起,从西湖时代迈进了钱塘江时代,这使杭州精神必将注入更多的时代元素,这既是一个国际化的大都市,又是一个充满杭州地域文化色彩的城市。

改革开放以来,广大杭商大力发扬奋斗精神,艰苦创业、锐意创新,创造了浙江包括杭州民营经济发展的奇迹,生动阐释了以创业创新为核心的浙江精神,为推动浙江经济持续快速发展做出了重要贡献。实践充分证明,广大杭商是杭州改革发展的生力军和重要推动者,是杭州改革奋斗的城市精神的重要体现。

二、成蹊社区城市精神建设现状

成蹊社区是一个位于杭州下沙大学城的学生社区,专门定位于大学生的住宿社区,主要满足大学生的学习、餐饮、创业、生活综合信息服务功能需求,为大学生提供一个交流的平台。本文通过向该社区的大学生发放调查问卷,并对调查问卷的回收统计,发现学生对"杭州城市精神"的理解还是有所欠缺。有的学生甚至没有听过。根据对回收的100份调查问卷进行统计,我们可以看出以下几方面的不足:

（一）学生对城市精神的理解多侧重于城市经济发展层面

根据回收的问卷显示,66％的学生认为城市精神主要体现在城市的经济发展水平上;21％的学生认为城市精神主要体现在市民素质上;仅有13％的学生认为城市精神还应体现在城市的历史文化上(参见表1)。可见,学生对城市精神的理解多体现在经济、物质层面。

表1 学生对"杭州城市精神"内涵理解调查

	频率	百分比	累积百分比
经济实力	66	66％	66％
市民素质	21	21％	87％
历史文化	13	13％	100％
合计	100	100％	—

（二）学生对红色资源利用率不高，没有认识到革命精神也是杭州城市精神的内涵之一

据回收的问卷显示，33％的学生基本不去参观革命纪念馆等红色景点；22％的学生偶尔会去参观革命纪念馆等红色景点；29％的学生有空才去参观革命纪念馆等红色景点；只有16％的学生经常参观革命纪念馆等红色景点（参见表2）。可见学生对革命纪念馆的参观频率不高，没有认识到革命精神也是杭州城市精神的内涵之一。

表2 学生参观革命纪念馆频率调查

	频率	百分比	累积百分比
基本不去	33	33％	33％
偶尔参观	22	22％	55％
有空才去	29	29％	84％
经常参观	16	16％	100％
合计	100	100％	—

（三）对"杭州城市精神"的宣传力度不够

根据回收的问卷显示，21％的学生没有听过"城市精神"这一概念；19％的学生表示听说过"城市精神"；51％的学生表示对"城市精神"有一点了解；9％的学生认为自己对"城市精神"比较了解（参见表3）。可见关于"杭州城市精神"的宣传力度不够大。

表3 "城市精神"宣传情况调查

	频率	百分比	累积百分比
没听说过	21	21％	21％
听说过	19	19％	40％
了解一点	51	51％	91％
很了解	9	9％	100％
合计	100	100％	—

三、推进大学生群体城市精神教育的对策、建议

（一）加强学生对"杭州城市精神"内涵的理解

城市精神是城市文化的内核或深层结构，是城市的灵魂。全面地塑造城市精神是提升杭州社会文化创新的关键因素。城市精神在城市发展变迁中起着十分重要的作用：培育与现代化国际大都市相适应的杭州城市精神，就是要关注城市发展的精神因素，打造一个与杭州的未来发展相匹配的社会人文基础和精神基础。由于受商业文化的侵蚀，商业精神成为整个社会的主导价值观，因此，在这种社会文化的辐射下，人们的言行举止、日常的人际交往被打上深深的商业经济烙印。但仅仅用一个城市的经济发展水平来诠释城市精神是不全面的。城市精神必定包含广大市民尤其是青年学生认同的价值观念系统。共同价值观念体系的建立，能使广大市民尤其是青年学生对城市精神的内涵有深切的领悟和认同，因此，我们应在分析和总结杭州原有价值观念体系的基础上，建立一种既符合杭州现状，又能顺应时代潮流的城市精神理念，这样更能使广大市民认同，从而共同塑造杭州城市精神，提高凝聚力、责任感、使命感，形成共同价值体系，在社会主义核心价值观的指导下共建和谐社会。

（二）通过多种途径开展关于城市精神的宣传

城市精神的形成并能发挥作用还要靠有效的宣传工作。应建立先进文化的传播机制，既能使世界先进文化不断地流入，又能及时、快速地传播创新的价值观念。杭州要充分利用多媒体网络技术、各种媒体、文化交流活动、教育活动等形式加强先进文化的传播，为满足广大学生和市民的文化生活需求，营造良好的文化氛围创造条件。对城市精神的宣传不仅可以运用校园广播、校报报纸、杂志、黑板报、宿舍宣传栏等手段，还可以广泛使用网络技术，在保持原有宣传渠道和方式的基础上，还可以通过互联网，如在校园微信公众号上发布信息，宣传杭州城市精神。特别是对特殊群体的宣传，以免他们的思想观念受到市场经济负面效应的影响，产生资产阶级的人生观、价值观、道德观，美化其腐朽没落思想，个人主义、利己主义、享乐主义思想滋生。充分利用网络。网络宣传更及时、快捷，大大提高了宣传工作的效率。网络技术，不仅拓宽了宣传渠道，而且把城市精神的宣传工作推向现代化。也可以根据实际情况加大网站的建设力度，充分发挥网络教育功能，开展城市精神的宣传，使以大学生群体为重点宣传对象的广大市民树立正确的人生观、价值观、道德观。

（三）提高红色资源的利用率

以成蹊社区为例，在城市精神的宣传中，可以把与社区在地理位置上有着相邻关系的革命纪念馆作为重要资源。通过对革命纪念馆等红色景点的参观，大力推进城市精神的宣传，满足大学生的精神需求，从而进一步推进社会主义核心价值观的教育。红色景点往往以重大历史事件和重要历史人物的遗迹旧址为基本素材，并以这些事件和历史人物的社会影响来激发公众对历史的回顾，展开对现实的思考。这些无疑是进行社会主义核心价值体系教育的宝贵资源，也正是塑造城市精神所需要的。红色资源发挥独特的作用必将把城市精神的塑造工作提升到一个新的高度，并有助于社会主义核心价值体系的大众化进程。

总之，把城市精神与大学生思想政治教育相结合既符合党思想政治教育工作的指导方针，也是开展思想政治教育工作的内在要求。为进一步完善大学生的思想政治教育，我们在加强马克思主义理论学习的同时，应借鉴和探索城市精神中的积极因素，充分发挥其思政育

人功能,塑造大学生的良好人格、改善和提升大学生的思想政治教育水平。

[参考文献]

[1] 陈艳玲.论当代中国马克思主义大众化的实现路径[J].社会科学家,2009,24(5):200-201.

[2] 罗会德.马克思主义大众化的时代诉求与路径选择[J].中共天津市委党校学报,2009(2):13-17.

[3] 吴晓明.论推动当代中国马克思主义大众化[J].思想政治工作研究,2009(2):30-32.

[4] 欧阳康.马克思主义的实践品格与大众化取向[J].湖北社会科学,2008(2):5-6.

[5] 徐海峰.当代中国马克思主义大众化的思路与对策[J].党政干部学刊,2009(11):13-16.

[6] 杨国琴.城市社区:马克思主义大众化的重要阵地[N].浙江日报,2010-02-01(7).

[7] 列宁全集:第 36 卷[M].北京:人民出版社,1988.

[8] 马斯洛.马斯洛人本哲学[M].成明,译.北京:九州出版社,2003.

[9] 章士嵘.心理学哲学[M].北京:社会科学文献出版社,1998.

[10] 韩民青.哲学人类学[M].北京:当代世界出版社,2000.

[11] 廖小平.主导价值观与主流价值观辨证[J].教学与研究,2008(8):11-16.

[12] 马克思恩格斯选集:第 3 卷[M].北京:人民出版社,1995.

95后大学生马克思主义认同现状研究

——以下沙高教园区为例

浙江经贸职业技术学院　彭金燕　徐雅萍　颜　青

摘　要:95后大学生是成长于互联网大发展的一代,同时也是国家宝贵的人才资源,他们是否树立马克思主义信仰关系到国家的未来。笔者通过问卷调查,了解高职院校大学生对马克思主义的认同现状,利用SPSS19.0从性别、年级、学科、政治面貌等角度对不同大学生的马克思主义认同情况进行分析,之后进行相关分析,梳理影响95后大学生马克思主义认同度的相关因素。通过研究可知,不同性别、年级、政治面貌学生对马克思主义的评价和态度不同,同时95后大学生对马克思主义的态度和评价与接受的马克思主义教育有关,接受的教育程度越高,学生对马克思主义的态度越积极。基于此,笔者认为应从教育方法创新、教育手段多样等方面进行高职院校学生马克思主义教育,从而提高理想信念教育的力度和深度。

关键词:95后大学生　马克思主义　认同度　信仰教育

作者简介:彭金燕,女,1988年出生,助教,硕士研究生,研究方向:大学生思想政治教育与管理理论研究。徐雅萍,女,讲师,硕士研究生,研究方向:大学生思想政治教育与管理理论研究。颜青,女,1977年出生,教授,硕士研究生,研究方向:大学生思想政治教育与管理理论研究。

近日,中共中央、国务院在《关于加强和改进新形势下高校思想政治工作的意见》中提出,高校要把理想信念教育放在首位,切实抓好马克思列宁主义、毛泽东思想学习教育。自2013年起,最能代表“新一代”大学生的主流群体就是95后。与其他年代出生的人相比,95后生于急剧变化的经济时代,成长于日新月异的网络信息化以及高等教育大众化的背景下,他们的思想观念和价值理念烙有强烈的时代烙印。[1]作为我国社会主义事业的建设者和接班人,95后大学生是国家宝贵的人才资源,是民族的希望、祖国的未来,树立正确且科学的人生信仰显得尤为重要。马克思主义信仰是迄今为止人类信仰史上最伟大的信仰,代表着人类信仰已经向现实化、科学化方向发展。[2]因此,本文从95后高职院校大学生入手,调查他们对马克思主义的认同现状,有助于从根本上了解大学生对马克思主义理论体系的态度,以及他们在马克思主义信仰形成过程中出现的新问题、新情况,从而有针对性地对95后大学生进行理想信念教育。

一、调查对象与方法

本文的调研对象为下沙高教园区2017年在校的高职院校大学生,采用随机发放问卷的调查方式。共发放问卷280份,收回260份,其中有效答卷246份。之后采用SPSS19.0进行统计分析,样本的具体情况见表1。

表1　95后大学生马克思主义认同情况样本分布统计表

性别		年　级			学　科			政治面貌			
男	女	大一	大二	大三	文史类	经管类	理工类	中共党员或预备党员	入党积极分子	共青团员	群众及其他
69	177	111	75	60	83	101	62	26	68	140	12

二、调查结果与分析

(一)95后大学生对马克思主义的总体认同情况

通过对问卷结果进行分析,笔者发现在回答"您对马克思主义的态度是?"这一问题时,56.1%的学生认为马克思主义可以作为价值观等的指导思想;26.83%的学生肯定马克思主义,但不会作为个人信仰;只有少部分学生表示对马克思主义不是很肯定,不会过多地接受,没有学生否定马克思主义。详细结果见图1。

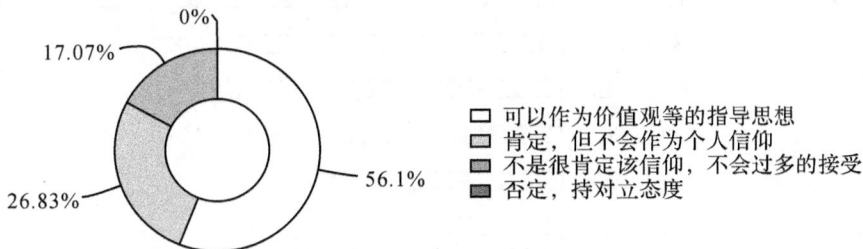

图1　95后大学生对马克思主义的态度

同时,在回答"您对马克思主义的评价是什么?"时,67.07%的学生认为马克思主义是思想指导和行动指南,21.95%的大学生认为马克思主义只是一门学科,8.54%的学生对马克思主义没有太多的认识,剩下的2.44%的学生觉得马克思主义没有说服力,已经过时。

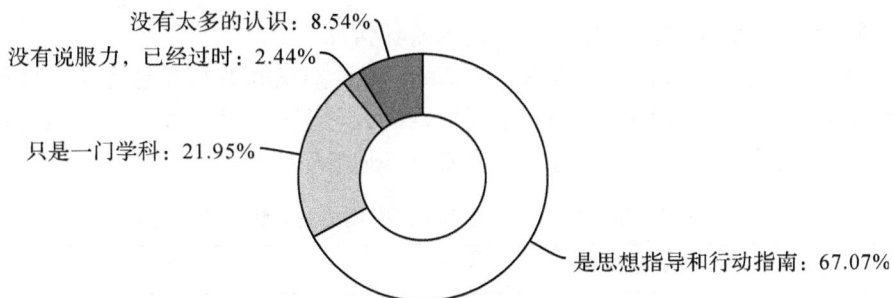

图2　95后大学生对马克思主义的评价

在对95后大学生了解马克思主义原因进行分析时发现,认可马克思主义对社会建设具有重要的指导意义的学生占比为39.02%,而认为是学校课程与考试的需求的学生占比为32.93%,紧随其后的是,19.51%的大学生认为了解马克思主义是入党与未来就业的需求,由此可知,大部分学生对马克思主义的了解是出于考试及未来的工作所需。

在分析95后大学生对马克思主义了解途径时发现,学生最主要了解渠道为马克思主义

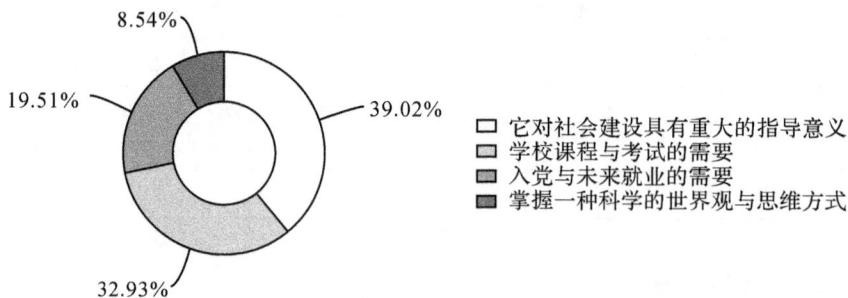

图3　促使95后大学生了解马克思主义的最主要原因

基本原理课程、党课或团课,其次是网络电视、报纸杂志,之后依次是讲座和相关著作,最后才是亲朋好友。这在一定程度上说明,现代大学生的马克思主义了解途径主要还是依赖学校,由此可知学校教育在大学生马克思主义认同过程中占据最核心的位置。

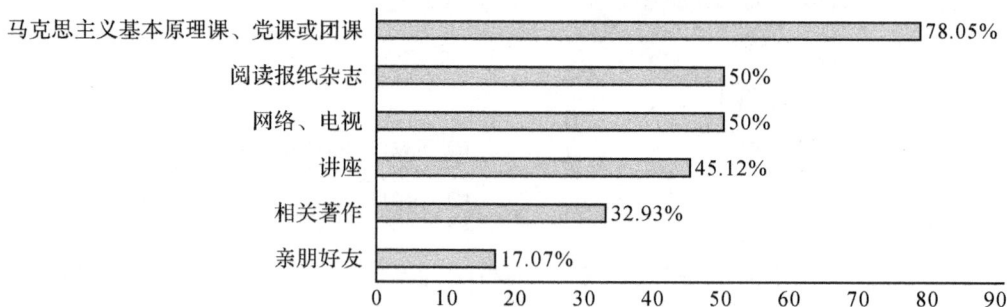

图4　95后大学生对马克思主义了解途径(多选题)

(二)不同背景大学生对马克思主义认同差异情况

通过对不同性别、年级、学科和政治面貌的学生进行分析,了解不同背景大学生的马克思主义认同情况。

1.不同性别的大学生对马克思主义态度的差异情况。

针对不同性别的学生进行独立样本T检验,了解性别不同对马克思主义态度的差异情况,分析结果如表2所示。由表2可知,不同性别的大学生对马克思主义的态度存在非常显著的差异。男生对马克思主义的认可态度非常显著地低于女生。

表2　不同性别对马克思主义态度的差异性检验

性别	N	均值	标准差	Sig.
男	69	3.09	0.836	0.000
女	177	3.51	0.700	

2.不同年级的大学生对马克思主义态度的差异情况。

针对不同年级的学生进行单因素方差分析,了解年级不同对马克思主义态度的差异情况,分析结果如表3所示。由表3的sig值可知,不同年级的大学生对马克思主义的态度存在非常显著的差异。大一的学生对马克思主义的认可态度最低,大二学生最高,大三学生次之。

表3　不同年级对马克思主义态度的单因素方差分析

年级	平方和	df	均方	F	显著性
组间	3.589	2	1.795	3.139	0.045
组内	138.947	243	0.572		

3.不同学科的大学生对马克思主义态度的差异情况。

针对不同学科的学生进行单因素方差分析,了解学科不同对马克思主义态度的差异情况,分析结果如表4所示。由表4的sig值可知,不同学科的大学生对马克思主义的态度差异性不明显。

表4　不同学科对马克思主义态度的单因素方差分析

年级	平方和	df	均方	F	显著性
组间	1.340	3	0.447	0.765	0.514
组内	141.197	242	0.583		

4.不同政治面貌大学生对马克思主义态度的差异情况。

针对不同政治面貌的学生进行单因素方差分析,了解政治面貌不同对马克思主义态度的差异情况,分析结果如表5所示。由表5的sig值可知,不同政治面貌的大学生对马克思主义的态度存在非常显著差异。政治面貌为中共党员或预备党员的学生对马克思的态度最积极,其次为入党积极分子的学生,之后是共青团员的学生,最后才是群众及其他。这说明政治面貌的不同会影响95后大学生对马克思主义的信任程度。

表5　不同政治面貌对马克思主义态度的单因素方差分析

年级	平方和	df	均方	F	显著性
组间	14.746	4	3.686	6.952	0.000
组内	127.791	241	0.530		

(三)95后大学生马克思主义认同程度的相关因素分析

为进一步了解与95后大学生马克思主义认同程度相关的因素,笔者针对95后大学生对马克思主义态度与其他因素做相关分析,得出表6。由表6可知,学生对马克思主义的态度与是否看过马克思主义著作、对马克思主义的了解程度、对马克思主义的评价、马克思主义对学习生活的影响程度、马克思主义发展前途、马克思主义相关课程的评价、对马克思主义理论成果的学习态度、学校以马克思主义为核心的思想政治教育的教学效果存在正相关关系,进一步分析发现,学生对马克思主义相关课程的评价与对马克思主义态度的相关程度最高,意味着学生对课程的评价也越高。

表6　95后大学生对马克思主义态度的相关分析

		是否看过马克思主义著作	对马克思主义的了解程度	对马克思主义的评价	马克思主义对学习生活的影响程度	马克思主义发展前途	马克思主义相关课程的评价	对马克思主义理论成果的学习态度	学校以马克思主义为核心的思想政治教育的教学效果
学生对马克思主义的态度	相关系数	0.385	0.370	0.441	0.372	0.432	0.501	0.341	0.262
	显著性（双尾）	0.000	0.000	0.000	0.000	0.000	0.000	0.000	0.000
	样本数	246	246	246	246	246	246	246	246

注：0.01的水平上显著相关（双尾）。

　　同时，笔者针对95后大学生对马克思主义评价与其他因素做相关分析，得出表7。由表7可知，学生对马克思主义的评价与是否看过马克思主义著作、对马克思主义的了解程度、对马克思主义的态度、马克思主义对学习生活的影响程度、马克思主义发展前途、马克思主义相关课程的评价、对马克思主义理论成果的学习态度、学校以马克思主义为核心的思想政治教育的教学效果存在正相关关系，进一步分析发现，学生对马克思主义前途的判断与对马克思主义评价的相关程度最高。

表7　95后大学生对马克思主义评价的相关分析

		是否看过马克思主义著作	对马克思主义的了解程度	对马克思主义的态度	马克思主义对学习生活的影响程度	马克思主义发展前途	马克思主义相关课程的评价	对马克思主义理论成果的学习态度	学校以马克思主义为核心的思想政治教育的教学效果
对马克思主义的评价	相关系数	0.416	0.469	0.441	0.390	0.507	0.433	0.351	0.236
	显著性（双尾）	0.000	0.000	0.000	0.000	0.000	0.000	0.000	0.000
	样本数	246	246	246	246	246	246	246	246

注：0.01的水平上显著相关（双尾）。

（四）对95后大学生马克思主义认同现状调查结果的分析

经过分析可知，高职院校95后大学生对马克思主义的认同度总体是积极向上的，但是也存在消极的地方，具体到不同背景的学生，认同度也存在较大的差异。

1.总体上来说，95后大学生对马克思主义的态度和评价都是积极的，能够客观认识马克思主义，认为马克思主义是思想指导和行动指南，也是一门学科，能够正确指导人的行为，也看到了马克思主义对我国思想政治发展的意义。同时也暴露出一定的问题，如部分同学认为马克思主义没有说服力，已经过时，并且将马克思主义看作是一种官方的意识形态，是政府和学校硬性灌输给他们的，忽略了马克思主义之所以成为我国的主导意识形态、成为高校学生应当树立的信仰的重要意义，不太明白马克思主义是经过实践证明了的科学的理论体系。

2.不同性别学生对马克思主义的评价和态度不同。一般情况下，女生对马克思主义的态度和评价较男生更为积极乐观,这与女生学习态度更积极、性格上更为缜密有关,能够从马克思主义学习过程中汲取到积极能量。

3.不同年级学生对马克思主义信仰的认同度不同。一年级大学生对马克思主义的态度和评价最低,二年级最高,三年级又降低,而对于高职院校来说,大一和大二是学校马克思主义信仰教育的集中时期,这时候的教育效果较好,同时也说明学校目前对大三学生的思想政治教育有所忽略,以后应当更为重视。

4.95后大学生中的共产党员或预备党员对马克思主义的态度和评价最高,出现这种现象是有其深刻原因的。首先,共产党员或预备党员本身是从班级中较为优秀的学生中选拔而出;其次,共产党员或预备党员接受过系统的党课培训,对马克思主义理论的了解更深;最后,共产党员或预备党员与老师的接触比一般学生要多,可以汲取老师身上的正能量,也容易被老师发现问题从而得到改正。

5.95后大学生对马克思主义的态度和评价与接受的马克思主义教育有关。学生看过的马克思主义著作越多,对马克思主义的了解程度越高,就对马克思主义的态度越积极,对马克思主义的发展前途也越看好。同时大学生认为马克思主义对学习生活的影响程度越高,对马克思主义相关课程的评价越好、对马克思主义理论成果的学习态度越积极,越认可学校以马克思主义为核心的思想政治教育的教学效果,对马克思主义的态度越好。这说明马克思主义具有很强的科学性,只要加强学生对马克思主义的了解和学习,就可以提升他们对马克思主义的认可态度。

三、提高95后大学生马克思主义认同度的建议

(一)借助新媒体全面深化马克思主义信仰教育力度

95后大学生具有极强的网络及娱乐属性,对微博、微信等新媒体极为熟悉,同时新媒体也成为他们社交、娱乐的重要渠道,也是他们获取信息的最主要渠道。各大高校可通过校内的微信公众号、广播站、宣传栏、网络等舆论宣传工具对大学生进行马克思主义信仰的引导。借助社会主流新闻媒体及新媒体渠道对学生进行马克思主义信仰教育,可以更快深入学生的生活,同时形成浓厚的社会教育大氛围,对学生进行潜移默化的信仰教育,提升马克思主义教育的力度。

(二)使用混合式教学方法扎实开展马克思主义信仰教育

虽然95后大学生是"网生一代",网络已经成为他们获取信息和知识的主要渠道,但是对于马克思主义教育来说,大学的思想政治课程、党课和团课等仍是学生的主要学习途径。现有的相关课程多采用灌输式教学方法,难以满足学生多样化、个性化的学习需求。混合式教学方法可综合讲授法、讨论法和实践法等多种教育方法,从而对学生进行全方位的教育,扩大教育的维度,提升教育的力度和效果,通过讲授法可使学生获得全面、系统、完备的知识理论,通过讨论法激发学生学习热情,建立分析、解决问题的思路,使现有知识得到升华,通过实践法提升大学生的思想境界。[3]之后让学生进行实践,加深对理论知识的认知,提炼学习的精华。

(三)运用分层教育理论丰富马克思主义信仰教育内涵

年级不同,马克思主义信仰教育的侧重点不同。不同年级的学生在信仰教育过程中面

临不同的问题,比如大一学生面临角色转换问题,大二学生面临人际交往问题,大三学生面临就业问题。在进行大学生马克思主义教育的时候,要注意"对症下药",对不同年级的学生采用不同的教育内容,同时在重视大学生自身实际需求的基础上,还应该符合他们的情感特征,提升大学生的接受程度。当需求和热情越高,学生的求知欲越强,接受效果就好,反之效果就差。

(四)发挥先进学生在马克思主义信仰教育中的引导作用

在信仰教育中,除了教师要用自己的人格魅力去感染学生,同时也应充分发挥共产党员或预备党员、入党积极分子等先进学生的作用,通过日常学习和生活使周边的同学受到影响,鼓励学生通过组织"马列学习小组""邓小平理论学习小组""党章学习小组"等,开展马列基本理论、党史宣传等活动,进一步提高大学生对马克思主义理论的认识水平。

(五)根据学生认知层次循序渐进推进马克思主义信仰教育

大学生对马克思主义信仰认同度不同,在信仰教育中也要根据不同情况有不同要求,要遵循循序渐进的方法。具体而言,就是要求大学生中的党员学生必须树立坚定的马克思主义信仰,自觉履行党的宗旨,发挥先锋模范带头作用;入党积极分子要端正入党动机,树立马克思主义信仰,并逐步坚信马克思主义;团员群体在接受信仰教育时,要系统了解马克思主义的基本原理和中国特色社会主义理论,积极引导优秀团员信仰马克思主义;一般学生要学习了解马克思主义基本原理和中国特色社会主义理论,思想积极要求进步。

[参考文献]

[1] 胡凡凡."95后"大学生思想道德特征及教育对策研究[D].武汉:武汉纺织大学,2016.

[2] 刘蕊.当代大学生马克思主义信仰认同度调查与思考:以浙江某大学为例[J].教学研究,2012(3):15-18.

[3] 程彤.高校学生马克思主义信仰教育研究:以河北省部分高校为例[D].石家庄:河北师范大学,2016.

生活德育:培育与践行高校核心价值观教育的有效载体

浙江金融职业学院 徐晓燕

摘　要:生活德育是高校核心价值观教育的有效载体,倡导核心价值观教育,生活化体现了核心价值观教育落细、落小、落实的要求。针对当前高校核心价值观教育存在的价值认同弱化、生活德育缺失、与现实社会脱节等问题,应依托生活德育理念,从贴近学生生活实际,尊重学生主体地位,综合课堂教学和课外实践,发挥校园文化的育人功能等方面增强核心价值观教育的实效性。

关键词:生活德育　核心价值观教育　文化育人

作者简介:徐晓燕,女,1991年出生,硕士研究生,研究方向:思想政治教育。

一、生活德育是实现核心价值观教育的现实路径

(一)从生活与德育的相互关系理解生活德育的理论内涵

随着我国基础教育课程改革的发展,传统德育显露出许多弊端,高校德育改革势在必行,生活德育的理念应运而生。理解生活与道德的相互关系是诠释生活德育内涵的前提和基础。第一,生活是道德产生与发展的基础,道德来源于现实生活并建立在一定的物质生活基础上。奴隶社会是阶级道德发展的第一个历史形态,奴隶主作为统治阶级占有物质生产资料及奴隶,其道德原则是维护奴隶对奴隶主的绝对屈从和人身依附关系。正如马克思所言:统治阶级的思想在每一时代都是占统治地位的思想,一个阶级是社会上占统治地位的物质力量,同时也是社会上占统治地位的精神力量。社会性是人的本质属性,个体的道德认知养成只能发生在具体的生活情境中并获得检验,道德的价值实现也只能依赖于人们的生活实践。

第二,生活是道德的目的,道德的最终目的是引导人更好地生活,追求个人价值与社会价值的统一。从道德的认识功能来看,道德帮助人认识自我与他人、社会的关系,教导人们正确地认识社会道德生活的规范和准则,引导人追求至善、至美、至真的生活,使之获得幸福感;作为人际关系和社会矛盾的调和器,道德规范人们日常生活的实践,形成良好的社会生活秩序,促进社会的稳定发展;道德通过培养人们良好的道德意识、道德品质和道德行为,树立正确道德观念,引导人向善,追求真和美的生活。总之,道德源于生活,在生活实践中,道德适应并引导生活方向,所以高校德育应面向生活,面向现实,面向具体的、实践的、富有个性特色的学生个体。

(二)生活德育与核心价值观教育生活化的逻辑关系

习近平总书记一再强调,一种价值观要真正发挥作用,必须融入社会生活,让人们在实践中感知它、领悟它。要注意把我们所提倡的与人们日常生活紧密联系起来,在落细、落小、落实上下功夫。落细、落小、落实社会主义核心价值观教育就是要求将教育融入学生实际生活,关注学生生活的细枝末节,并加以引导,传授学生生活知识与技能,使其明确生活态度与

情感,实现价值观养成与自觉践行。当前高校核心价值观教育存在疏离甚至脱离学生生活的现实,影响了教育的针对性和有效性。生活德育是高校核心价值观教育的有效载体,核心价值观教育是生活德育的核心内容,倡导核心价值观教育生活化体现了核心价值观教育落细、落小、落实的要求。生活德育要求德育回归学生个体及其日常生活实际,而从大学生的生活入手,寻求道德教育的契合点进行核心价值观教育,是提升核心价值观教育实效性的必然选择。

就内容而言,社会主义核心价值观来源于生活实践,生活德育与核心观教育具有相同的实践要求和目标指向。第一,学生的日常生活是生活德育和核心价值观教育的逻辑起点。马克思指出,意识在任何时候都只能是被意识到了的存在,而人们的存在就是他们的现实生活过程。大学生的社会交往和活动,都是在真实的生活场景中展开,学生对在课堂学到的道德知识,总是要经过社会生活的检验才能转化为自身的经验和体悟,作出道德判断,强化道德认同。第二,引导学生生活是生活德育和核心价值观教育的最终归旨。以生活德育的理念指导核心价值观教育,是解决当前大学生道德困惑的有效途径。当代大学生群体多从自我价值的实现角度思考人生的目标和价值,易忽视个人价值和社会价值的统一。所以开展核心价值观教育显得尤为急迫,以实际生活中的价值冲突和遭遇为切入点,支持和弘扬正确的价值取向和思想观念,批评和引导不正确的价值取向和思想观念,帮助学生解决现实的道德困惑,提高学生的生活质量,引领他们以积极健康的心态追求真、善、美的生活价值。

二、当前高校核心价值观教育生活化的缺失

大学生的生活实际是核心价值观教育的理论来源和实践场域,对大学生的核心价值观的培养离不开对生活的分析、探索和引导。但从目前高校核心价值观教育的实际效果来看,还存在着目标抽象失衡,教育方式单向化,内容泛政治化、知识化等现实问题。

(一)目标抽象失衡:价值认同的削弱

当前,高校核心价值观教育目标大都停留在社会主义核心价值体系和核心价值观内容的学习层面,没有指导学生认清国情、社会现实与核心价值观国家层面目标、与社会层面目标实现的密切关联,没有将核心价值观教育融入学生的生活实践之中,而核心价值观作为社会意识形态的提炼和概括,往往具有抽象性、稳定性等特点,这与大学生的实际思想状况和水平及大学生群体的身心特点有所冲突。青年大学生群体具有鲜明的个性,群体成员之间差异性较大,加之现实生活的多变性、具体性和分散性等特性,使用一个标准来让大学生认同和践行社会主义核心价值观,明显不符合大学生现实需要,教育与现实生活的脱节导致学生在生活实践中无法获得和巩固价值观的认同,核心价值观被疏离和边缘化。

一方面,学校生活的相对单纯与社会环境的复杂多变形成鲜明对比,而大学生在心理结构方面还处于半成熟、不稳定状态。另一方面,随着改革开放的深入和发展,人们的物质利益需求和欲望悄然膨胀,利益主体的多元化导致价值观的多元化,社会风气出现享乐主义、拜金主义、功利主义和庸俗化的趋势,这些负面影响逐步渗透到大学生的价值观念中,使其对学校核心价值观教育出现摇摆不定、甚至质疑的情绪。这势必会冲击大学生正确的价值观念,产生错误扭曲的价值观念。当核心价值观教育不贴近社会现实生活和学生的实际需求,目标过于抽象、空泛时,价值认知就无法从社会实践经验中获得认同,价值理论对实践没

有指导意义,就会流于空谈,很难引导学生在现实的价值问题上作出判断和选择,帮助学生树立正确的世界观、人生观和价值观。

（二）方式单向化:生活主体的缺失

大学生社会主义核心价值观的形成,一般都要经历由外而内的过程,由外部的要求和规范转变为自觉内化,内生为自身的价值观,进而提升个人品德和修养。美国实用主义教育家杜威说过:"任何主张将道德知识灌注在一无所有的心灵上的各种教育方法,都应该被扬弃。"当前,高校核心价值观教育存在着方式单向化的问题。在实际的教育过程中教师只限于把社会主义核心价值观的内容简单地灌输给学生,并过分强调服从,具有强制性和规定性,从而使学生丧失了主体性。值得注意的是,核心价值观教育还仅停留在让学生"认知"核心价值观知识的层面,而未使之认识其存在的理由,导致核心价值观无法深入学生内心,出现"上完课忘干净"的情况,无法为其能动地进行价值判断和价值选择提供知识基础,从而出现认知与行为的偏差。

受传统思想政治教育思维方式的影响,高校核心价值观教育存在"重课堂轻实践""教育实践活动流于形式"等诸多问题。思想政治教育传统的主客二分思维方式把人抽象化,导致对受教育者真实需求的忽略和教育内容、教育方式的呆板滞后,不能实现个人与社会的相互协调。同时,价值观是人们对价值问题的立场、看法和观点,具有主观性、稳定性、历史性等特征,对同一件事有不同的价值认知,会作出不同的价值选择。这要求价值观教育要突破传统思想政治教育思维方式,形成"以人为本"的教育理念,面对具体的个人,分析其价值观形成的社会环境、学校环境和家庭环境,用具体问题具体分析的方法有针对地帮助学生解决现实生活中的矛盾,引导学生树立正确的价值观念。

（三）内容泛知识化:与现实生活的脱节

高校核心价值观教育工作者大部分局限于政教处、辅导员等德育专职部门和教师群体,存在队伍结构单一、人员流动性较大、理论水平有限等问题,导致在核心价值教育的过程中,部分教育者积极性不高,工作方法落后,把核心价值观教育等同于核心价值观知识的传授。核心价值观教育知识化造成核心价值理论与学生生活关系的错位、脱节,引发其价值认知与价值实践的断层,出现价值观教育"空喊口号,流于形式"的现象。如果国家层面倡导的富强、民主、文明、和谐没有付诸实际行动,落实到生活中进行实践的检验,就会使理想信念、国家情感、民族信仰等成为外在于人的道德束缚,不能内化为作为公民的道德责任感。

以人为本是社会主义核心价值观教育的本质要求,高校核心价值观教育是围绕着"以人为本"进行构建的,是为学生的发展服务的,最终价值和目标是指向"培养全面发展的人"。全面发展的人,是懂得生活价值是什么并能独立生活的人。生活价值来源于实践,那是因为价值是在人的感性活动中发生的,是人与自然、人与社会、人与人之间相互作用的产物。实践也是价值观生成的源泉。正如马克思所说:"全部社会生活在本质上是实践的。凡是把理论引向神秘主义的神秘东西,都能在人的实践中以及对这种实践的理解中得到合理的解决。"在实践中才能促进大学生核心价值观的养成。只有让学生立足于生活实践,在实践中不断提高自身的生活能力,才能使他们真正地理解核心价值观对生活的重要指导意义,自觉将核心价值观转化为行动的指南。

三、依托生活德育理念，增强核心价值观教育的实效性

增强核心价值观教育的实效性，必须依托生活德育的实践理念。生活德育主张德育回归现实生活，回归实践的、具体的个人，要求德育贴近学生生活实际，尊重学生的主体地位，使学生在生活实践中促进德性养成。依托生活德育理念，增强核心价值观教育的实效性，应从以下四个方面来实现核心价值观与生活的全面对接：

（一）贴近学生生活实际，增强核心价值观的认同感

社会主义核心价值观是社会道德和学校德育的基本目标，核心价值观教育的根本目标是培养有道德的社会主义公民，让学生学会过社会主义和谐社会所要求的道德生活。学校要积极转变德育理念，用生活德育的理念引导核心价值观教育，一方面要牢牢把握教育的主动权，坚持正面引导教育，有计划、有目的地在核心价值观教育中融入合理的生活要素和生活情境，在大学生学习和管理服务中融入核心价值观教育，包括日常管理、学风建设、生活社区管理等，对其生活价值追求加以辨析和引导；另一方面要避免陷入价值观教育内容的"悬空化"，教育方式的"单一化"，最大限度地开发、利用富含教育价值的生活资源，使他们在生活的点滴体验中体悟、理解、接受核心价值观，实现核心价值观的内化，形成生活习惯和自觉意识，积极主动地培育和践行社会主义核心价值观。

随着网络技术的迅猛发展和网民群体的快速增长，互联网这个涵盖人类社会方方面面的基础平台正在悄然改变着人们的思维方式和生活方式，也改变着社会主义核心价值观大众化的环境、对象和途径。高校核心价值观教育要积极抢占新媒体平台，认真研究其现实特性和发展趋势，最大限度地开发和利用新媒体的现实价值，将核心价值观融入虚拟生活之中，关注学生的网络道德失范问题和网络心理健康问题。

（二）尊重学生主体地位，引导学生自觉践行核心价值观

核心价值观的教育引导是一种正确的价值导向，要使核心价值观内化于心，首先得了解和分析大学生群体的思想状况和群体特点，有针对性地开展教育活动。当代大学生群体乐于参与社会管理，思维活跃，但实际践行能力相对较弱；对现代科学技术的依赖程度高，对传统的认同趋于弱化；他们重视个人利益及价值的实现，但缺乏集体意识和服务社会的意识。因此，他们是一个多面、多样、多元的群体，他们身上"代际裂变与认同传承共存、现实功利与理想超越转换、个性张扬与社会关怀结合、世界眼光与爱国情怀统一"，在他们身上许多看似矛盾的东西得到了一种和谐的共生。不针对教育对象的思想特征和心理状态，光靠单向的、外部的灌输，不仅达不到理想的教育效果，而且极易造成大学生的逆反心理。

社会主义核心价值观的内化要求核心价值观价值能达到满足大学生需要的效应，当两者相互作用时，效应增强，核心价值观价值增强，价值观教育的实效性增强；效应减弱，教育的实效性也随之弱化。大学生主体需求是多方面的，在现实的生活中具体体现为利益需求、情感需求、自我成长需求等各方面。核心价值观要看到大学生需求的多样性，增强人文关怀，对其正当需求予以满足，对不正当需求予以批判和引导。大学生价值观的形成不是一个被动接受的过程，而是充满能动性、主动性和创造性。核心价值观的建构，需要大学生积极主动地去体会、理解、认同，并内化为自身价值观。这就要求核心价值观教育要尊重学生的主体地位，师生要形成平等的共同体关系。教师在教育过程中要树立以人为本的理念，理解

和接纳其价值取向、思维方式、心理特征、情感需求、生活状况等,给予学生充分的尊重和关怀,真正关注学生的内心世界,增强师生之间的相互理解、相互沟通,使生活价值追求植根于大学生的内心,成为其践行核心价值观的精神动力。

（三）综合课堂教学和课外实践,在实践活动中促进德性养成

"两课"是学校德育的主要教学方式,社会主义核心价值观教育进课堂主要体现在"两课"的课堂教学上。要加快"两课"教学改革,利用多媒体技术,融合学生关注的社会热点、难点、疑点,把现实社会的问题融入抽象的理论之中,分析与大学生成长成才密切相关的具体问题,如就业问题、恋爱情感问题、专业学习等问题,采用诸如讨论法、辩论法等课堂教学方式,激发学生的学习兴趣,让学生主动参与到核心价值观的学习中来。榜样文化具有先进性、实践性、形象性等突出特色,是核心价值观教育的重要组成部分,可为构建核心价值观培育的长效机制服务。教师要善于挖掘具有时代性、先进性的人物事迹及人物,多用身边的榜样去感染和影响大学生,让学生带着情感融入课堂教学中,激发和增强大学生的社会责任感。

课外实践是课堂教学的延伸,也是课堂认知检验的实践地。学生在课堂上习得的知识,需要在社会实践中获得巩固和检验,在课外实践中增强价值认同感。课堂教学的最终目的是要培养大学生科学的价值判断能力,就社会问题进行批判,提出解决方案,落实到改造社会的实践中。社会主义核心价值观教育需要开展各种形式的课外拓展活动,如便民志愿服务、社会调查、勤工俭学等活动,形成培养自身能力与服务社会有机结合的价值观意识,在实践活动中实现个人价值与社会价值的统一。

（四）发挥校园文化的育人功能,提升社会主义核心价值观的感染力

营造和谐的校园文化氛围,发挥校园文化的育人功能,对增强核心价值观教育的感染力具有重要作用。和谐的校园文化既是现代大学发展的内在要求,也是加强核心价值观教育的必然选择。和谐的物质文化环境能够提高学校师生的总体科学文化素质、审美水平及道德认知水平。在校园的景观设计、建筑雕塑方面融入核心价值观要素,表现时代性和先进性。文化传播媒介是校园物质文化的重要组成部分,更是传播核心价值观的重要媒介工具。高校核心价值观教育要牢牢把握主动权和领导权,利用广播、电视、电影、报纸、橱窗、板报、杂志等媒介,将核心价值观有计划、分层次地、递进式地向全体师生进行传播。

要重视校园生活文化对大学生成长的基础性作用。校园生活文化主要包括公寓文化、饮食文化、休闲消费文化等方面的内容,校园生活文化与大学生的日常生活息息相关,和谐的校园生活文化能够增强大学生自我管理、自我教育、自我服务的意识,培养大学生健康向上的生活价值取向。高校要创造和建立舒适优美、文明健康、温馨和谐的寝室生活环境,组织开展融入核心价值观要素的社区文化活动,提高大学生的生活情趣和审美意识,培养大学生的科学消费观念,形成勤劳节俭的良好品质。

总之,要切实把社会主义核心价值观贯穿于学生学习和生活的方方面面。"要通过教育引导、舆论宣传、文化熏陶、实践养成、制度保障等,使社会主义核心价值观内化为人们的精神追求,外化为人们的自觉行动。……使社会主义核心价值观成为人们日常工作生活的基本遵循"。

［参考文献］

[1] 马克思恩格斯全集:第2卷[M].北京:人民出版社,1957.

[2] 德意志意识形态:节选本[M].北京:人民出版社,2003.

[3] 邱国勇.社会主义核心价值观教育研究[M].北京:人民出版社,2014.

[4] 余守萍.校园文化与学校德育模式的创新研究[M].北京:中国社会科学出版社,2014.

[5] 张学森.核心价值观的历史演进与当代构建[M].北京:人民出版社,2014.

[6] 潘玉腾.推进社会主义核心价值体系大众化研究[M].北京:社会科学文献出版社,2012.

[7] 习近平.把培育和弘扬社会主义核心价值观作为凝魂聚气强基固本的基础工程[N].人民日报,2014-02-26(1).

[8] 袁贵仁.坚持立德树人 加强社会主义核心价值观教育(深入学习贯彻习近平同志系列重要讲话精神)[N].人民日报,2014-05-23(7).

[9] 吴翠丽.社会主义核心价值观嵌入日常生活的内在机理与实现路径[J].南京社会科学,2015(2).

[10] 刘长海.生活德育理念下核心价值观教育实施框架[J].中国德育,2015(9).

[11] 柳礼泉,邓堂莉.高校社会主义核心价值观生活化常态化研究评述[J].学校党建与思想教育,2015(3).

[12] 张耀灿.榜样文化:社会主义核心价值观培育机制的构建[J].学校党建与思想教育,2014(7).

[13] 王玉平.生活化:高校社会主义核心价值观教育的人本向度[J].重庆交通大学学报(社会科学版),2014(6).

[14] 陈郭华."90后"学生群体风格和思想特点研究[J].思想理论教育(上半月综合版),2010(11).

[15] 王代月.论思想政治教育传统思维方式的变革:"以现实的个人"化解思想政治教育思维方式的消极因素[J].思想教育研究,2006(9).

[16] 伍兵.孟子的与思想对当前学校德育的启示[J].淮阴师范学院学报(哲学社会科学版),2009(3).

[17] 张冬冬,马玉稳.加强大学生社会主义核心价值观教育的实效性探析[J].山东省农业管理干部学院学报,2009(4).

谈"专注力"对新时代班主任工作的启发

浙江金融职业学院　周　晶

摘　要:党的十九大报告指出,要以"培养担当民族复兴大任的时代新人为着眼点,强化教育引导、实践养成、制度保障,发挥社会主义核心价值观对国民教育的引领作用",然而我们处于一个分心的时代,对于自我价值的漠视,对与他人建立和谐关系的忽视,对大环境、全局意识、集体意志的无视普遍存在于当代大学生之中,也是大学生学习、生活、心理问题的根源所在,如何加强大学生社会主义核心价值观培养与教育。本文从内在专注、对他人专注、外在专注三种专注力的外化表现出发,分析学生的症结所在,并从中获得启发,总结班主任管理工作的方法和理念,从而使工作获得有效开展,这是本文的出发点和重点。

关键词:专注力　分心时代　班主任工作　社会主义核心价值观

作者简介:周晶,女,1980年出生,讲师,硕士研究生,研究方向:计算机动画、用户界面设计。

专任教师担任班主任后,会发现班主任和专任教师对待学生由于角度和重心的变化产生极大不同。作为一名初次担任高职院校的班主任,曾以为辅导员和订单班班主任的工作经历会给自己一些帮助,除了向富有班主任工作经验的老师取经,也曾在班主任分享会上学习管理方法,但事实是真正展开班主任工作时,发现问题没那么简单。

第一,作为专业任课老师,本以为会给予学生更多专业的引导和帮助,但事实是我的大量时间花在解决请假、迟到旷课、师生关系、同学矛盾、心理问题、文明寝室建设等方面,专业学习方面的引导只占到很小一部分,或者说其作用在一开始其实微乎其微。

第二,作为大学老师,本以为对于已满18周岁的"成年人",我要给予他们独立思考、独立解决问题的自由与空间,这是出于对大学生的尊重,但事实是看似成熟但行为并不成熟的年轻人必须在有严格原则与约束的前提下,给予有条件的自由。因为无规矩不成方圆,自由要给但规矩更要立。

第三,作为当代大学生,本以为初次离开父母独立自主会存在问题,礼貌是与人相处的前提,问题应该不大,但事实是新生第一学期开课后暴露出部分学生缺乏礼貌、对师长不够尊敬,也投射出当代大学生与长辈沟通存在的问题。我担任班主任期间就发生两例学生顶撞老师的事件。可见让他们懂得礼貌,与人和谐而正确沟通,这也是我当班主任以前没有想到的一个重要难题和工作任务。

第四,作为班级的引导者与管理者,本以为投入更多的时间和精力是必要的,出现问题及时和学生沟通就可以,走访寝室、检查自修……学生一出现问题就及时沟通,然而对于问题学生,过多频繁的沟通如果不得要领,效果未必理想,学生学会应付,面谈浮于表面,时间精力花费不少,学生似乎并不买账。

在这个过程中,作为班主任,我感觉自己从一开始就进入一种类似"消防员"的状态,哪里出现"火灾",我就去哪里"灭火"。看似出现问题马上解决,但在整个不断"灭火"过程比较被动,疲劳烦琐且效果不甚理想。而在这个过程中,到底该如何与自己的学生沟通? 如何帮助他们树立正确的人生观、社会主义核心价值观? 如何让他们保持良好的学习心态、建立专业学习兴趣? 如何帮助他们构建良好人际关系? ……归根结底要认清新时代当代大学生价值观念多元化、价值选择现代化、价值立场个性化等时代特点,引导学生将社会主义价值观内化于心、外化于行。在接触丹尼尔·戈尔曼先生三种专注力后,随着思考的深入逐渐发现专注力的缺乏正是众多大学生问题产生的一个重要根源,我们不能简单、片面地去理解学生的行为,同时启发本人重新审视班主任管理工作,从自身专注力出发,结合班主任工作实践,不再粗浅而无效地去从事学生工作。这对自身也是极大的提高与重塑。

一、"专注力"概念的界定与三种专注力阐释

(一)"专注力"观点的产生

诺贝尔经济学奖得主赫伯特·西蒙说:"信息消费的是人们的专注力。"信息越多,人们越不专注,越不专注,我们就越是分心,而越分心,就越难深入地思考,缺乏思考我们只能流于肤浅。肤浅造就人生的肤浅。的确,在这样一个"分心的时代",高速的互联网、各种手机应用程序、电子邮件以及让人沉迷的游戏,无时无刻地冲击着我们的大脑。不要说我们的学生每天手机不离手,无法专注于课堂,除了上班时间,反思我们自己,我们日常也可能是手机不离手,一天不带手机就心慌意乱。

(二)"专注力"的阐释

专注力(attention)一词来自拉丁语"attendere",意为向前延伸。现代心理学之父威廉·詹姆斯这样为专注力定义:"在几个并行的潜在的目标或思想碎片之中,意识突然提取了其中一种,使其呈现出清晰鲜明的形象。"

在《专注》这本书中将专注力分为三种:内在专注、对他人专注、外在专注,具体阐释如图1。

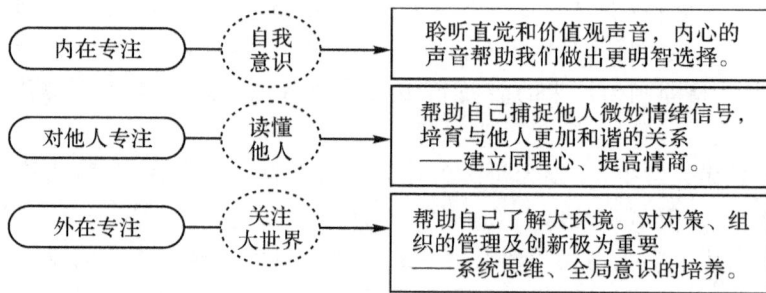

图1 三种专注力示意图

二、缺乏"专注力"在学生常见问题上的映射分析

分心的互联网时代,我们每个人似乎很难专注于做一件事,更何况是心智还不完全成熟的大学生。发生在他们身上的许多问题其实都可以用专注力的缺失来解释。

第一,对于自我价值的漠视,这是缺少内在关注的结果。反映出来就是缺少学习目标、缺乏学习动力。作为班主任,我也很难确定我的每个学生到底对什么感兴趣。没有兴趣点,

我就很难去激励他们专注做一件事情。他们缺少愿意不断追求的事物,因而也就缺少学习的动力与目标。我在他们入校初就问他们自己的兴趣与将来的目标,除了少部分同学,大多数的学生对将来比较迷茫。

第二,与他人和谐关系的忽视,这是缺少对他人专注的结果。缺少换位思考意识,不会站在他人角度去思考问题,缺乏同理心也就不会考虑他人感受,表现较为自私、自我,也缺少对他人的尊重;如前文所提到的两例学生冲撞老师的事情。事发原因几乎都是上课看手机,老师屡次指出后学生没有及时修正自己的行为,他们没有注意到老师在屡次指出问题前后情绪的变化(老师是给予他们修正机会了的),也没有反思自己的错误,反而不加控制地将自己的不满情绪发泄出来。事后面谈时学生都说在冲撞老师后觉得后悔。虽然事后班主任和系部老师及时对学生做出引导,对被顶撞老师进行道歉并分析事情原委,让学生认识到自己的问题。但是在这两次事件中让班主任反思到的是:①上课看手机是师生矛盾的导火索,可见课堂上看手机确实是普遍现象,也易成为师生矛盾导火索,直接制止并不能从根本上解决问题;②学生在老师指出遵守课堂纪律,甚至是屡次指出时,没有及时纠正自己的行为,可见学生在发生这件事时没有反思自己在整件事上的错误;③学生与老师发生矛盾,第一时间想到的先是发泄自己的情绪,而没有考虑到他人的感受,也没有去关照到老师情绪的变化信号,及时控制自己的情绪,避免事情进一步激化;④与老师发生争执只是会发生在极少数学生身上,随着面谈的深入,我们也会发现学生对人际关系的极端化处理往往与家庭有密切关系,比如与父母的关系、缺少与父母的沟通,关爱与被关爱的缺失往往也能反映出家庭关系的专注力问题。缺少正确处理关系矛盾的能力,不能很好地控制情绪,导致事情进一步恶化,不仅仅表现在师生矛盾和对师长的不尊重,同样会折射到与其他人的沟通。沉迷网络、游戏、手机的大学生往往缺少与人面对面的交流,遇到沟通矛盾不懂得合理疏通,表现出不尊重师长、不尊重同学,人际关系处理简单化,是对他人缺少专注的直接表现。

第三,对整体事件、集体意志、系统管理的无视,则是缺少外在关注的表现。缺少集体利益、缺少从大局去思考和解决问题的能力。迟到、旷课是班级管理中细碎而又重要的一块。这个现象在我其中一个班级比较多,这种现象一般会集中在几个人身上,但是究其原因,竟然只是因为前一天睡觉过晚,以至于睡过头早上起不来,虽不是无心旷课,但是却反映出学生平时的自我控制能力较差,缺乏良好的生活习惯,而且也反映出对集体纪律、班级集体意识的忽略。

三、"专注力"对班主任工作的启发与方法思考

关于大学生专注力缺乏所引发的问题还有很多,如图 2,细细思考学生存在的问题,探究其背后的原因,往往与他们成长的环境有很大关系,发生在他们身上的一些问题也同样会发生在我们身上,只是影响力不同,比如对手机的依赖,比如无法专心于一件事情,因而也就决定我们在处理学生问题不可直接下论断责备他们的过失,与其责备不如专注于自己的内心,专注地面对每个充满活力的个体,用自身的专注力去影响他们! 如果用自己的话总结,我认为可以简单总结为:专注于生、专注于心、专注于行。

(一)专注于"心"

从爱出发的专注心是班主任做好学生工作永远的基石。专注于心是班主任老师所有行

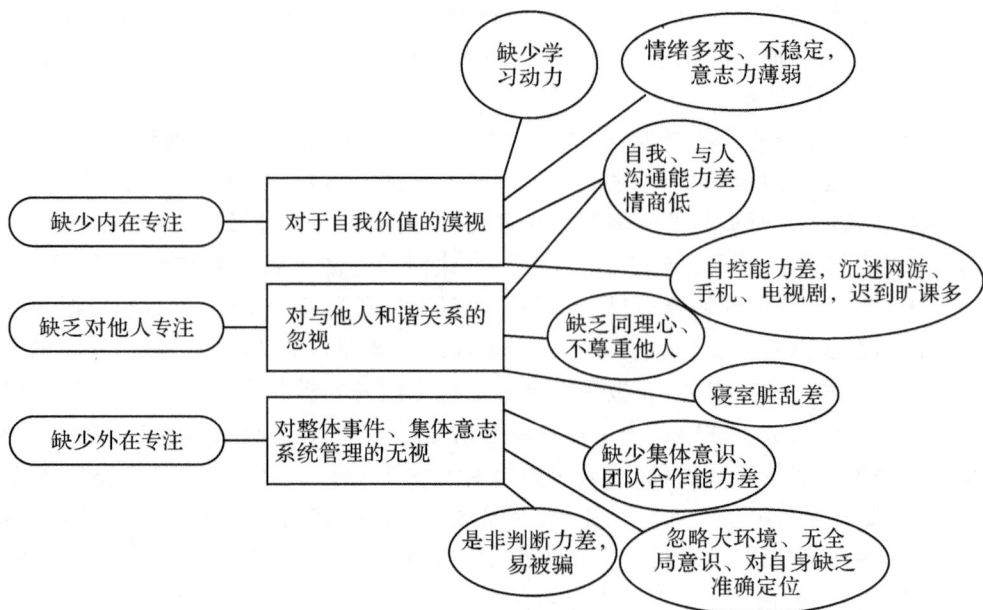

图 2 缺乏三种专注力的外在表现

为的发起者和动力。这里的专注心是班主任的"内在专注"。用心管理班级、真心对待每位同学所得到的结果与不专注地对待换来的绝对是两种结果。班主任在要求学生"做到"之前,首先必须要求自己"做到"。明白自己作为班主任,想让自己的学生成为什么样的学生、自己的班级应该成为什么样的班级,只有基于这样的出发点,才会做出明智的决策,并且产生不竭的动力,而不是疲于应付,不是满心烦恼地抱怨为什么会有这么多问题存在。

（二）专注于"生"

专注于"生"就是专注于自己的"学生"。这里反映的就是"对他人专注",班主任的"他人"就是自己天天要面对的学生。在这整个过程中,班主任与学生沟通必须拿出十足的专注力,专注于学生细微的变化、倾听学生的内心。唯有真心聆听学生的内心,用心去捕捉学生微妙的情绪信号,才可以以爱换爱,激起学生的热情,密切师生感情,通过对学生专注于"心"的关爱,使学生产生巨大的、向上的内驱力,从而激发他们积极主动的动力。

我所带的一班为职高学生,与普高生源的班级相比整体学风较差、迟到旷课现象较多、班级人数多不是很团结等等。曾经有段时间,班里一个宿舍里三名学生会一起迟到旷课,他们也往往成为我办公室的常客。面谈多次效果不明显,于是我采用各个击破法,从他们每个人感兴趣的事情、感情上看重的事情、家庭背景出发,在放松的环境中聊天。在偶尔不经意的交流中说出他会比较在意的事情,不是只是要求他们做到,而是从他们自身内心专注的事情出发,理解不迟到不旷课的必要性。他们喜欢打游戏,并且参加电子游戏竞技比赛获过奖,如果只是一味阻止打游戏,效果肯定不理想,所以老师在公开场合说明游戏的危害以及打游戏对于同寝室同学生活的影响之外,在具体事件行动上依然支持他们做自己喜欢的事情,在必要的时候引导他们去思考所喜欢事情的意义在哪里。目前他们能够积极回应老师的意见,并及时请假,由经常寝室检查拖后腿慢慢地转变为优秀寝室,虽然这些微小的变化在别人看来微不足道,但是作为班主任已经能够感受到他们的变化与对老师的尊重。

(三)专注于"行"

既然可以做到以"爱动其心"那就少不了"言导其行"。专注于"行"的过程可以理解为班主任用各种行动去引导学生训练自身的专注力,用班主任自己的专注力去影响学生。这也是引导他们更多关注外在世界、外在环境的过程,可以理解为以下几方面:

1.专注力训练。

研究专注力的训练方式,在有限的时间内有针对性地训练学生的专注力。每次开班会比较常见的状态是:班主任在上面讲,学生在下面翻看手机,与大多数会议的感觉一样,说的事情与大家都有关,但是大家都可以做到与自己无关。有次班会我突发奇想,以班会时间为限,看谁可以做到这个时间段不翻看手机,而最先拿起手机的同学就需要陈述完班会所有的内容。这看似是一场游戏,但极大地调动学生的主观能动性,大家放下了手机,也让大家专注地记住了班级的会议内容。

2.以兴趣为激发点的专业兴趣小组的创立。

以专业为出发点,划分专业几大方向为班级设定不同专业兴趣小组,在这个过程中学生自己组队、自己确定队长,并且自己确定共同奋斗目标,让学生自己制定计划,培养学生主体意识。在组队过程中,学生必须寻找自己的队伍,不可以掉队、独立。这是针对我班人数较多、同学分散、团结力不够的问题开展的。通过布置专业兴趣小组的项目任务,让队长带领大家完成并参与活动,从而达到培养学生自我管理能力,提升学生解决问题的能力。在学生自我管理时,班主任需要把握好自己的参与度,既不能放任自流,也不能包办一切。

3.组织集体活动,引导学生感受集体活动的乐趣,引导学生发挥各自作用。

针对我们信息技术学院的学生与电脑打交道较多,不善于表达与表现自己的特点,同时也是为了增强同学的交流,打破有限的沟通,模拟素质拓展活动的形式,在课外开展的班级素质拓展活动。利用班级课外活动,班委策划了一次旨在促进大家交流的素质拓展活动。班委事先购买好奖品,并且由班委主持和承担不同活动的组织策划,因为是自主参加,一开始我和班委担心参加的学生不会多,班委的表现也比较被动。但是当3/4的学生都到了以后,几个班委带着同学们逐渐进入状态之后,活动的结果还是让人出乎意料的,参加的同学表示虽然刚参加完运动会比较累,但是这样的素质拓展让他们觉得很开心、很放松。

4.激发学生自我教育欲望,提高自我控制的能力。

自我教育能激发和发展人的自主性,使人主动追求自我完善。

新时代大学生群体呈现出新的问题,需要班主任更多"从微观层面的大学生本体出发,建立起自己的价值观念与行为准则,在学习与实践中最终形成善良的道德情感、正确的价值判断、自觉的道德实践,以正确的世界观、人生观、价值观规范自身行为、自觉成才成长比",显得比单纯的知识技能的提升更加重要。正是这些正面、有效、细微的引导,对学生的影响将更为深远。教师用自己的学识、阅历、经验去化解学生的问题,也只有通过这样的教育引导、文化熏陶、行为实践等,才可以使我们社会主义核心价值观让大学生内化于心,外化与行!结合"专注力",我对学生问题与工作方法进行思考与分析,同时也反思自己在工作中是否存在缺乏专注力的问题。随着班主任工作的深入,我发现自己可以更积极面对我的学生,主动地去解决班级中那些看似烦琐而频出的问题,相信只要有一颗专注的心、专注于学生的心,就可以用专注的行动去引导他们走向明亮而宽广的大道!

[参考文献]

[1] 戈尔曼.专注[M].杨春晓,译.北京:中信出版社,2015.

[2] 中共中央宣传部.习近平总书记系列重要讲话读本[M].北京:学习出版社,2014.

[3] 冯刚.新时代中国特色社会主义思想政治教育的创新发展[J].中国高等教育,2018(3).

高职院校培育"工匠精神"与德育教育的研究

大连职业技术学院 许哲宁

摘 要：我国从"制造大国"向"制造强国"转变，"大国工匠"和"工匠精神"的传承与创新受到广泛关注。高职院校与国家发展同向同行，是培养"大国工匠"的主要阵地，"工匠精神"同样也是高职院校德育教育倡导的价值观。高职院校应当找准突破口，将"工匠精神"培育与德育教育有效渗透融合，将其作为德育教育的必修课，培养出一批批具有一技之长的"匠人"，为国家培育具有"工匠精神"的高素质技能型人才打好坚实的基础，实现专业技能培养与职业精神培育高度融合。培育高职学子以德为先的"工匠精神"，不仅是对德育教育实质的延伸和扩展，而且对高职院校实现立德树人具有重要的推动作用。

关键词：高职院校 工匠精神 德育教育

作者简介：许哲宁，女，1989 年出生，讲师，硕士研究生，研究方向：思想政治教育。

一、"工匠精神"的历史蕴意与现代内涵

工匠，专注于某一领域、针对这一领域的产品研发精益求精地完成整个工序的每一个环节，称之为工匠。而提及"工匠精神"，必会想到"德国制造"，德国的学徒传统及现代的双元制职业教育培育出了技能精湛的"工匠"，德、日等国的产品一度受到国人的青睐。其实，工匠精神并不是舶来品，我国古代技术文明极度发达，三百六十个匠人行里，世世代代出如鲁班、欧冶子的能工巧匠，成了以"学艺先做人""德艺兼修、以德为先""精益求精、止于至善"这样一个极具工匠精神的国度。这些极具工匠精神的技术人才为我国社会经济发展做出了巨大的贡献。

要实现"中国创造"与人力资源强国的目标，现代工匠必然肩负着新的使命和责任，工匠精神也彰显着新的时代特点。一是精益求精的创新理念。精益求精其实就是精雕细琢、不断追求极致和完美。制造业的工作人员始终保持对每一个零件、每一个环节精益求精的态度，我国赶上甚至超过制造业强国并创造出质量过硬的中国品牌指日可待。二是实事求是的职业品格。除了有过硬的一技之长外，更要具有求实、务实的品格，本着对自身严格要求、终身学习的理念，摒弃故步自封、满足现状、停滞不前的懒惰和消极情绪，对待不足需具备实事求是、竭尽全力改善不足的执着精神。三是兢兢业业的职业态度。制造优质产品，实现"中国制造 2025"的梦想，需要坚忍不拔的奋斗精神。除了对工作的热忱和喜爱外，还要提升自身的专注度和持久力，这种倾其一生做好一件事、对一份技艺的执着和坚韧，是一种令人敬畏的职业道德。当今职业教育发展更是离不开这种精雕细琢的职业态度。

二、"工匠精神"培育在职业教育中的重要性

"工匠精神"的概念在我国政府工作报告中第一次正式被提出。2016 年 4 月 24 日，李克强总理考察四川省芦山县第二初级中学看到床掉漆时对学生说，制作好这些床，光靠机器

是不行的,操作机器的人同样要具备工匠精神。我国更需要当高级工匠的人,工匠也可以成为大师! 无论是读大学还是读高等职业学校都可以成为大师。

弘扬"工匠精神",打造制造强国需凝聚青年人的强大力量。近千万的职业院校的学生,正走在从"制造大国"迈向"制造强国"的道路上,也是一代新生工匠力量。作为"大国工匠"的主阵地,高职院校对学生"工匠精神"的培育需要做到以下几个方面:

（一）尚德

古代崇尚"学艺先做人",现代更倡导"以德为先""先学做人、后学做事"的价值观。古代著名的工匠无一不是自省自律、不断修炼自己品行的德才兼备之士,当今学生步入职场前要教育他们将诚信待人、不断提升自身综合素质和个人修养作为人生信仰去追求。美好的德行辅之超群的技艺,高职院校学生必是各企业争相追逐的宠儿。

（二）敬业

忘我工作的敬业精神是一种以对事业的敬畏和热爱为基础,踏踏实实、一丝不苟、竭尽全力的专业精神。作为高职生,钻研所学专业,学习工匠们的专注和坚持是必备的素质。在学习过程中要秉持水滴石穿、绳锯木断的信念,才会收获学习的成果。

（三）至善

至善就是精益求精,提倡工匠精神,就要求学习要有严谨的态度和科学的方法,对知识钻研和技能提升的探索,止于至善。

（四）专注

秉持坚韧之心不断提升自己的专注度和持久力,追求细节的恒心和耐心,是"工匠"具备的特质。只要内心树立了目标,就能遵循正确方向,心无旁骛地付诸努力。

（五）创新

在实践中不断思考、探索,努力拓宽自己的知识储备、提升技能水平,不断为自己设定更高层级的学习目标,尝试新知、突破自己。

三、"工匠精神"与德育教育的关系

"工匠精神"培育以立德树人为根本任务,促进学生全面发展,始终坚持把德育工作放在首位。"工匠精神"应成为学生个人成长发展、高职院校德育教育的灵魂。

（一）"工匠精神"是德育教育的重要内容

高职院校学生处于价值观形成的重要时期,对"工匠精神"系统的认识和理解,有助于职业教育工作落到实处,片面、表面的理解会导致职业教育的误导。"工匠精神"代表着正确的价值观,代表着过硬的专业技能和精湛的专业技术、对待职业独有的执着态度、持续创新能力、可持续发展能力以及全面的人文素质。

（二）德育教育是培育"工匠精神"的主渠道

德育教育在高职院校的教育体系中受到越来越多的重视。由于德育教育本身的特殊性和单一性,目前德育教育实施的过程和方式存在局限性,没达到预期效果,因此应将工匠精神与德育教育合理地融合,有助于高职学生在专业态度、专业技能、职场就业竞争力等诸多方面的改善。通过拓展学生道德实践活动,将工匠精神渗透到学生学习、生活的细节中,使学生切实领悟到工匠精神的真谛,起到润物无声的德育渗透作用。

四、德育教育中培育"工匠精神"的途径

（一）提升德育教师教学的工匠精神

培养学生的工匠精神，应重视师德师风建设，首先高职教师就应该将工匠精神融入日常管理、教学活动和思想教育工作中。思想政治辅导员和专业教师为肩负着高职院校学生工匠精神培育职责的两大主要群体。在高职院校中，思想政治辅导员担任着加强和改进大学生思想政治教育的主要任务，思想政治教育应与职业教育同向同行，坚持以培育良好的职业素养为宗旨、以促进学生提升自身技能水平为目标，帮助学生树立正确的价值观念，培养爱岗敬业的职业态度，树立精雕细琢的职业信念，将专业技能培养和职业精神培育高度融合，实现全程育人、全方位育人的目标。专业教师担任着课堂专业知识教学、学习能力培养、课上课下素质教育等。具体德育教育培育主要可以从以下方面来进行：①对教学技能的精益求精。德育教学工作的流程、内容、方式、方法是惯有固化的，因此思想政治辅导员和专业教师一定要让自己始终处于一个主动的教学状态，明确自己的职责所在，并在德育教学中不断地创新和完善教学方法，面对学生遇到的新问题和情况，实时总结来提升自己的教学方法；②追求德艺双馨的职业品质。德育教师只有把对工作的专注、执着以及坚持追求卓越、德艺双馨的职业品质，内化为自己的精神追求，才会对学生进行言传身教，学生才会在耳濡目染中将工匠精神内化为自身要求；③关爱学生、细致入微。德育教育工作千头万绪，且每个学生都是一个独立个体，都有各自特点，因此德育教师在培育过程中一定要将自己的心静下来，从一开始了解每个学生的性格特点、兴趣爱好，努力成为学生的朋友，在课上课下、线上线下、校内校外掌握每名同学的行动、思想等动态。当学生遇到困难和问题时，能够得到第一手材料，在第一时间掌握事件发生的原因，并尽快引导学生走出误区，努力成为学生的人生导师和健康成长的知心朋友，同时成为他们遇到困难时最信任也是最依赖的人。

（二）优化德育课堂的工匠精神

责任意识是工匠精神的重要内容，教师作为课堂上第一责任人，负责课堂秩序和学生行为的管理任务，优化德育课堂的工匠精神可以得到很好的传递。德育教师可以通过丰富课堂内容、创新教学方式方法、培养学生的职业态度和创业意识的方式来进行学生工匠精神的培育。比如在课堂内容的选择上可以不局限于制定的教材，而是与时俱进地嵌入贴近学生校园生活、实时热点话题、网络热搜等以学生为中心的内容。其次教师也可以将工匠精神中专注潜心研究、精益求精的职业要求融入德育教学中，在其中渗透行为习惯养成、创新创业、诚信、互助等内容，让工匠精神在高职院校德育教学中体现。我们可以通过运用多种教学方法，比如实验室学习、角色扮演、模拟、游戏和练习方法等，促进学生工匠精神的养成。

（三）改进教育管理方式的工匠精神

对高职院校学生做好内在约束管理的同时，对其进行外在约束管理尤为重要。一般来说进入高职的学生的成绩都不是非常理想，在进入高职前都得不到太多的关注，这部分学生或多或少的存在一些生活上和学习上的不良习惯。在进入高职院校后，注重的是每个学生的综合素质，这对于高职院校的德育教师是一个不小的挑战。因此，德育教师要对学生日常学习和生活更加细致入微地严格要求，培养他们正确的学习、生活行为习惯，从而使他们具有信心耐心和坚忍不拔的工匠精神。德育教师要在教育管理方式上做到因材施教，善于利

用各种形式开展教育工作,观看"大国工匠""感动中国"等影片的同时进行小组专题讨论,引导学生形成正确的价值观。

五、"工匠精神"培育与德育教育的融合渗透

以大连职业技术学院信息工程学院为例,一直将德育教育与"工匠精神"教育的有机融合作为思想政治教育工作的重点,自实施"工匠精神"德育教育以来,全院师生形成"德艺兼修、以德为先"的浓厚氛围,实现了以"第二课堂"为依托,学习弘扬工匠精神,在实践和理论当中将"工匠精神"渗透到每位学生的思想中,强化学生"工匠精神"和职业道德的培育。

(一)做务实的德育

高职院校的生源有很大一部分是"三校生"、中职生,部分学生学习态度不够端正,出现厌学情绪,甚至有极少数学生出现扰乱课堂、打架等不良行为,对高职院校的德育工作是一个相当大的挑战。相比普通高等学校,高职院校的德育工作本身就是一个大难题,所以,如何选择合适的德育方法和手段,是高职院校德育工作中最重要的课题。

根据职业院校的目标任务,紧紧围绕职业素养和创业能力培养学生,规划培育德育活动,将职业精神、职业道德、职业素质全面融入学校发展体系。

学院不追求高层次的道德理论,而是在学生的具体行为中进行道德素质的培养,通过科学合理的规划、系统有序的安排道德实践活动来培养学生的道德品质,促进道德教育工作的有效落实。本着以学生的学习和生活为基本原则,从实际出发,从细微着手,将工匠精神实施到日常行为规范和职业规范中,让学生在具体实践中感悟精益求精、追求极致带来的精神满足,有助于学生自身内化行为规范、专业态度、道德规范和职业精神。这种实践性的德育模式是将社会主义核心价值观外化和内化的最佳实践。

在高职院校德育方面,大连职业技术学院素质学分的有效实施消除了运用严谨的规章制度约束和规范学生行为带来的弊端,行为道德修养模块、学习能力提升模块、技能技术创新模块、人文素质拓展模块四大模块相辅相成、成效显著。因迟到、违纪等行为导致行为道德修养模块学分不足的学生需要通过自身的努力,如参加公益劳动来修满学分,有利于学生形成"自己的行为自己负责"的道德认知,"一生只做好一件事",培养这种工匠精神背后蕴含的责任意识,有助于增强高职学生行为习惯养成教育的实效性。

(二)做精致的德育

"工匠精神"最突出的内涵是德艺双馨、追求卓越和极致的品质。精心策划和设计有意义的活动,以灵活、无形的意义来促进培养高职学生道德发展的道德因素,营造良好的道德教育环境,让学生在美好的经历中感受到精益求精品质的魅力,以提高道德教育和德育工作的实效性,在实践中实现道德成长。

通过团学活动、班级文化建设等多种方式,有助于学生在舒适的氛围中,丰富其精神境界,提升其人文素养。如学院心理协会每年举办的"5·25"大学生心理健康月系列活动之校园心理剧,学生参与度极高,参演学生执着于剧本每处细节的揣摩、每个表情的拿捏、每句台词达到的效果以及每个人物心理的表达,都要进行无数次的排演,以呈现完美的表演引起共鸣。近几年心理剧展演作品获奖的背后是学生日夜修改追求极致的精神在支撑,无论是校内实践活动还是走入职场,秉着这种精益求精的态度,将受益一生。

（三）做创新的德育

创新是"工匠精神"最鲜明的特征。高职院校德育教育不断面临新的挑战,德育改革需要不断创新德育目标、内容和方法,紧跟社会和科技发展步伐,不断研究新情况,解决新问题,提高高职德育的针对性和实效性。

在德育特色活动方面,学院紧紧抓住德育中的关键环节和关键问题,开展大国工匠、劳模进校园以及学雷锋志愿服务等活动,通过举办各种典礼、仪式和纪念日,搭建诸如主题班会、素质课程等多元化平台等开展主题教育活动,潜心研究了"大学·大家"四位一体寝室文化建设、"红色N次方"基层党建创新项目,打造了"奔跑吧,信息""风华信息"等良好的校园文化活动品牌,创造性地开展了"IT职业外语大赛""创业就业大赛""5·25"心理健康月等学生精品活动,有效端正学生的专业态度,提高职业素养、道德品质,使学生在耳濡目染中积淀"工匠精神"的底蕴,有助于学生提高专业技能、提升学生综合素质、促进学生全面发展,为培育具有"工匠精神"的大国工匠打好坚实的基础。

六、结语

职业教育"工匠精神"的培育是一个持续和不断内化的过程,充分发挥工匠精神培育在高职院校德育教育中的作用,有助于实现专业技能培养和职业精神培育高度融合。

国家高度重视高职院校对技能型、应用型人才的培养和教育,各行各业德艺双馨大师的成就与事迹,让高职学子深切感受到成为"大国工匠"的光荣使命感和责任感,感悟到拥有"工匠精神"是当今社会一种难能可贵的品质。匠心筑梦,积极引导学生学习践行"工匠精神",将家国情怀内化于心、外化于行,提高自身本领和技能,为建设祖国贡献自己的一分力量。加强和改进德育工作,需将"工匠精神"充分渗透融合到高职院校德育教育工作中。培育高职学子以德为先的"工匠精神",不仅是对德育教育实质的延伸和扩展,更对高职院校实现立德树人具有重要的推动作用。

[参考文献]

[1] 刘苗苗,孙惠.职业院校"工匠精神"培养与德育教育的实践研究[J].课程教育研究, 2017(51):99.

[2] 高振辉.浅议中职生德育教育与工匠精神培养的有效融合[J].考试周刊,2017(58):84.

[3] 陈小平."工匠精神"引领下的中职德育课堂教学改革刍议[J].文理导航,2017(25):71.

[4] 黄君录.高职院校加强"工匠精神"培育的思考[J].教育探索,2016(8):50-54.

学习墨子职业教育思想 构建高职特色校园文化

顺德职业技术学院 陆启光

摘 要:在充分认识墨子职业教育思想时代价值的基础上,以学习墨子职业教育思想为突破口,将墨子职业教育思想深化于具体的高职德育实践当中,有利于构建特色鲜明的高职校园文化,培养新时代的大国工匠。

关键词:墨子 职业教育思想 职教特色校园文化 工匠精神

作者简介:陆启光,男,1968年出生,研究员,博士研究生,研究方向:高等职业教育。

校园文化即"学校文化"[1],是"学校内有关教学及其他一切活动的价值观念及行为形态,是学校物质文明和精神文明的总的体现"[1]。校园文化对校园内师生员工产生重大影响,尤其是对学生的成长影响较为深远。当前,我国已经进入一个新的历史时代,高职教育在完成示范校、骨干校建设后也走到了新的历史交汇点。在新时代里,吸收历史智慧,学习他人经验,构建特色鲜明的高职校园文化,培育数以亿计的高素质劳动者和技术技能人才,这是高职教育在新的历史征程中应有的新作为。

一、充分认识墨子职业教育思想的时代价值

墨子,名翟(dí),墨家学派的创始人,春秋战国时期著名的思想家、科学家、军事家和教育家,被人们赞誉为"古代人类智慧的最高代表""科学圣人"和"百科全书式的伟大学者"。

(一)墨子职业教育目的观的时代价值

墨子认为理想的社会是一个充满"兼爱"的社会,是一个贤能政治的社会。在墨子看来,"夫尚贤者,为政之本也。""古者圣王之为政,列德而尚贤。虽在家与工肆之人,有能则举之。"何谓贤能之人?"况又有贤良之士厚乎德行,辩乎言谈,博乎道术者乎! 此固国家之珍,而社稷之佐也。"(《墨子·尚贤上》)意即作为国家栋梁之材的贤良之士、贤能之人是德行淳厚、能言善辩、道术广博的"兼士",这是墨子所认为的包括职业教育在内的所有教育的最高目标。墨子本身就是一个全才全德之人,他不但是与孔子齐名的先秦思想巨子,还在物理学、光学、几何学、数学、逻辑学、机械制造学等领域取得了卓越的成就,"在墨子生活的时代,像他那样拥有如此广博的知识、多方面的建树和熟练的手工技艺的人,几乎是绝无仅有的。用现代的话说,墨子是一个集思想家和科学家于一体的全能型人才。"[2]

墨子"'厚乎德行'中的'德'当指思想、意识、动机方面的内容,在墨子看来则是'兼爱'、'兴天下之利、除天下之害'(《墨子·兼爱中》)的思想道德认识。而其中的'行'则是'兼爱'、'兴天下之利、除天下之害'这一思想道德品质所外化的社会生活实践"[3]。如果将墨子的教育目的置于现今我国的职业教育,从宏观上看就是培养德智体美全面发展的人,"通俗地讲,培养出来的人要'厚道、明白、能干'。'厚道'是做人厚道;'明白'是说得明白,干得明白;'能干'就是出活儿,不是光说不干,既知乎'道',又懂乎'术'。"[4]墨子的职业教育目的观对于我们回答"培养什么样的人"这一问题仍然具有深刻的指导意义。

（二）墨子平等思想的时代价值

尽管"墨子是百科全书式的教育家"[5]，但他也认识到，作为一个社会人，要发挥个人在社会发展中的最大作用，能够文武双全、全面发展固然是好事，但也不能一概而论，因为在墨子看来，人与人之间，由于天赋不一，成长经历也不尽相同，因而在社会中唯有分工的不同，而无贵贱之别，"能谈辩者谈辩，能说书者说书，能从事者从事"（《墨子·耕术》），"凡天下群百工，轮、车、陶、冶、梓、匠，使各从事其所能。"（《墨子·节用中》）再结合墨子"爱人之亲，若爱其亲"（《墨子·大取》）的"兼爱"思想，可见其职业教育思想中蕴含着平等的人才观和职业观。"作为'百家'之一的墨家，主张不管是脑力劳动者还是体力劳动者都要受到尊重。'五四'期间，习总书记到中国政法大学视察，提出：青年人不要立志做大官，而要立志做大事。这二者矛盾吗？不矛盾，关键在'立志'二字上。志向应该是做大事，不是说不让做大官，而是说做官也是为了做事。特别是在职业教育的过程中，更是要弘扬这种精神，全社会要弘扬这种精神，要人人平等，'事事'平等。"[4]墨子的平等思想对于提升体力劳动者及技术工人的社会地位，推动我国从"制造大国"向"制造强国"发展具有特殊的意义。

（三）墨子实践观的时代价值

墨子特别重视教育实践，并将实践能力提到特别高的地位，他认为，"君子战虽有陈，而勇为本焉；丧虽有礼，而哀为本焉；士虽有学，而行为本焉。""名不可简而成也，誉不可巧而立也，君子以身戴行者也。"（《墨子·修身》）在墨子与告子的对话中更是强调要言行一致，"告子谓子墨子曰：'我治国为政。'子墨子曰：'政者，口言之，身必行之。今子口言之而身不行，是子之身乱也。子不能治子之身，恶能治国政？子姑亡，子之身乱之矣。'"（《墨子·公孟》）他还认为，"言足以迁行者，常之；不足以迁行者，勿常。不足以迁行而常之，是荡口也。"并且给出了言行的标准，"凡言、凡动，利于天鬼百姓者为之；凡言、凡动，害于天鬼百姓者舍之。凡言、凡动，合于三代圣王尧舜禹汤文武者为之；凡言、凡动，合于三代暴王桀纣幽厉者舍之。"（《墨子·贵义》）墨子的实践标准与"全心全意为人民服务"有异曲同工之妙，习近平总书记在主持召开的中央财经领导小组第十四次会议上也指出，全面建成小康社会，在保持经济增长的同时，更重要的是落实以人民为中心的发展思想，想群众之所想、急群众之所急、解群众之所困，在学有所教、劳有所得、病有所医、老有所养、住有所居上持续取得新进展[6]。从中我们可以看到墨子的思想虽然历经几千年，仍然闪烁着时代的光芒。

总体上看，"墨子思想最根本的特点，从价值观上讲，就是尊重劳动，尊重劳动人民。我们要建设一种尊重劳动的文化，尊重劳动人民的文化。""我国职业教育要争创'中国特色、世界一流'，一方面要向世界学习，洋为中用；另一方面，还要向古人学习，古为今用。在古为今用的过程当中，要去继承和弘扬墨子的思想和学说，要把有益的东西吸收到学校建设中来，吸收到校园文化建设中来，吸收到教育教学中来，吸收到人才培养中来。""当前研究墨家的教育思想，对于如何看待当前的教育中存在的问题，引导教育向现代化方向迈进都具有十分重要的意义。"[4]对于墨子职业教育思想的这些时代价值我们必须给予足够的认识，并将其具化于职业教育实践当中，推动我国职业教育的发展。

二、践行墨子职业教育思想，构建初具特色的高职校园文化

学习墨子职业教育思想，需要在深刻理解的基础上，将其具化为丰富的职业教育实践。

在这一过程中,我们从确定人才培养目标出发,边学习边实践,构建出了初具特色的高职校园文化,并取得了丰硕的成果。

(一)高职教育要培养具有高度文化自信的技术技能型人才

习近平总书记在全国高校思想政治工作会议上指出,"我国高等教育肩负着培养德智体美全面发展的社会主义建设者和接班人的重大任务"。"德智体美全面发展的社会主义建设者和接班人"是我国高等教育的人才标准,具体于高职教育,就是要培养德智体美全面发展的高素质技术技能型人才——大国工匠。

"文化自信是一个国家、一个民族发展中更基本、更深沉、更持久的力量。""没有高度的文化自信,没有文化的繁荣兴盛,就没有中华民族伟大复兴。"这是十九大报告提出的时代宣言。通过多年的思考和实践,我们也发现,大国工匠不是单一的技术人,而是具有高度文化自信、技术技能精专的复合型、创新型、发展型人才。文化自觉是指生活在一定文化中的人对其文化有"自知之明",明白它的来历,形成过程,所具的特色和它发展的趋向[7]。在人才培养中我们还认识到,文化自觉是文化自信的基础,文化自信则是文化自觉的提高和升华。因此,大国工匠除了需要掌握现代科技、了解世界文化外,还需要熟知民族优秀传统文化的历史、特点和未来发展走向,并在此基础上形成高度的文化自信。基于此,我们从学生全生命成长出发,创建有利于大国工匠成长的高职校园文化,以区域文化、职业文化、企业文化、科技文化、民族文化和世界文化来影响学生,以期形成具有中国特色的高职文化。

在以民族优秀传统文化培育学生的实践探索中,我们发现,春秋战国时期的墨子及墨家学派,他们根源于民间,也更关注公平,其学说包含着丰富的平民思想、科技思想和职业教育思想,墨子更是被誉为我国职业教育的"鼻祖",这对我们现代职业教育仍然具有重大的启迪作用。我们希望以此为切入点,全方位构建特色鲜明的高职校园文化,为高职文化育人和建设具有中国特色的高职文化提供有益的经验。

(二)构建初具特色的高职校园文化

高职特色校园文化的建设是一个实践、认识、再实践、再认识的不断循环往复的过程。2002年陈智校长提出了以"以人为本"为核心的办学理念,以培养既会做事、又会做人的技术技能人才。随着时代的发展,夏伟校长从大学文化、大学精神的视角来审视高职院校的办学模式,提出"以贡献求支持,以服务求发展",要以高等性引领职业性,将人才培养目标进一步明晰化,认为"其实早在春秋战国时代,我国就诞生了墨子这样的世界级别工匠,墨子思想中极具特色的就是理性、逻辑和工程师精神,是我国职业教育的重要文化根基。"因此,要创建以"墨子工匠精神"为核心的特色校园文化,大力提高学校办学水平,加强对外交流与合作,增强学校的文化自信,努力培养智慧型、国际化的现代幸福工匠。

为了实现上述目标,我们于2015年开始成立了由校办、党委宣传部、发展规划处、高职教育研究所、人文社科学院等部门有关人员参加的"《墨子》学习小组",开展墨子思想学习研究活动,并通过项目研究、对外交流、校内宣讲等方式,传承弘扬墨子思想。多次拜访中国墨子学会,并邀请相关专家来学校开展讲座,将"厚乎德行、辩乎言谈、博乎道术"(《墨子·尚贤》)作为校训,把墨子像请进校园,开展了多次相关的研讨会和学术交流会,还将把鲁班像、黄道婆像、爱迪生像等国内外一批重要能工巧匠的雕像请进校园,建成一个具有巨大影响的能工巧匠的特色雕塑艺术长廊,让学生在环境浸染中受到潜移默化的影响。这一想法和举措得到了教育部职成司司长王继平的肯定,他认为墨子思想是我国职业教育的文化根基,蕴含着职业教育基本理念、目的、内容和方法,对弘扬墨子思想、建设高职特色校园文化,培养具有甘于奉献的敬业精神、知行合一的实践精神、精益求精的制造精神、至善至美的创新精神的现代大国工匠给予了高度评价。同时表示,校园文化景观应该给学生带来希望和信心。职业教育与国家经济社会发展密切相关,与生产劳动密切相关,职业院校的校园文化应该是尊重劳动和劳动人民的文化,把墨子这个"平民圣人"请进校园,对弘扬尊重劳动、重视技术的思想理念,促进职业院校形成有特色的校园文化有着积极的推动作用[8]。

　　总体上看,现今我们建设了基于大国工匠培养为目标,通识教育与专业教育相结合的校园文化育人体系,强调通过课堂教学、环境熏陶、实践体验三个主渠道来育人,并从学生全生命周期出发来建设智慧化校园,推动教育教学改革,促进学生德智体美的全面发展。

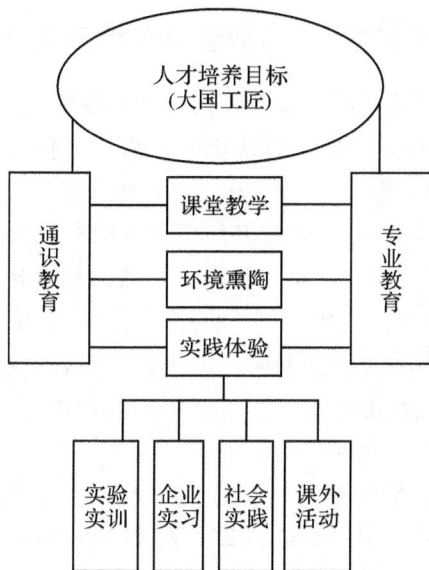

图 1　现行高职校园文化育人体系图

　　在校园文化的具体形态上,我们构建了一系列内涵丰富、积极向上的精神文化,如办学理念是"立足地方,以人为本,崇尚品位,办出特色",校训是"厚乎德行,辩乎言谈,博乎道术",校风为"自信自强,臻善臻美",教风为"博学求真,成己成人",学风为"志学日新,知行合一"。在物质文化方面,建设了集虚怀若谷与开拓进取为一体的学校大门,熔传统思想与现代技术为一炉的智慧门,以及蕴含人与自然和谐相处的天鹅居,还有荷花池意示培养谦谦君子,巍然屹立的墨子像更是展现着职业教育的文化自信与工匠精神。在规范文化方面,《顺德职业技术学院章程》及董事会制度等推进了学校的法治化进程。在活动文化上,"非常对话"让青年学子与青年企业家面对面交流,"高雅艺术进校园"让学生接受古今中外高雅艺术的熏陶,"创新梦工厂"推动学生创新创业活动蓬勃发展。形式多样的校园文化构成了立体、全方位、全时空的育人画图。

（三）初具特色高职校园文化育人体系的实践成效

　　初具特色的高职文化育人体系在实践过程中取得了良好的效果,促进了学生、教师、学校的共同发展。经过全校师生的共同努力,学校各方面都取得了长足的进步。2010年以来,我校学生在各级各类专业技能竞赛中获得的全国性比赛奖项位居全国同类院校前列。根据麦可思公司调查,学校2011届毕业生半年后自主创业的比例达3.8%,远高于全国高职高专毕业生自主创业的比例(2.2%),也高于全国示范性高职院校的评价水平(3.2%)。近五年,学校获国家自然科学基金项目9项,建立了国家重点实验室、国家工程中心项目2项,获得国家知识产权局专利授权177件,其中发明专利36件[8]。多名教师被评为国家级、省级教学名师,还有多名教师入选国家和广东省特支计划教师。学校与澳大利亚、英国、德国等国家建立了"洲际酒店集团英才培养学院"、中欧国际酒店管理教育中心等多个合作项目,在马来西亚成立了UCSI大学顺峰烹饪学院,与德国亚琛工业大学联手共建"广东—亚琛工业4.0应用研究中心"。

三、深化墨子职业教育思想,完善职教特色校园文化

新时代需要有新思路,新征程需要有新作为。面对新时代的新要求,面对新征程中的新问题,高职文化育人也需要与时俱进,培育出新时代需要的新人才。

(一)新时代大国工匠:高职校园文化的目标取向

新时代大国工匠是崇高人格与完美技艺高度融合的有机统一体。崇高人格指的是大国工匠精益求精的"工匠精神",它是"工业文明高度发展的精神成果",是"在技术理性和价值理性相统一的基础上"所实现的"专业精神、职业态度、人文素养三者的统一"[10]。又由于"人是社会关系的总和",因而作为我国新时代的大国工匠,不但具有专业性、职业性、人文性的特点,还具有社会性和时代性的特点,他们能够以道领技,做到"技进于道",实现人与物、技与道的完美结合,达致真善美的和谐与统一。

(二)深化墨子职业教育思想　培育新时代大国工匠

"两个一百年""一带一路""中国制造2025"等战略将培养工匠精神提升到了国家层面。重塑工匠精神,需要建立支撑工匠精神的价值文化和制度文化,未来我们将把墨子像请进校园作为切入点,会通传统,加强墨学的现代转换,大力弘扬工匠精神,涵养高职的文化自信。

首先要科学地传承墨学。学习墨子的职业教育思想只是一个突破口,可由此构建以民族文化、法治文化、科技文化、世界文化和市场文化、企业文化组成的育人文化系统,基于高职教育的特性还需要通过校企合作等高水平平台的建设来丰富和提高协同育人的效率。至此,形成由理论体系和实践体系构成的高职校园文化育人主架构。

其次要创造性转化墨学。要考虑如何将墨子思想与社会主义核心价值观联系起来,如何将墨子思想与党的指导思想联系起来,如何将墨子思想与中华民族伟大复兴的中国梦联系起来,要建立认识、普及、推广和应用四位一体的创造性转化体系,齐头并进,才能提高墨学的创造性转化效率,促进墨学的现代重光。

再次要创新性发展墨学。当前,对于墨学的学习尚处于初始阶段,并且更多的是部分学者的小团体行为。为了使得"星星之火"能够呈现"燎原之势",深化墨学的育人功能,必须在高职院校乃至整个社会建立起一个完整的深化墨学的知情意行体系,使高职院校的师生员工和全体社会成员都知墨、爱墨、志墨、行墨。

(三)通专结合,高职文化育人新发展

高职校园文化是为培育大国工匠服务的,新时代大国工匠的素质结构决定着高职校园文化的选择与构成方式。

从职业能力上看,新时代大国工匠是具备良好专业职业能力和通用职业能力的高素质现代中国职业人。专业职业能力是指运用专业知识、技能和方法去解决工作问题、完成工作任务的能力。专业职业能力具有不可替代性,必须要通过专业教育和训练才能够获得、形成和掌握,它可分为基本的专业职业能力和特殊的专业职业能力。通用职业能力是指职业人应对职业情境、解决职业问题、促进个体可持续发展的能力,可分为一般的通用职业能力和关键的通用职业能力,前者是职业人作为一般社会人所应拥有的能力,后者是需要经过跨专业的教育和训练方能获得的通用职业能力,具有复合型、综合性特点。

专业职业能力和通用职业能力是作为现代职业人的新时代大国工匠的一体两面,二者的有机融合构成新时代大国工匠的完整能力结构。

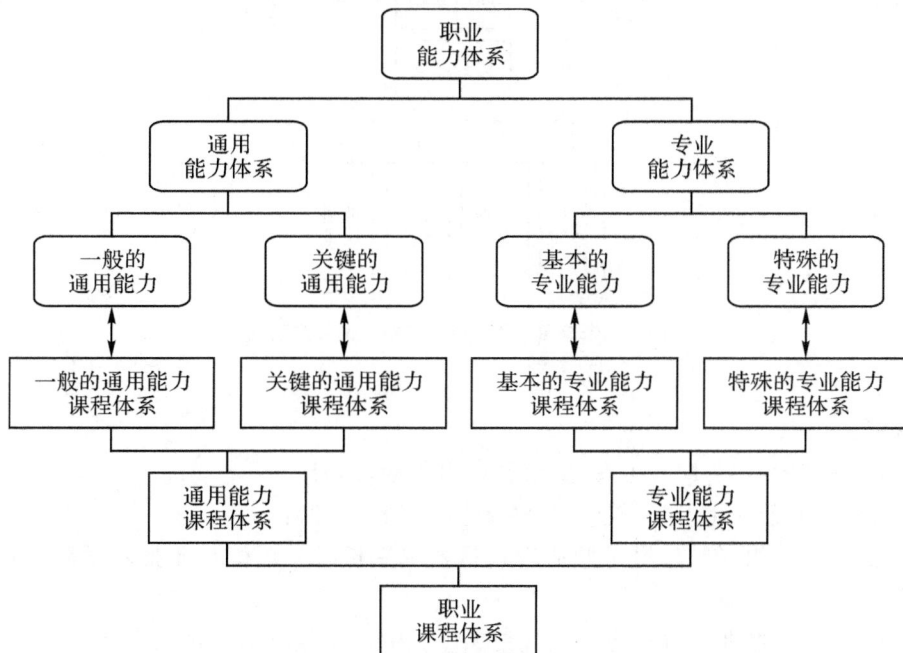

图2 职业能力与高职课程结构图

一般的通用能力课程体系由一系列的通识课程或通识课程模块来构成;关键的通用能力课程体系由若干个跨界或跨专业的课程模块构成。基本的专业能力课程体系由一系列专业课程来构成;特殊的专业课程体系由若干个包含专业兴趣和专业创造思维的课程模块来构成。

结合现有的高职育人文化实践,可以推演出未来高职特色鲜明的校园文化体系图。

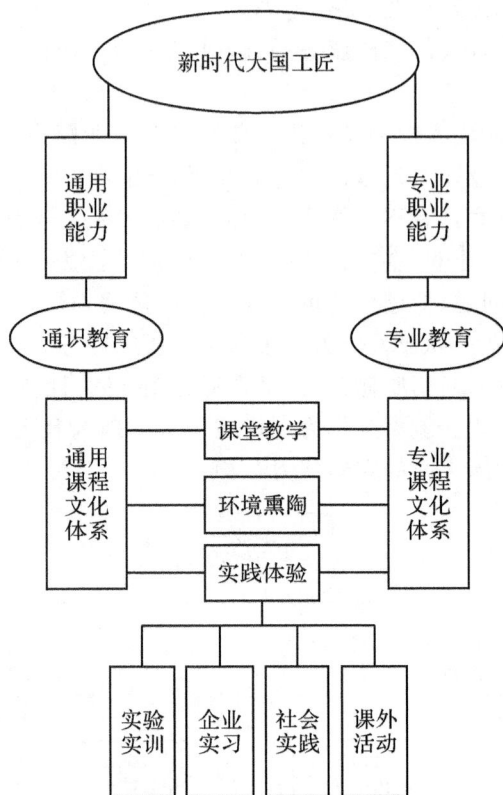

图 3　未来高职特色校园文化育人体系图

[参考文献]

[1] 顾明远.教育大辞典[M].上海:上海教育出版社,1991.

[2] 陈伟.墨子:兼爱人生[M].武汉:长江文艺出版社,1997:5.

[3] 陆启光,陈建华,吴舒婷.墨子职业教育目的观探析[J].顺德职业技术学院学报,2017,
15(1):49-54.

[4] 王继平.墨子的职业教育思想及当代意义[J].中国职业技术教育,2017(30):5-6.

[5] 李广星.墨学与当代教育[M].北京:中国书店,1997:32.

[6] 习近平.想群众之所想、急群众之所急、解群众之所困[EB/OL].(2016-12-22)[2017-
12-16].http://www.xinhuanet.com/politics/2016-12/22/c_129415660.htm.

[7] 马戎,周星.田野工作与文化自觉:上[M].北京:群言出版社,1998:52-53.

[8] 陈秋媚.中山职院参加墨子思想与职业教育研讨会[EB/OL].(2017-06-12)[2017-12-
16].http://www.zsedu.net/info/406851.jspx.

[9] 李小鲁."工匠精神",职业教育的灵魂[N].中国教育报,2016-05-13(5).

浅谈大数据在学生精细化管理中的应用

江苏工程职业技术学院　吴云霞

摘　要：随着信息技术的发展，人类逐渐迈入了大数据时代，人们的思想观念和价值取向向着多元化的趋势发展。高校是文化、思想、信息交流的前沿阵地，大数据时代的到来为高校学生管理工作的开展带来了冲击，传统管理思想、管理方式的弊端逐渐暴露。因此，高校学生管理工作的开展要努力迎合大数据时代的步伐，积极迎接挑战，促进学校学生管理工作的精细化程度的提高。

关键词：大数据　学生管理　精细化

一、大数据时代高校学生管理面临的问题

（一）被动管理

目前由于学生管理者缺乏有效途径获取每个学生的实时情况，无法对学生主动关怀。常常是在异常发生后，学生管理者才被告知去善后。这种亡羊补牢的方式让学生受到伤害，也让学生管理者每日疲于应付，身心疲惫却得不到学生和学校的认可。

（二）群体管理

当前管理主要以班级为集体统一管理。开班会、班级活动等都是最主要的方式。但是在信息爆炸、文化价值观多元化趋势日益增强的今天，每个学生的价值观、性格、兴趣爱好都千差万别，"一刀切"的群体管理方式已经无法适应现实需求。与知识学习相比，思想政治教育和学生管理是最需要个性化的，但我们现在基本都是实行同质化管理。一人得"病"全体学生都得"吃药"，这种状况既不科学，效率又非常低。

（三）粗放管理

传统管理重在管理学生上课情况和人身安全。常常采用点名、手工填表等粗放管理方式。而当今学生的校园和社会生活多姿多彩，学生思想活跃，个人意识增强，价值观容易受到社会影响。粗放管理的方式不能发现学生的细微变化，现实中常常由于细微的忽视而酿成大错。

二、应用大数据促进高等院校精细化管理

大数据时代下，数据资源是海量的，理论上，一个学校可以收集学生全方位所有的数据，如学生个人信息、特长爱好、性格特征，甚至包括社交网络等信息，高校可以充分利用机构优势，有组织地通过对各类数据的定位和连接，实现数据的采集、传输和汇总。由于数据具有体量巨大、种类繁多、生成迅速、混乱无规则等特点，而且来自不同的部门和机构，因此有必要建立统一的数据标准，以使资源无缝衔接，提供各种数据管理服务。在数据的洪流中，海量的数据资源得以汇聚和融合，形成中心资源库，通过索引的方式，为用户提供快捷、简单、易用的资源和服务。建立一站式数据资源服务平台，在促进大学生思想政治教育、心理健康

教育、个性化就业指导、多元化奖助学等方面发挥重要作用,从而提高高校学生管理的精细化程度。

（一）应用于学生思想政治教育

大数据在大学生思想政治教育中的应用主要体现在实现思想政治教育的个性化教学及精细化服务等方面。第一,实现大学生思政教育的个性化教学。大数据的核心作用是通过对海量数据的分析,预测出事物未来发展的可能性,即预测性。大数据作为观察大学生思想行为的显微镜,能够客观记录学生的信息、精准分析学生的特征、科学预测学生的需要,有助于因材施教,促进思想政治教育教学个性化。具体而言,学生管理工作者可根据学生思想政治理论课网络学习时的视频点击率、参与有关事件讨论的关注度,以及课堂教学互动时的活跃度等即时数据和关联数据发现学生思想行为的差异和学习兴趣的不同之处。此外,可以利用可视化的多媒体技术将枯燥、乏味的数据转化成学生乐于接受的直观图表形式,进而揭示数据间的关联性和规律性,如标签云和时间流等可视化技术的使用。因此,利用大数据的分析方法对学生学习的数据进行处理,可以全面深刻地了解学生思想轨迹的变化、学习的兴趣及心理需求,进而有针对性地开展教育,从而实现大学生思想政治教育的个性化教学。第二,实现思想政治教育的精细化服务。学生工作者不仅是大学生思想政治理论教育的指导者,更是大学生健康成长成才的引导者。学生工作者在工作中时常面临"一对多"的局面,如果按照传统的教育模式,思想政治教育工作就难以做到精准把握及服务效果的精确评估,亦会削弱思想政治教育的实效性。而大数据技术的运用则可以有效避免由于教育对象的多元化而导致教育效率低下的弊端。通过大数据分析技术为每一个受教育者量身定制教育模式,即勾勒出一幅新型化的"数字剪影",以细分学生群体、总结归纳思想政治教育的特点与规律,使思想政治教育的服务日益精细化,管理日趋科学化,从而摆脱过去粗放型的管理模式。概言之,在大数据时代下,学生工作者更能有针对性地解决多元大学生群体的各种思想矛盾与问题,使大学生更加认可、理解、接受思想政治教育,实现教育的个性化与精准化。

（二）应用于学生个性化就业指导

利用大数据对大学生进行就业指导,可以有效提高大学生的就业率。一方面,学生管理工作者利用大数据技术对学生进行职业生涯规划指导,帮助大学生寻找自己的职业兴趣点与特长,以制定出较为符合大学生身心健康发展和社会需求的职业生涯规划。如现在在大学生中广泛流行的霍兰德职业兴趣测试,就是建立在大数据分析的基础上。另一方面,建立在大数据分析的基础上,高等院校根据大学生职业规划的需求,在专业设置与课程选择上更具有灵活性,根据社会需求及时调整教学计划,进而使学生能够掌握适应未来工作与生活的知识技能。但是,大数据应用于学生就业指导时,有几点必须要重视。其一,要以大学生为本,防止出现变大数据手段为目的,本末倒置的情况。其二,由于大学生处于思想价值体系尚未完全成熟的阶段,其本身对于信息缺乏全面、客观、正确的认识,所以,管理者要学会筛选、鉴别从大学生处收集的信息,去伪存真,保证数据的准确度。

（三）应用于学生心理健康教育

大数据在应用于学生心理健康教育方面有着重要作用。利用大数据关注大学生的心理健康和精神需求,能够有效预防和缓解大学生的心理问题。学生在学校里面的所有行为,包括学习、生活、消费、性格特点、思想动态、心理倾向及所表现出的原生家庭环境等都会以"事实数据"和"行为数据"的形式呈现出来,而大数据分析能够帮助学生工作者深入了解所管理的学生,并能筛选出特殊群体和心理问题易感群体,使其及时给予关怀与指导,从而针对大学生的心理问题做到早预防、早发现、早干预、早治疗。另外,大数据可以有效促进大学生心理健康教育研究的创新。如前所述,随着大学数字化校园的建设,校园网内存储着大量的学生信息,包括教务系统中的成绩信息、团学系统中的社团活动信息、图书馆系统中的图书借阅信息等。这些系统中所产生的大量信息,通过大数据的量化分析,可以挖掘出其蕴含的丰富的内涵,总结出规律性,摆脱碎片化,而成为一个整体。因此,学生管理工作者利用大数据的量化分析技术,可以使大学生心理健康教育的研究摆脱经验主义的束缚,提高精确度,从而促进大学生心理健康教育研究的创新。反之,大学生心理健康教育研究的创新,又会促进大学生心理健康教育的开展,二者是相互促进,辩证统一的。

(四)应用于奖学金、助学金、助学贷款等多元化评定

大数据应用于学生工作中的奖学金、助学金及助学贷款的评定时,可使其评定结果更加精准,提升学生工作的效率。以校园卡所记录的数据为例,通过对参评者在校园内消费时间、地点及金额的统计,既可以了解他们的生活习惯,又可以推测其在学校的消费水平。接着,学生管理工作者将这些信息与他们的家庭经济情况、生源地、家庭成员构成、性别、年龄等信息进行关联分析,可以进一步了解到他们在校内消费水平与上述因素是否具有某种关联性,通过大数据分析技术可以建立全体学生的常模参数。

三、大数据在学生管理工作应用中的解决策略

与不少发达国家相比,我国的大数据应用,特别是高校,仍处于萌芽阶段。如何准确把握大数据时代特点,有效发挥大数据优势已是当务之急,在笔者建议的各类应用中,仍需注意以下几点,以求大数据在高校学生管理工作中得到充分应用。

(一)培养人才,建设专业化队伍

根据麦肯锡报告,仅在美国市场,2018年大数据人才和高级分析专家的缺口将高达19万。可以预测,大数据方面的人才短缺问题在未来几年将会越发明显。大数据人才需要理解大数据技术,能够解读大数据分析的结论,深入理解高校各部门之间的关联性,并且能够根据大数据得出结论,制定出可具体执行的相关环节。这些新的挑战和需求,催生高校需要系统性培养大数据专门人才,建立专业化大数据应用管理团队。

(二)校企合作,加快大数据技术研发

随着教育体制的改革发展,人才培养已经不仅限于教师授课一种方式,为使人才能力与企业有更高的匹配度,许多高校与企业合作建立了新型的大数据实验室,以满足社会、企业对储备人才的高需求。另外,创建校企大数据实验室不仅可以为学校的硬件设施提供后备资源,还可以让在校生接触到企业中的先进理论和实际操作流程,提高学校的综合管理水平。

(三)保护隐私,加强对敏感数据的监管

大量的数据的汇集增大了敏感数据暴露的可能性,对数据的无序使用也会增大要害信息泄露的风险。高校学生管理的大量数据的汇集不可避免地加大了学生隐私暴露的风险,一些敏感数据的归属和使用权没有明确的界定,很多基于大数据的分析未考虑到涉及其中

的学生的隐私问题。因此,高校要加强内部管理,规范大数据的使用方法和流程,加强对重点数据的日常监管。

　　大数据给高校的学生管理工作带来了机遇和挑战,也提出了新的课题。只有对现有学生管理工作进行信息化重构,在现有学生管理数据挖掘基础上不断完善半结构化和非结构化数据的采集与分析体系建设,才能不断优化学生管理工作策略,更清晰地描述学生整体信息,更科学地划分学生群体,最终实现高校学生管理工作的个性化和精细化目标。

[参考文献]

[1] 刘辉.高校思想政治教育应用大数据的现实困境与诉求[J].思想理论教育,2015(9):60-65.

[2] 刘辉.大数据时代思想政治教育的微传播化[J].思想理论教育,2014(6):81-85.

[3] 张家明.大数据背景下的大学生个性化就业指导[J].教育与职业,2014(24):99.

[4] 逄索,魏星.大数据在高校思想政治教育工作中的运用[J].思想理论教育,2015(6):72-75.

新时期高职院校学生管理工作发展战略

——基于供给侧结构性改革的视角

常州信息职业技术学院 严海霞 吉 雯 沈 燕

摘 要:高职院校学生管理工作是学院教育教学的重要组成部分,关系着学生的成长成才。经济结构的供给侧改革中的有效供给能够为高职教育学生管理工作提供理论和实践上的指导,高职教育要顺应改革的潮流,创新人才培养模式,建立健全学生管理新形式,从而培养适应社会需求的高素质应用技能型人才,实现供给与需求的匹配。

关键词:高职院校;学生管理工作;供给侧改革

作者简介:严海霞,女,1974 年出生,副教授,研究方向:思想政治教育。吉雯,女,1989 年出生,助教,硕士研究生,研究方向:高校思想政治教育。沈燕,女,1981 年出生,讲师,研究方向:思想政治教育与管理。

一、"供给侧结构性改革"概念的提出与内涵

2015 年 11 月 10 日,国家主席习近平在中央财经领导小组第十一次会议上,首次提出了"供给侧改革",指出"在适度扩大总需求的同时,着力加强供给侧结构性改革,着力提高供给体系质量和效率"。从某种意义上来讲,供给侧改革就是从提高供给质量出发,以改革的方法促进产业结构调整,以扩大市场的有效供给,从而提高社会生产力,不断满足人们的社会需求。

经济结构的供给侧改革主要有劳动力、土地、资本、创新四大要素。与经济改革相似,高职教育同样存在着供给侧改革,我们可以将其归结为劳动力:即师资力量;土地:即教育资源;资本:即学校资金和无形声誉;创新:即创新创业教育。从这几个维度看,供给侧改革主要是高职教育学生管理工作内部的行为,凸显的是内涵式发展模式。其主要内容包括学校师资队伍的建设、优质教育资源的整合与配置、学生道德实践和教学实践的养成以及就业创业的教育等。习近平总书记强调,供给侧结构性改革的根本目的是提高社会生产力水平,落实好以人民为中心的发展思想。那么,在高等教育的改革发展中也应该借鉴供给侧改革的理念,对于高职院校学生管理工作来说,其宗旨就是"立德树人,以人为本",落实一切为学生服务的思想,提高人才培养质量,大力推进高职院校的供给侧改革,为国家社会经济发展提供优质的人才资源。实现"无效供给向有效供给,供给错位向供给侧配,供给短板向补齐短板"的转变,从而提高高职教育学生管理工作的科学化水平。

二、高职院校学生管理供给侧改革的必要性

(一)高职人才供给与社会需求出现错配

高等职业教育的办学目标是培养与社会经济发展相适应的集生产、管理、建设,服务于一体的高素质专门技能应用型人才。教育部《关于全面提高高等职业教育教学质量的若干意见》(教高〔2006〕16号)中也指出,"高职院校应全面贯彻党的教育方针,以服务为宗旨,以就业为导向,走产学结合发展道路,加强素质教育,把社会主义核心价值体系融入高职教育人才培养的全过程,提高学生的实践、创造、就业和创业的能力"。

随着我国经济的高速发展和产业结构的调整,高等教育亟须提供数以万计的专业技能型人才,以满足各级各类企事业单位对人才的需求。高职院校的毕业生是这一大批从业人员的重要来源并且占据着很大的比重。因此,各级各类职业院校应高度重视毕业生的职业素养,这将会直接影响着就业人员的整体素质。而我国当前高职学生管理工作面临的挑战也前所未有,主要表现为:高职院校外延式发展道路与学生管理内涵培养模式的矛盾;学院重教学科研轻立德育人导致高职学生整体道德素质不高的矛盾;高职生源多样性与学生管理千篇一律的矛盾。这在一定程度上导致了我国技术应用型人才在总量和结构方面的严重短缺,造成无效供给。

其次,高职学生生源来源多样,水平参差不齐,道德素质与本科院校相比存在一定差距,价值观、择业观急功近利,拜金享乐之风盛行,道德责任意识缺失,自我意识强烈,缺乏艰苦朴素作风和吃苦耐劳的精神,这些都是毕业生亟待提高的基本素养,否则毕业之后很难坚守工作岗位开展工作。高职生的劳动价值观不能符合企业的用人需求,学生就业率不高,而企业又招不到合适的人才,导致人才供给与企业需求存在错位现象,这使得高职院校学生管理工作供给侧改革的脚步势在必行。

(二)新形势下高职院校学生管理工作存在的问题

学生管理工作是指在学校的统一领导下,根据学院特色和学生发展特点制定与之相适应的规章、制度、条例和守则,对学生进行思想政治教育和日常事务的管理。学生管理工作是一项系统工程,涉及面广、覆盖面宽,承担着服务学生的重任。包括每年的各级各类招生工作;毕业生的就业和服务工作;学生日常管理和校风校纪的检查工作;奖勤助贷补保减等工作,与学生的切身利益息息相关。近些年,随着高职院校的不断扩招,生源多样,新形势下学生管理工作也面临着改革,显现出了一些问题,需引起关注。

1.高职学生特点出现新变化。

高职院校的学生与本科院校学生相比既有共性,又有着特殊性。现阶段,伴随着生源数量下降而高职院校扩招趋势明显,为了吸引学生,高职的录取分数线普遍较低,招生形式多样,导致生源质量参差不齐,差异性较大。由于社会市场经济的迅猛发展,社会不良思潮的侵蚀以及鱼龙混杂的网络信息的影响,大部分高职生尤其是90后的学生有着强烈的自我意识,敢于发表自己的观点和意见,责任意识淡薄、诚信意识缺失、缺乏勤奋和创新精神,学习动力不足,不习惯于集体生活,独立自主能力和生活能力欠佳,经常会出现宿舍矛盾和突发事件。因此,在学生管理过程当中会出现这样或那样的问题,导致矛盾的频发。

2.互联网时代下频现新问题。

毫无疑问,科技网络不仅改变了人们的生活和生产方式,而且更多的是改变了交往方式,网络已经成为当代大学生人际交往不可或缺的工具。然而网络也是一把双刃剑,其作为信息传播的新媒体,具有渠道广泛、受众面广、传播迅速、影响范围大等特点,各种信息良莠不齐,严重影响了当代大学生的价值观和身心健康,高职生由于自制力欠缺,学习动力不足等因素,是受影响最严重的群体,这给高职学生管理工作带来了挑战。其中,最使大学生深受其害的就是网络游戏的盛行。网络游戏凭借精致的画面、装备的精良、团队合作、视觉震撼、个性选择、在线互动等特征深受广大学生的喜爱。他们把自己封闭于网络中寻求刺激和压力的释放,以致在现实生活中无法与人正常交流。学生逃课、旷课、夜不归宿等现象频繁发生,甚至由于长期沉迷已分不清楚虚拟和现实,将网络中的暴力、冷漠甚至杀戮延续到现实生活中,完全抛弃了社会规范和道德约束,人际情感淡漠,集体感和道德判断力缺失,造成价值观和自身人格的扭曲,做出极端的事情。

其次,伴随着信息化的不断推进以及互联网的应用普及,网络诈骗也渐渐将目标锁定在经验缺乏、社会阅历浅、自我防范意识较差的在校大学生。现阶段,在学生群体中出现的网络金融贷款、趣分期等网络信贷;网络兼职诈骗;扫二维码骗取学生个人信息及钱财的案件屡见不鲜。这不仅严重损害了学生的利益,更是对学生管理工作的严肃考验。

3.学生管理方式面临新瓶颈。

现阶段的学生管理工作着重是管理,而育人的成分所占的比例较少。从学校层面来说,一方面,学生工作受重视程度不够,认识不足,认为人人都可以胜任,因而与高校专任教师相比其学工队伍建设缺乏应有的关心,在队伍选拔时很少考虑专业性,出现工作疲软和倦怠,学工队伍流动性较大。另一方面,学工水平有待提高。学生管理工作既是一门科学,也是一门艺术。高职院校学生管理更要讲究方式方法。辅导员总是花费太多的精力在学生日常事务的管理方面,而很少去反思如何改进和创新工作方法,加强对学生的思想政治教育和理想信念的培养。有时,工作方法过于强硬和死板,没有考虑学生群体的意愿,忽视了学生主体的需要,致使学生反感迫于压力被动地接受学校和老师的安排,甚至引发抗拒,加深了师生之间的矛盾,导致管理效率下降,教师威信度和积极性降低。

从学工层面来说,学生管理的宗旨是服务,为学生成长成才服务。而当前的高职学生工作现状是不断满足学生生活学习的需要,包括学生公寓环境的改善、火车票优惠卡的办理、校园生活设施的建立、实验实训室设备的购置等硬件设施的完善,而忽略了对学生理想信念的确立、思想道德素质的培养和人格品质的完善等一系列文化软实力的教育。导致现在的90后高职生毕业之后依旧存在政治信仰迷茫、社会责任感缺失、价值取向扭曲、心理素质欠佳等问题。

三、供给侧视角下引领高职学生管理工作新思路

整个教育体制,教育结构是滞后于整个社会经济的发展,新型产业人才、创新型与高技能人才、工匠人才短缺,学校注重学生的知识,忽略了学生品德与技能培养的重要性,无法满足整个社会经济转型的需要。因此,应该借鉴经济领域的供给侧改革,从提高人才供给质量的视角,引领高职院校学生管理工作的新常态。

（一）加强学习，充分认识供给侧对学生管理工作的指导作用

高职院校要不断落实最新教育方针政策，把握教育供给侧改革的实质，围绕立德树人的根本任务，从宏观角度把握社会主义核心价值观的本质要求，特别是对高职学生的教育要求。重视学生管理工作，作为高校教育改革的重要组成部分，真正从供给侧改革的思路来完善高职学生管理工作，让人才的"有效供给"与社会的"人才需求"紧密结合起来，真正实现无缝对接。

学生工作者应不断解放思想、实事求是、改革创新，认真学习国家前沿政策和教育部最新文件大纲，深入领会各级各类文件精神。通读教育部《关于进一步加强和改进大学生思想政治教育的意见》《普通高校辅导员队伍建设规定》《普通高等学校学生管理规定》等文件。2015年教育部还针对后两者的修订征求了意见，新增了部分教育内容，对一些制度条例进行了明确规定。高校学生工作者要在学习的基础之上，深刻理解应用型人才转型的实质，使自己的思想观念跟上高校转型发展的需要，制定与高职转型发展相一致的学生管理体系，不断提高工作能力和水平。

（二）大力加强校园文化体系建设，优化育人环境

丰富多彩的校园文化是锻炼学生成长的舞台，同时也是提高学生思想道德素质的又一软实力。在高职校园里尤其要注重学校风气的营造，加强学风、教风和校风的建设，提高校园文化的科技学术含量，营造浓厚的校园人文氛围。高职院校大都以理工型为主，更要注重人文素质与科学精神的教育，精心组织校园文化活动，制定大学生素质拓展计划，发挥好党组织导向作用，学生组织的纽带作用，学工组织的主干作用，大学生社团的平台作用。组织学生开展志愿服务、公益劳动、"三下乡"、"四进社区"等课外活动，了解社会、深入社区，培养学生艰苦朴素的作风和爱岗敬业的精神，将社会主义核心价值理念内化于心、外化于行。

注重道德实践，利用重大节庆日纪念日、学生开学典礼、毕业典礼等活动，深化对传统文化和革命精神的认识，培养知校、爱校的感恩意识。进行公民道德教育，使政治思想和道德观念潜移默化深入人心。举办道德讲坛、寻找身边正能量、校园励志哥、十佳歌手、校园辩论赛等形式多样的校园文化活动，通过榜样示范、先锋引领、朋辈教育、表彰先进等培养学生良好的道德情操。举办"关注女性健康"关爱女生活动；关心中西部偏远地区少数民族，离校未就业学生动员和帮扶活动，特殊困难学生资助活动，让学生体会到学校的人文关怀。

注重高职院校自然景观和文化设施的建设。规划好校园道路、绿化、图书馆、体育场等基础设施，用优美的校园环境熏陶学生培养热爱自然、热爱生活、关爱他人的道德品质和生活情操。充分发挥校园橱窗、广播、展览、标语的宣传效应，优化育人环境，发挥育人功能，提高应用型人才综合素质与社会需要符合度。

（三）工学结合，校企合作，创新联动培养体系

当前高等教育的供给侧矛盾是产业加速转型，而专业技术型人才的匮乏之间的突出矛盾。因此要在人才供给侧的改革之下推进高职生就业创业教育，提高职业素养。加强校企合作，产教融合，由企业和高校共同商议人才培养方案、授课计划、教材制定，培养企业需要的专门人才。整合高校教育资源，加强职业技能培训基地的建设，拓宽职业技能培养的渠道。工学结合，校企合作，根据"资源共享，定向培养"的原则在相近或社会通用专业中选拔在校生组成"订单班"，进行订单培养，按照企业提出的人才培养目标和知识能力结构，修订教学计划,组织教学,合作完成教学任务。对大学而言,创新创业应该是教育的一部分,高校应该承担起创新发展的使命,遵循国家大众创业、万众创新的理念,在人才培养模式上注重人才创新驱动,深化科技发明创造,培养创新应用技能型人才。加强生产实习和社会实践,探索任务驱动和项目导向,引导高职生积极参加顶岗实习。要把学生创新意识的培养,纳入高校的每一个环节当中,纳入每一个课堂当中,让学生主动发挥潜力,这也是教育供给侧改革的一个方面。

通过在校内组织开展创业项目设计、创业计划大赛以及创业社团活动,在校外组织开展创业者访谈、创业项目考察、企业创办等活动,将课堂知识与创业实践紧密结合起来,培养学生在实践中运用所学知识发现问题和解决实际问题的能力并培养创新、责任、行动、合作精神,培养勇于担当的社会责任感,这是每一位大学生都应该具备的,也是每一个工作岗位所需要的。建立创业孵化基地,选拔学生参加各级各类技能大赛以及校园科技文化活动,为学生的实践动手能力提供载体和平台,配备创新创业指导教师,加强师资队伍培训,为学生创新创业项目提供师资指导。

（四）构建网络思政工作新模式

1.实践教学,搭建课程实践联动平台。

就课程设置来讲,高职院校都要开设思想道德修养与法律基础、毛泽东思想与中国特色社会主义理论体系、心理健康教育、职业生涯规划等基础课程,而这些政治理论课理论性较强,学生提不起兴趣自身也不够重视,尤其是高职学生专业基础薄弱,学习主动性低,学习动力不足,上课基本只做"低头族"或"瞌睡族",学生请假、逃课、旷课的频率也普遍较高。严重削减了任课教师的授课积极性和热情,影响教学质量。因此,思政课教师可以思考改进教学模式,采用多元教学,通过网络、微信、微博、手机 App 等新媒体手段,创新教学形式,让学生利用互联网进行个性化选择,达到信息的双向有效沟通。当今学生,本身生活在信息时代,对信息化的电子产品和各类软件有着天生的亲近感。开发慕课、翻转课堂等学习平台,让学生不受时空的限制,在线学习网络开放课程,参与网上研讨专题话题,成立网上学习小组或面对面的学习小组,共享教育资源。这种授课形式比较新颖,学生学习更加灵活、主动,参与度更高。同时,建立实践教学基地,以学科竞赛带动教育教学,调动学生的主观能动性,培养学习兴趣和创造性思维能力。

2.主动占领网络思想政治教育主阵地。

建设融思想性、趣味性、专题性、服务性为一体的主题教育网站和网页,设立专栏窗口,以大学生喜闻乐见的形式让学生积极参与,敢于并善于表达自己的意见,积极发挥主人翁精神,为学校的改革发展建言献策。经常性地开展网络思想政治教育活动,形成网上网下思想政治教育的合力。现阶段,网络直播作为一种新的互联网文化液态,正悄无声息地影响着在校大学生,以色情赌博暴力等不良行为教唆犯罪,危害社会公德和大学生的思想道德。因此在构建网络思政的同时,还要利用技术和行政手段加强对校园网的监管,时刻关注学生的网络动态,建立一批网上专职评论员队伍,做好网络舆情和突发事件监察,以正面宣传为主,营造主旋律,弘扬正能量,牢牢把握网络思政的主动权,为网络教育教学的开展营造优良的环境和风气。

当前,我国经济的发展主要是供给侧结构性改革,经济发展速度由高速向中高速方向转变,就高等教育领域来讲,也要顺应时代的趋势,甚至引领社会经济的进步。高职院校只有认识新常态,适应新常态,才能引领新常态。在社会经济发展供给侧改革的趋势下,我国高职院校应顺势而为,勇于变革,才能培养出与社会经济发展相适应,与产业结构相融合,与企业需求相匹配的应用技能型人才,才能更好地为建设高职教育强国和全面建成小康社会做出应有的贡献,为以供给侧改革引领高职院校学生管理工作新常态,提供新思路。

[参考文献]

[1] 李春燕.高校转型,从"供给侧"视角谈学生工作的定位与思考[J].辽宁科技学院学报,2016(2):97-98.

[2] 刘玉颖,陈梅."供给侧改革"视域下职业院校学生德育教育的路径分析[J].职教论坛,2016(11):19-22.

[3] 匡玉清.高职院校学生管理工作存在的问题与对策[J].文史博览(理论),2012(4):88-89.

[4] 姜朝晖.以供给侧改革引领高等教育发展[J].重庆高教研究,2016(1):123-127.

[5] 吕景泉,马雁,杨延,等.职业教育:供给侧结构性改革[J].中国职业技术教育,2016(9):15-19.

基于孝道教育的高职院校德育生活化的探究与实践

——以大连职业技术学院为例

大连职业技术学院　　张　铭

摘　要：从孝道教育入手开展高职院校德育工作，是实现德育生活化的有力载体。本文阐述高职院校德育生活化的育人理念，在探讨孝道教育与德育生活化的融合基础上，以大连职业技术学院开展的系列育人活动为范例，构建了基于孝道教育的高职院校德育生活化的实践路径。

关键词：孝道教育　高职院校　德育生活化

作者简介：张铭，女，1984 年出生，讲师，硕士研究生，研究方向：思想政治教育。

职业教育担负着培养高素质劳动者和各类专门技能人才的重要使命，培养德才兼备、德技兼修的社会主义合格建设者和可靠接班人是高职院校德育工作的重要职责。高职院校德育是一项基础化、常态化的工作，应放在突出的位置上来常抓不懈。近年来，关于院校德育工作的开展，多集中于如何实现"德育生活化"的探讨上。所谓德育生活化，是与传统的知性化道德教育相对而言的，它打破了知性化教育将道德视为一种客观存在，引导学生认识和把握这种认知的"理性化""科学化"的教育局限，通过启发、引导大学生内在的道德需求，创设和谐、宽松、民主的道德教育环境，有目的、有计划地组织、规范各种道德教育活动，从而使学生能够将道德认知真正内化于心，外化于行，提升德育实效性。[1]

以孝道教育为载体，对高职学生开展德育工作，是新时代进一步培育和践行社会主义核心价值体系、弘扬中华优秀传统文化、提升高职学生道德修养的有力着力点，丰富了德育内容，优化了德育手段，是德育生活化的良好呈现，具有广泛的辐射功能和育人效果。

一、树立高职院校德育生活化的育人理念

（一）把握当代高职学生的成长规律

德育是情感教育、心灵教育。德育内容要从学生的思想实际出发，既要了解一般学生的一般状况，还要了解特殊学生的特殊思想，要追根溯源，寻求根本，不仅要治标，更要治本。高职院校德育内容要遵循如今"95 后"甚至"00 后"学生活泼好动、反应迅速、思维灵活，但做事往往粗枝大叶、情绪不稳定等年龄特点和性格特点，遵循他们的身心发展规律，以符合他们的心理特点，贴近学生的年龄实际，走进学生生活的方式方法开展德育工作。

（二）秉承工学结合的职业教育特点

职业院校的德育工作应保持工学结合的职业教育特点，尤其在德育生活化方面，工学结合为其提供了实践平台，让学生对道德的认知在学习、工作和生活中相互贯穿地交叉体会，既迎合学生的个性化需求，又促进了学生的全面发展，通过职业素养的培育、专业技能的提升和实践操作能力的训练等提高高职学生的职业道德和敬业精神。

（三）挖掘企业文化在高职德育生活化中的价值意蕴

以职业院校培养学生综合能力为出发点，在德育生活化上采取企业"引进来"的策略，将企业文化融于校园文化当中，从硬文化上打造随处可见的校园企业文化氛围，从软文化上将企业文化与德育相结合，找准契合点，由点及面地从主题教育、社会实践、实习实训、志愿服务等多维度开展育人活动。

二、孝道教育与高职院校德育生活化的互动融合

孝道教育聚焦了学校德育生活化的开展方向，德育生活化也为孝道教育的育人形式和方法打开了思路。二者相互渗透，相得益彰，实现了二者育人目标的一致性，即培养道德品质与培养成品德高尚、人格完美、思想进步人的一致；实现了价值取向的相通性和教育内容的相通性，即社会和他人的生存及发展贡献的大小与"孝为德之门，德为孝之显"的相通；实现了教育内容的相融性，即对高职学生进行以孝道为核心的优秀传统文化教育是高职学生践行社会主义核心价值观的重要内容。

加强孝道教育，可以促进高职学生的爱国主义教育，引导学生通过孝敬父母进而达到热爱祖国的积极意义；加强孝道教育，可以营造和谐的校园环境，以孝德扩展仁心，抵制不正当竞争，保持谦虚恭敬的态度对待他人，逐步营造出团结友善的和谐环境，从而有力地推动和谐校园建设；加强孝道教育，有助于塑造学生的感恩意识，通过孝文化唤起学生的感恩心和感恩情，用感恩心来融化人们的自私心、冷漠心和自卑心，培养与人为善、与人为乐、乐于助人的品德；加强孝道教育，有助于增强学生对家庭的担当意识，把尽孝同学生的学业和事业紧密结合起来，进而发展为对自己工作的担当、对社会的担当；加强孝道教育，可以强化学生的诚信意识，把信用作为道德底线来对待，积极提高自身的道德修养。

三、基于孝道教育的高职院校德育生活化的逻辑构建

（一）孝道教育作为高职院校德育切入点的来源

以大连职业技术学院为例，该校设有老年服务与管理、社区管理与服务、社区康复等专业为代表的老龄产业管理专业群，为社会培养了一批又一批致力于为老服务的有爱有为青年。2012年10月校外德育辅导员赠书《谈孝道》100册，这是学院师生第一次近距离接触孝文化。11月党的十八大胜利召开，在党的十八大报告中，中央明确提出"文化是民族的血脉，是人民的精神家园"，确立了"建设社会主义文化强国"的宏伟目标，指出要加强"四德"教育，"弘扬中华传统美德，弘扬时代新风"，要"建设优秀传统文化传承体系，弘扬中华优秀传统文化。"从党的十八大到十九大，多年来学院孝道文化品牌项目紧跟时代的脚步，使学生逐渐将孝道理念深入心间。

可以说，孝道教育主题的选取和形式的设计上来源于党的十八大的引领，来源于老龄产业相关专业特色的需求，来源于企业文化的感染，也来源于对学生道德修养教育的要求，既弘扬了中华美德和中华优秀传统文化，又提升了学生的道德修养和职业素养。

（二）基于孝道教育的高职院校德育生活化的逻辑构建

基于孝道教育的高职院校德育生活化工作的开展，应找准孝道教育与德育生活化的融合点，借助主题教育、志愿服务、社会实践、校园文化建设、企业实习实训等平台，构建以孝文

化为基础,以感恩教育为主线,以敬老爱老、感恩父母为起点,以加强高职学生的品格修养、培养高职学生高尚的道德品质为目标,以同学间、师生间关爱互助的活动为载体,秉承"感染、召唤、传承"的理念,让学生在爱与感恩中健康成长、快乐成才。

四、以孝道教育为载体的高职院校德育生活化的实践路径

德育生活化的价值取向在于来源于生活又回归生活。[2]本文认为,德育的实施过程包括道德认知、道德领悟、道德实践和道德辐射四个循序渐进的环节,德育生活化是贯穿这一主线的灵魂,在不同环节设计相应的德育内容,以达到学生真正将德育内化于心并付诸实践的目标,实现德育生活化全覆盖的育人目的。以孝道教育为载体的高职院校德育生活化的实践路径如图1所示。

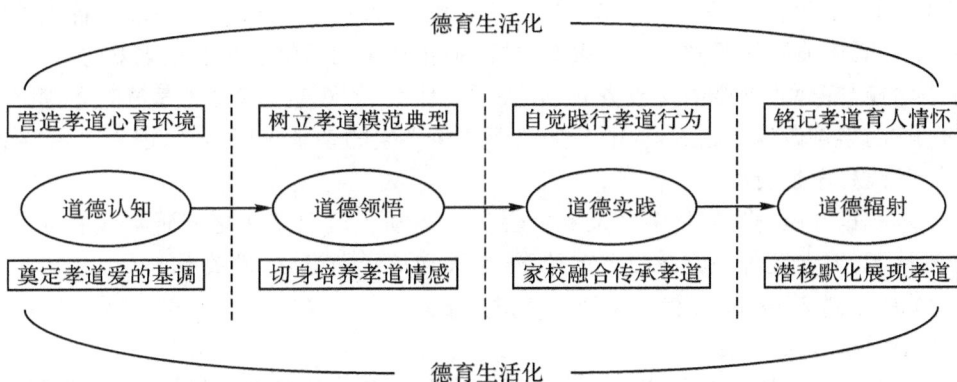

图1 以孝道教育为载体的高职院校德育生活化的实践路径

(一)营造良好德育氛围,重塑道德认知

1.奠定孝道爱的基调。

通过校报、微信公众平台、海报、条幅、宣传板、橱窗、网络等形式大力宣传,营造良好的舆论环境及心育氛围。在迎合学生兴趣爱好上创新宣传手段,如拍摄与孝道内容有关的大学生喜闻乐见的微电影、小视频等,用网络语言打造新媒体宣传主阵地。

2.营造孝道心育环境。

举办感恩主题教育讲座,可邀请养老企业代表到校,结合企业文化对学生现身说法地进行感恩教育;播放孝文化相关影片,与学生产生思想共鸣;推荐学生阅读《抗战家书》等书籍,开展"读家书""品家书""树家风"等活动。在阅读的基础上,鼓励学生撰写读书感悟,开展"家书征文"活动,为家人写上一封充满思乡情感的书信,让同学们在异乡求学的路上,依然能够心系家乡,心念家人。

(二)触碰心灵深处情感,深化道德领悟

1.切身培养孝道情感。

开展"我的爱对你说"心灵寄语活动,通过展板和微信公众平台的"表白墙",让同学们将心底一直对家人、对长辈、对老师等想说却不敢或没有机会说的话表达出来,切身体会爱的表达和心灵的诉说;举办"你最舍不得的人"教学体验活动,将学生放置到与生命中最重要的人一个接一个挥手告别的模拟情景中,引发学生思考,触动学生情感最深处,召唤学生要更

加懂得感恩,珍惜与至亲的人在一起的每时每刻。

2.树立孝道模范典型。

请学生党员、道德优秀学生代表等谈他们的成长经历和人生感悟,以学生党支部为依托,建立从党员到发展对象、从发展对象到积极分子、从积极分子到普通同学的传帮带制度,帮助在校学生树立远大的理想和高尚的道德情操。

以学校老年服务与管理专业为平台,培养学生高尚的职业道德。邀请优秀毕业生回母校为在校生讲述多年来从事养老护理员岗位的工作感悟,以此激励学生树立爱岗敬业、回报社会的职业素养。

(三)家校企社互融互通,付诸道德实践

1.家校融合传承孝道。

依托春节、中秋、重阳等节日,举办"打一通电话,寄一份思念""您的心思我来猜"等活动,让学生在其中能够体验到父母的艰辛,进而强化学生的亲情意识和敬老观念。

加强学校与家庭、社会的交流方式,开展"十佳孝子"评选活动,使孝道观念深入人心。并将"孝子"的事迹改编成剧本,以心理剧的形式将学生的孝举表现出来,进一步感染学生。

2.自觉践行孝道行为。

进一步积极开展志愿者服务活动和社会实践活动。组织孝文化调研实践服务队,鼓励学生走进社区、养老院等来宣扬敬老美德,给老人和孩子送温暖、送关爱。

(四)固化道德育人成效,延续道德辐射

1.铭记孝道育人情怀。

孝道德育教育要紧跟时代脚步,不断深化其育人思想和精髓,引导学生懂得回顾和总结,铭记孝道育人情怀,注重教育方法的探索、挖掘、提炼、整合,努力形成教育合力工程,大力提升当代高校德育工作水平,不断完善大学生的道德品格,促进大学生的全面发展。[3]

2.潜移默化展现孝道。

除了创新性地开展主题教育活动,在文体等其他活动的表现上也都可以处处体现孝道育人理念。如通过大型活动进一步展现孝文化品牌项目的辐射功能,借由"雷锋月"、重阳节等重大节日系列主题活动的开展,发挥专业特长,开展为全校老师义务按摩、主题团日等活动,让学生从身边的小事做起,把爱传开。

[参考文献]

[1] 张宏宝.大学德育生活化改革动因及策略选择[J].教书育人(高教论坛),2016(6):4-5.

[2] 陶金蝉.德育生活化的方向与策略探析[J].黑河学刊,2015(12):113-114.

[3] 侯文华,孙泊.德育生活化的理论基础与实践路径探究[J].当代教育论坛,2013(4):78-79.

浅谈高职学生自我情绪管理的重要性与对策

浙江金融职业学院　吕　虹

摘　要:高职学生尤其是毕业顶岗实习阶段出现的心理压力、情绪管理失控等问题已引起高职院校学生管理工作人员的重视和关注。心理压力的形成和影响因素是多元的,分析各种因素是探索和寻求有效压力情绪管理的前提,更多体现相关课程教学教育的实效性和创设等方法,以帮助学生掌握情绪管理方法,缓解心理压力,进而提升其压力管理的有效性。

关键词:心理压力　情绪管理　高职学生

作者简介:吕虹,女,1965年出生,副教授,学士,研究方向:高职教育、金融服务。

随着社会的发展,竞争越来越激烈,无论是社会大环境还是校园软环境或多或少存在着不尽如人意之处,而教学中对学科知识的重视程度的不同、毕业顶岗实习中认识的落差等因素,不仅给高职学生造成心理压力和困惑,还影响其情绪压力管理的实效性。高职学生的自我学习能力相对较弱,因此心理压力的影响因素更是多元,高职院校的前期引导教育是不可或缺的重要因素之一。鉴于此,高职院校相关部门和教育者特别是教师,应通过多种途径突破学校影响因素的制约,增强学校相关课程中教学内容的渗透和融入,运用关注等实效性方法,帮助高职学生掌握和学习自我情绪管理的方法,缓解心理压力,进而提升其压力管理的有效性。

一、情绪的形成与高职学生的情绪特点

情绪一般是指人们对客观事物是否符合或满足自己的需要态度体验以及相应的行为反应,它分别由主观体验、外部表现和生理唤醒三部分构成。情绪管理就是善于掌握自我,善于调节情绪,对生活中的矛盾和事件引起的反应能适可而止地进行排解,同时又能以乐观的态度、幽默的情趣及时有效地加以缓解紧张的心理状态。因此它应该是一个多维度的较为复杂结构体系。情绪也是个体行为的重要驱动力,它影响着人们认识活动的方向、行为的选择、人格的形成以及人际关系的合理处理。

高职学生多处于青年中期(18—24岁),心理上、生理上都经历着急剧的变化,情绪的波动起伏较大,情感体验丰富而复杂,也容易陷入各种困扰。必要的情绪管理有助于高职学生更好地控制和处理情绪,也有利于高职学生的生活、学习的正常开展和心理健康。通过高职学生情绪管理能力的调查研究,探讨高职学生情绪管理的影响因素及必要性。

根据一个人心理发展规律,处于青年中期的高职学生的心理尚不够成熟,情绪呈现波动性、两极性和激烈性的特点。在生活环境方面,面临独立生活的压力,但心智发展却尚未完全成熟,在这样的年龄阶段背景下,据有关调查得知,存在情绪方面心理压力的学生最多可达55%。此外,根据每年的相关心理健康咨询情况统计发现,将近46%的学生存在情绪困扰。由此可见,情绪困扰已成为高职学生心理压力的一项重要因素。如果消极因素得不到及时排解和有效疏导,就很容易长期受不良情绪的困扰,甚至做出一些冲动、失控、丧失理性

的行为。因此,帮助学生走出情绪的困扰,合理管理情绪已成为高职院校中一项刻不容缓的工作。目前国内外关于情绪管理的研究主要集中在现状、特点及对策分析、关系研究等方面,针对顶岗实习期间出现的情绪失控,出现的压力过大现象涉及更是鲜少,因此探究更为有效的管理和教育的方法,以适应竞争激烈就业压力增大的社会环境,对于自我管理能力十分薄弱的"90后"至"00后"高职毕业生尤为重要。

二、现今高职学生的压力现状分析

根据对现今高职学生的调研,他们所承受的压力一般为中等水平,但普遍认为压力对学生自身的影响程度却较重,而对压力可控程度较小的学生仍有一定的占比。

主要集中为学习、感情、人际关系、生活琐事、经济方面、自我认知、专业发展、就业上岗等。

(一)学习问题

主要表现为课程负担过重、学习方法不够科学,也有些对自己所学专业没有兴趣,在痛苦的学习中还要参加各类证书考试,因此表现出学习压力过大。

(二)感情问题

主要是身处于青春期,在与异性交往中由于身心不够成熟也缺乏父母等的引导,在处理感情问题上方法不当,导致恋爱失败以及恋爱过程中不善相处所产生的一些心理问题。

(三)生活琐事

集中体现在对求学生活经济压力、寝室条件、室友相处、食堂饭菜生活设施等不满意。目前我国高校生中约20%是贫困生,生活的贫困也会给他们造成一定的压力,而且对学校寝室条件及食堂饭菜不满导致他们产生很多抱怨,以及顶岗实习期间生活设施的不习惯、交通的不便利等,由于高职学生的心理承受能力较低,缺乏相应的自我调节的能力,因此这些生活琐事也成为高职学生主要承受的压力之一。

(四)人际关系问题

由于当前的大学生多为独生子女,家长对其过分溺爱,养成了部分大学生任性、自私的性格特征,又缺乏最起码的独立生活及为人处世的能力。却还常以自我为中心崇尚个性,很少考虑他人感受,较易出现交际方面的困惑,也在一定程度上加重了学生的心理压力,有的甚至出现一些心理疾病、沉湎于网络,从中寻找自我存在感和心理的满足,不愿与人面对面交流,出现人际交往的障碍。

(五)经济方面

农村生源和经济不太发达地区的学生在经济压力上明显高于城市生源和发达地区的学生。同时性别和年级高低在经济开支等方面的压力也存在一定的差异性,如男生在娱乐等项目上的花费较女生多;而女生大多更关注个人的外在打扮。这些与随着社会活动的增加,他(她)们更加重视个人形象以及社会评价有关。

(六)自我认知

自我效能感是影响学生应对方式的一个重要因素。一个人的自信程度直接影响面对压力时所采用的应对方式。如一个人相信自己有能力处理好各种压力,那在面对压力时,就可能采取直接面对的方式。相反,自我效能感较低的人往往对自己的能力产生怀疑,面对压力,很有可能选择逃避或者求助外界事物,包括求助他人或物体或精神上的寄托。"90后"学生自我意识较强,但这一代较多为独生子女,一直受到的是来自家庭学校老师等全方位的照顾,想独立但挫折承受力却不高,因此自我认知上有明显的矛盾性,正确认知度不高。需要进一步提高社会支持水平,从而促进学生个体采取积极的应对方式去解决问题。

（七）专业前途

从计划经济到市场经济,从精英型教育到大众化普及,就业的形势一年比一年严峻,竞争日益激烈。银行类高职订单学生大学生活和职业生涯的衔接处——顶岗实习阶段出现的期望与现实的落差,让大部分学生有压力骤然增大之感,更甚者一时无法面对,怀疑自己专业的选择存在错误,产生想逃避现实的念头。

三、目前高职学生压力应对呈现的特点与管理对策

近年来,各高校也越来越重视学生的压力和情绪的管理,通过努力当前的大多数高职学生在应对一般压力情境时,会比较多地采用有计划的较为直接的行动,也会有相应的克制和忍耐,少数会选择否认性的心理解脱或是求助于宗教的行为性解脱的应对方式。这说明在一定程度上现今的高职学生面对压力渐渐学着采取积极的应对方式,且压力应对方式也具有了部分跨情境性,能尝试着面对不同的压力采用相应的应对方式,他们目的比较现实,直接采取行动消除或减弱所面临的压力,而较少采用否认的消极应对方式。

（一）引导学生认识、感知、了解压力的两重性

让学生认识什么是压力;同时明确对压力的感应会因时、因地、因事、因人而异,即使是相同压力源作用于同一个人在不同境遇下也会产生不同的压力强度,从而形成不同的压力反应。压力存在积极与消极两重性,引导学生了解压力发展的一般规律:在压力达到某个点之前,效率将随着压力的增大而提高;但是如果压力超出了这个临界点,就可能产生疲劳、厌恶或逆反等心理,效率就会下降。用科学的知识去指导行为,提高压力管理的效用。

（二）构建相应的学生心理压力测评、情绪管理的机制

针对压力事件相对集中或压力强度较大的阶段,如财经类高职订单学生顶岗实习初期、中期等不同时期,分阶段对学生进行心理测评,介入干预性情绪管理,根据不同的实际情况采取有针对性的心理辅导,提高订单学生、顶岗实习学生的心理适应能力,及时排除所存在的心理和思想问题对学生身体健康和实习等方面产生的消极影响。

（三）健全科学有效的教师教育培训制度

要使压力情绪管理有效,需定期或不定期地对做学生工作的教师和管理人员,如辅导员、班主任等进行压力情绪管理理论、心理学理论等的多方面培训,尤其是具体落实方法的研究探索,提高其实施压力情绪管理的组织能力。能通过团服、游戏等形式对学生进行心理卫生以及压力情绪管理一般知识的多渠道培训,提高学生自身心理防御能力及应对和化解压力控制管理情绪的能力。高职院校的辅导员、班主任以及从事学生工作的管理人员都应具备心理咨询、情绪管理的基础知识,并能与学生产生共情,及时发现有心理压力和不良情绪的学生,分析压力产生的原因和管理情绪的方法,为其提出具有建设性的意见建议,通过有效干预实施,使学生面临的压力能及时缓解,管理好自己的情绪。

（四）多途径创新压力情绪管理方法

运用问题关注、凭借关注、情绪关注等多种途径，倡导马克思的"幸福论"理念，引导高职学生运用积极的方法管理自己的情绪和压力，关注低层次幸福，重视高层次幸福，构建"生命与幸福，创造与快乐"的理念。从古到今，贡献他人都是实现自身价值、获得幸福人生的一个有效途径。"人生从来不会穷的无法给予"这是一位第二次世界大战中在阿姆斯特丹躲避纳粹迫害的犹太少女安妮·费兰克在她的《安妮日记》中写的。懂得"给予"，这是我们每个人获得幸福的一个珍贵礼物。因为每一种情绪，本质上都是守护我们的天使，和我们的情绪做朋友，健康和幸福也会与我们不期而遇。

瑞士著名心理学家和精神分析家卡尔·荣格曾说"如果没有情绪，黑暗无法转化为光明，冷漠无法转化为行动"。关注情绪管理无力甚至缺乏的现实，运用较为科学的方法，通过团体辅导、科学引导正确对待工作、生活中的压力，帮助学生与自己的情绪建立健康的关系，让他们可以根据自己的需求和心愿实现自己的人生，同时也不枉履行自己对家庭、朋友、社会应尽的责任。学会将压力化为动力。

当前，国内外许多学者提出，转化压力与缓解压力是同一过程，而期间还可以以此给自己提供一些积极的心理暗示，将压力视为生活对自己的一种磨砺，鼓励自己正确面对生活中的压力，在缓解压力的同时 提升自身的抗压能力。立志高远，脚踏实地，认清学习、生活和工作中的困难和曲折，在实践中化压力为动力，远离负面情绪，从而通过树立理想、坚定信念来提升自身压力情绪管理的实效性。

[参考文献]

[1] 庞亚珍."幸福论"视角下大学生压力管理及调适途径的研究：以宁波大红鹰学院为例[J].高教学刊，2015(17).

[2] 方咪,李辉,宋娜.大学生情绪管理能力现状调查及影响因素[J].集美大学学报（教育科学版），2015(5).

[3] 杨瑾.大学生情绪管理与压力应对[J].高校辅导员学刊，2011(4).

[4] 张学浪.大学生心理压力管理的学校影响因素及其破解对策[J].山西高等学校社会科学学报，2014(6).

[5] 杨晓岚,宋娜.团体辅导改善大学生情绪管理能力的干预研究[J].湖南工业职业技术学院学报，2014(4).

"微时代"高职网络舆情分析及引导机制研究

——基于德育视域下的模式缺失与重构

大连职业技术学院 周欣艺[①]

摘 要:随着微时代的到来,以微信微博为代表的新媒体发展迅猛,一方面为思想交流和信息共享提供了更为方便快捷的平台,另一方面也为高校德育工作带来了新的挑战和机遇。高职大学生阅历尚浅,容易受群体行为和情绪感染影响。网络事件的负面影响将起到极大的推波助澜作用,对学校的正常教学秩序甚至校园的和谐稳定产生较大影响,因此,如何正确认识和把握"微时代"高职网络舆情的内在规律和特点,减少负面舆情对德育工作的冲击,已成为亟须解决的重大问题。高职院校应充分利用自媒体与德育工作的契合,加强网络舆情的监控与引导,建立网络舆情监测及预警机制,打造高效专业的网络舆情管理队伍,重视网络道德教育,营造良好的高职院校网络舆情环境。

关键词:微时代 高职院校 网络舆情 德育工作 引导机制

作者简介:周欣艺,女,1988年出生,讲师,硕士研究生,研究方向:大学生思想政治教育、网络思想政治教育、高校团学工作。

习近平总书记在全国高校思想政治工作会议上指出:"高校立身之本在于立德树人。要坚持把立德树人作为中心环节,把思想政治工作贯穿教育教学全过程,实现全程育人、全方位育人,努力开创我国高等教育事业发展新局面。"这对我国各级各类学校加强和改进包括思政教育在内的大德育工作具有重要的指导意义。

随着互联网的跨越式发展,网络在工作中发挥不可替代的作用,在各个领域的影响也不断加深。高校应充分利用网络阵地,将"面对面"与"键与键"相结合,使网络阵地成为德育工作的新手段。但目前,高校有效利用网络平台开展德育工作的能力比较欠缺,没有对网络德育工作应用进行必要的风险评估和伦理审视。而高职大学生阅历尚浅,自控能力相对较差,容易受群体行为和情绪影响,一旦出现网络群体事件,就会直接对学校乃至整个社会产生影响。因此,充分利用自媒体的特点及其对高职德育工作带来的机遇和挑战,并在此基础上探索出有效的引导机制,是高职院校德育工作完成立德树人使命的必然要求。

一、网络舆情及高校网络舆情的概念

随着网络普及进入高潮,网络舆情也呈现出爆炸式增长。所谓网络舆情,是指在互联网背景下,群众对于当代社会出现的各类热点问题及现象所表达的见解、情绪、态度和行为倾向,以及其后续力量的总和。它越过媒体的整合优化,直接通过互联网以多种形式呈现在公众平台上,所以本身具有主观性。可以说,网络舆情是广大网民以互联网为载体所发出的看

---

① 基金项目:2017年度全国学校共青团课题"微时代高校共青团网络舆情工作引导机制研究"(2017LX228)。

法、意见的集合。

高校网络舆情是指高校师生通过互联网所发出的对于工作、学习、生活等各方面的观点、态度、情感。这种直接开放的表达模式犹如无数把利剑，在时空中任意穿梭，打破了枷锁，超出了高校的管控，直接或间接地对学校乃至整个社会产生了负面影响。

二、"微时代"高职院校网络舆情的现状和特点

（一）高职院校网络舆情现状

高职院校网络舆情除了具备高校网络舆情一般特点，还受到办学模式、培养目标、生源素质等多因素影响，呈现出不同于本科院校的特点。研究发现，本科院校和高职院校两个群体的学生在时间观念、自控能力、课余活动安排等各方面均有差异。高职学生网络在线时间明显高于本科生，并且增长呈迅猛之势，网络已成为其学习与生活中必不可少的因素。他们更愿意选择微媒介作为传播热点、分享信息、维护权益的最重要载体，因此，微平台也成为高职院校网络舆情最重要的源头和舆论场所之一。

近年来，由于新媒体时代的网络文化冲击，网络舆情频发，成为影响学校甚至社会稳定的重要因素，也对高职院校德育工作提出了严峻的挑战，德育工作中的网络德育工作模式缺失日益凸显。一是因为舆论信息量大，辐射范围广，突发性不可控；二是因为我国高校对于网络舆情的了解不够深刻，网络德育资源有限，不能充分利用，网络道德教育尚未引起足够的重视；三是因为高职院校缺乏网络监测和相应的预警机制，应对模式落后单一，缺乏网络舆情队伍建设，没有形成一套有效的网络舆情引导机制。因此，在国家战略调整和自媒体迅猛发展双重影响下，高职院校德育模式必须适应时代的发展要求，及时更新传统德育价值观念，建立高职院校的网络监控及引导机制，重新构建顺应时代的德育体系，对促进健康安全的舆论环境，维护校园安全和社会稳定发展起着至关重要的作用。

（二）高职院校网络舆情的特点

1. 把握舆情深度浅显。

高职学生与本科生在学历和整体素质上都有一定的差距，价值观念相对而言尚未成熟，分析问题片面，缺乏对热点问题的认识和思考，对舆情的把握程度相对浅显，对社会认知程度不足，容易受负面舆论和消极信息影响，产生负面情绪和片面见解，造成重大事件的发酵。

2. 信息辨识能力薄弱。

在微时代背景下，人们对于网络上出现的各类信息应该具有正确的分析、判断、处理能力，但是正处于青少年时期的高职学生恰恰缺少这些，他们在校内接受的教育时间短，尚未建立成熟的人生观、价值观，社会经验不够，综合能力缺乏，对虚假信息的辨识能力薄弱，所以高职学生需要专门的老师为他们进行网络知识梳理，信息真伪的辨别。高职学生的信息辨识能力提升对于建设学校健康文明的网络环境和维护校园稳定起着极其重要的作用。

3. 面临巨大压力和严峻挑战。

近年来，我国高校的毕业生数量不断被刷新，就业形势严峻，毕业生们面临着巨大的社会压力。在校学生虽然就业压力较小，但不排除来自家长、学校等方面的压力。这些压力使学生的神经时刻处于绷紧状态，而高职生又因为学历不足，容易产生自卑、迷茫、消极等负面情绪，因此网络成为他们发声的重要渠道。凝聚网络道德正能量，加强学生媒介素养教育，

减少高职院校网络舆情危机的产生,学习运用网络德育的疏导理论,对于高职网络舆情引导机制的建设和德育模式重构起着至关重要的作用。

三、高职网络舆情形成的主要成因

(一)社会原因

2017年,习近平总书记组织召开网络安全相关会议时指出要发挥网络引导舆论、反映民意的作用,这意味着在关注互联网发展的同时,也应该关注网络舆论的引导。随着自媒体的蓬勃发展,中国网民规模大幅度增长,人们利用网络及时关注时事,第一时间了解社会动态,这种与网络接轨的新型生活方式改变了人们,也催生了网络舆情。由于微时代信息传播具有超越时空、便捷、迅速、开放的特点,任何人都可以参与到舆论传播的互动中,也让舆论的发展方向有无限可能。当下,高度重视民声的国情和自媒体的蓬勃发展决定了网络舆情的产生和扩散性的强大,也为高校德育工作提供了新的机遇和挑战。

(二)热点事件激发

当前我国正处于转型的重要时期,任何触动民众内心的事件都可能演变成热点事件。这些社会热点事件吸引着广大高校师生们的注意力,热点问题一旦与自身利益有关,学生们很容易从"网络观望者"转变为"舆论参与者""舆论互动者",造成舆论的发酵扩大,造成高校网络舆情控制被动,故重构顺应时代发展的德育工作模式迫在眉睫。

(三)虚假与不良信息的传播

目前国家大力倡导网络实名制,由于监管缺失仍然存在疏漏,致使有些网民不顾信息虚实,随心所欲在网上发声,这些信息在网络媒介中被大肆传播。在这些传播者中不乏"心机"的人,他们利用网络的匿名性,大肆传播虚假的网络信息。网民们盲目地随波逐流,给社会造成了极大的恐慌且有着不可挽回之势。高职大学生的群体同质性使他们在思想和情感上更容易产生共鸣,从而形成整体、一致性意见,增加高校网络舆情引导及控制难度,德育工作陷入困境,成效甚微。

四、"微时代"高职网络舆情存在的问题凸显,德育模式缺失

随着以微博、微信、贴吧等为代表的微平台蓬勃发展,高职学生成为新媒介中不可或缺的中坚力量,给高职院校在教育和管理上带来新的机遇和严峻的挑战。我们要充分利用这把"双刃剑",发挥其有利面,直面其弊端,及时创新重建德育模式,微博微信等微阵地才会产生独具特色的作用。

(一)传播速度不可控

随着科技的进步和国家惠民政策的普及,网络产生的费用正逐渐下调,高校的学生享受到了价位低、流量多的移动通信工具所带来的便利,于是在学校中随时、随处可见刷微博微信QQ等的"低头族"。因此,每每出现一点风吹草动,都会最快速地在高职学生的手机中传播。这便是微时代背景下,网络舆情事件扩散的快捷性和迅速性,这也造成高职网络舆情控制困难。

(二)内容复杂和多样

在互联网铺天盖地的冲击下,高职学生可以通过手机或电脑在虚拟的世界里发表自己

的所思所想,甚至是宣泄各种负面情绪。而互联网的隐秘性加剧了对高职学生网络舆情的管理难度,单凭拦截相应 IP 地址难以形成有效监管。

(三)缺乏信息分析和处理能力

处于信息量极大的互联网新时代,是否能够正确判断、分析、处理信息可以体现出一个高职学生的综合能力。在校高职学生正处于人生观、世界观、价值观的成形阶段,各方面认识还不全面,缺少生活阅历,缺乏信息辨识能力。因此,在面对网络舆情问题时,极易产生片面的看法。

五、"微时代"高职院校网络舆情引导机制建立与意识培养

(一)完善高职网络舆情机制

1.完善舆情收集机制。

在信息化高速发展的今天,信息的复杂性给高职院校舆论监管增加了难度,如何迅速辨别信息所传递的是学生简单情绪的宣泄还是舆论的热点关注,就需要建立一个完善、全方位的网络舆情信息梳理采集系统,这个系统可以运用一系列的科技应用,例如在网络中输入检测学生心理变化的波动来进行分析,用计算机来辅助,这样可以节约时间和成本,实现系统的高效性与快捷性。对重大突发热点事件,国家大事等应重点分析和评估,时刻关注信息发展走向,关注学生动态情绪,以避免产生不良的舆情扩散和蔓延。

2.完善舆情预警机制。

网络具有迅速传播性和聚合性,可以将一件事瞬间发酵成为一件社会所关注的热点话题,进而形成舆情。不同的事件所产生的社会影响力也有所不同,进而需要在建立完善的收集机制下,根据舆情性质、影响力度、传播范围以及社会关注度进行分级分类,这样在面临舆情突如其来时,可以采取不同的舆情机制,提前采取措施,有条不紊地梳理舆情未来走向,通过精准研判,化解可能产生的危机,可将危害值降到最低。

3.完善舆情回应机制。

在信息的传播过程中,高职学生不仅需要分辨信息真伪,而且还需要在众多"烟幕弹"中进行正确分析选择,这时需要高职院校团委及宣传部门等在信息热度升温时做出合理的判断和解释,以最快的速度澄清事情真相,还原事件的本来面目,而不是经过学生片面见解影响校园稳定。回答学生的相关质疑,可以联合具有权威性、关注度较高的新闻媒体同时进行回应解答。完善舆情回应机制,可以掌握舆论的引导主动权,将舆论的发展走向可以按照有序的方向进行,建立一个和谐稳定的高职院校网络环境,以便于了解高职学生在各个领域中对不同事件所持有的态度看法,传播正确的价值观、先进文化,营造积极向上的校园氛围。

(二)加强网络舆情意识培养

增强校园网络舆情教育建设,还应在四种意识上进行培养,全面提高高职生的综合能力。

1.培养学生网络道德自律意识,加强媒介素养教育。

媒介素养是指正确地利用现代媒介资源,提高自身素养,响应大众资源传播能力,顺应社会进步,在参与网络活动时所展现出的行为。部分高职学生出现了现实与虚拟的反差人格,在情感上淡漠,出现大量网络不道德事件。培养学生提高媒介素养自律意识,不应仅是

学校和社会的责任,更应该是学生自我完善的修身之本。媒介素养教育通过加强对学生的教育和引导,帮助学生树立正确的人生观、价值观,在舆论的认识和选择上学会辨识和独立思考,逐渐养成良好的网络道德素养,能够较为清晰地辨别网络上的善恶与美丑,自觉抵制垃圾信息的入侵,从主观上杜绝不良网络舆情的产生和传播,自觉传播正能量信息,增强德育教育时效性。

2.加强法律法规教育,培养学生法律意识。

"依法治国,建设社会主义法治国家"是我国的治国方略,这意味着我国的治理方式发生了很大的变化。大学生在网络世界中存在着潜在的、非理性的一面,从侧面反映出大学生缺乏法律意识,造成消极舆情泛滥的传播。高职院校要培育高职生们的法律意识,特别是宪法、法律至上的观念。例如:开设法律专业课、聘请法律相关人员做讲座。让学生了解包括《维护互联网安全的决定》《突发事件应对法》等众多网络法律法规,不断提高学生的法律意识,明确无论是违法的网络舆情来源者还是随意散播网络舆情均负有网络连带责任,要对法律永怀敬畏之心.进而起到优化网络环境,减少网络舆情带来的危害,为高职生们带来安全的网络环境,顺应时代德育教育要求。

3.加强安全稳定教育,培养学生网络安全意识。

网络舆情的攻守,没有硝烟却能给社会和校园造成巨大的损失。互联网如果被敌对势力利用,将会成为影响我国安全的主要手段,如:网络诈骗、网络教唆、反动、暴力等。高职院校网络安全教育体制尚不够完善,这使危害有机可乘。高职生们极易受到网络不良信息的影响。因此,高职院校要紧紧跟上互联网发展的脚步,结合学生的实际情况,充分利用好有利条件,通过举办各种形式的网络安全教育活动,切实加强学生的安全防御技能,提高学生的网络安全意识,使学生们在一个安全稳定的环境中,能够正确地面对网络,使用网络,把握网络主流文化,弘扬中华优秀传统文化。

4.加强心理健康教育,培养学生网络自我安全意识。

高职学生通过网络来表达自己在情感、人际交往、就业发展等实际问题的感受,这些帖子在网络上随处可见且不断增长。就业带来的现实压力,使学生倍感烦躁与厌恶,学生沉迷网络,逃避现实,时间一长,人际交往可能会出现障碍,而互联网一旦报道社会道德缺失等现象就会让学生倍感社会冷漠,得不到重视。这时,学校应善于利用心理学等知识对高职学生进行心理疏导,排除消极心理因素,掌握学生参与网络舆论、参与网络行为时的心理特点,提高网络舆情的针对性和引导性。同时通过建设网络心理咨询的平台,在不需要面对面交流的情况下,利用网络交流帮助学生及时排解压力,提升学生的自我意识,从心理层面筑起一道"心理防线"压制网络舆情的爆发。微时代已成为当今高职院校学生表露情绪、审视自身、观察社会的重要方式,它开启了一个人人都是发言者的时代。高职院校只有在提出有效的引导策略并进行建设,才能将主流话语权牢牢把握在手中,引导舆论的正确走向。自媒体时代的网络舆情不但需要学校的引导、技术的支持,更需要广大学生自身素质和修养的提升。

微时代,网络舆情影响着高职学生的思想意识,高职学生更加善于通过微信微博等表达自己的想法,相比本科院校学生,更容易受到网络舆情的影响,因此高职院校必须加强网络舆情控制与引导,牢牢把握住话语权,帮助大学生们树立正确的世界观、人生观和价值观。真正地发挥微时代微阵地与大学德育工作的契合,引导大学生健康成长与成才。加强网络舆情的监控与引导,建立高职院校网络舆情监测及预警机制,重视网络道德教育,减少网络负面舆情对德育工作的冲击,增强德育教育的时效性,重构创新德育模式体系,顺应时代发展要求,营造良好的高职院校网络舆情环境。

[参考文献]

[1] 王来华.舆情研究概论[M].天津:天津社会科学院出版社,2003.
[2] 俞立军.以职业素质养成为核心的高职思政教育新实践[J].吉林省教育学院学报(学科版),2010(2).
[3] 冯培.新媒体时代大学生思想政治教育工作的变革[J].北京教育,2011(9).
[4] 赵旻.论大学生思想政治教育心理引导机制[J].高校理论战线,2011(8).

互联网背景下的大学生隐性思想政治教育策略探究

浙江金融职业学院 郭菲烟

摘 要：隐性思想政治教育强调通过"内隐"式的教育方法，实现"润物无声"式的教育效果。文章针对当前大学生隐性思想政治教育"重显轻隐"、环境载体营造滞后、教育方法缺位等现实困境，结合社会环境中移动网络飞速发展的现状，紧扣受教育对象的发展特征，提出通过营造虚拟化教育环境、开发多元化教育资源、组织多样性校园活动与社会实践、发挥教育者网络引导作用等途径，推动隐性思想政治教育工作开展。

关键词：隐性思想政治教育 大学生 互联网

作者简介：郭菲烟，女，1988 年出生，助教，硕士研究生，研究方向：思想政治教育。

20 世纪初，杜威提出了"附带学习"的概念，即学习者在具体知识学习过程中，会对学习内容及学习本身产生情感、态度。[1]后续，众多研究者从不同角度对"附带学习"中所蕴含的隐性课程概念展开相关研究，衍生出隐性教育实践，取得了较好的效果。当前，面对思想更独立、个性更张扬的大学生，教育工作者逐步意识到灌输式、课程式的显性思想政治教育模式具有一定局限性，甚至会引起大学生的抵触心理。基于此，可以基于隐性教育推动思想政治教育工作开展。

一、隐性思想政治教育的内涵与特点

隐性思想政治教育通过融入式、间接式、内隐式教育模式，全面淡化"受教育者"的角色定位，将思想政治教育内容融于日常生活，使受教育者在不知不觉中接受思想政治教育，达到"润物细无声"，实现思想政治教育目标。[2]

相较于在显性环境（一般指课堂）中所进行的显性思想政治教育，隐性思想政治教育的目的是潜隐的。教学活动融于学生日常交互中，通过潜移默化、耳濡目染，使受教育者在生活中受到教育。教育内容具有渗透性，融于学习过程，融于生活活动，融于校园管理服务，通过各种途径影响、引导、陶冶受教育者。教育方式是间接的，教育方法、地点、时间可以因地制宜。教育效果具有持久性，相较于课堂上听取事例、获取概念、背诵理论，隐性思想政治教育效果是循序渐进的，通过长期的影响和熏陶，逐步引导学习者形成人生观与价值观，在一定程度上保证教育效果。

二、大学生隐性思想政治教育的现实困境

（一）"重显轻隐"的惯性思维

显性思想政治教育更易设计、展现、评测，研究者易于开展相关研究，相对而言，隐性思想政治教育研究较少。[3]显性思想政治教育是当前思想道德教育的主要途径，但思想政治教育不应是单一的课堂灌输，高校思想政治教育也不应局限于传统的教育观念和考核机制，用考试成绩评定思想道德教育成效。学生理想信念、道德情操的培养是一个复杂的过程，单纯

依靠课堂授课难以实现,应加强关注基于环境的软性约束与熏陶。

（二）思想政治教育环境载体营造的滞后

"思想政治教育载体是指能为思想政治教育主体所运用,且主客体可借此相互作用的一种思想政治教育活动形式。"[4]开放、交互的网络载体迅速拓展了获取信息的速度、维度与广度,对大学生道德观念和行为习惯的养成产生更大的影响。但是,当前校园、教室、宿舍仍是大学生思想政治教育的主阵地,网络思想政治教育环境营造明显滞后。

（三）隐性思想政治教育方法的缺位

隐性思想政治教育方法多为非正式的,亲近大学生,采用大学生易于接受的方式,避免引起受教育对象的不适与反感。然而,大多思想政治教育工作者多依赖于以传统的教学方法,如主题式演讲、征文活动等,或者硬性地通过班级环境营造与评比等途径,试图达到环境育人的效果,但受教育者本身仍处于被动式学习状态。

（四）思想政治教师主导作用发挥不足

思想政治教育工作者不应局限于知识的传授,更应以身示范,对受教育者的思想行为进行引导,充分发挥主导性作用。如思政专业课教师除承担思政教学任务和科研工作外,应树立环境育人的观念,掌握环境育人的教育方法。思政辅导员在处理日常的行政工作的同时,应主动观察环境载体,推进隐性思想政治教育,对学生进行引导与帮助。但当前,由于各高校的师资力量不平衡,教育工作者的素质水平良莠不齐,以及教师考核机制的导向性问题,导致思政教师在隐性思想政治教育工作过程中主导性发挥不足。

三、基于移动互联网开展大学生隐性思想政治教育的必要性

（一）紧扣受教育对象的发展特征

数字土著（Digital Natives）是对当前数字时代大学生的定义。[5]他们成长于信息时代,可以熟练应用数字产品,习惯于通过互联网快速获取、内化信息资源,倾向于处理多种任务,易于接受图表、视频等游戏化多媒体资源,喜欢获得即时的肯定与奖励。同时,要求思想教育活动适应更高程度的多元性、不确定性、碎片化的特征。[6]传统灌输式的课堂教育已经无法完全满足信息时代思想政治教育的要求,为适应数字土著学习特征,将隐性思想政治教育融于数字土著的日常生活,移动网络将成为最有效的载体。

（二）适应社会发展的客观现状

随着全球化进程的不断加深,信息技术的飞速发展,地球村逐步形成,东西方文化间的联动逐步加强。西方文化及意识形态易于通过网络渗入,宣扬新自由主义、享乐主义等。并且随着市场经济的发展,网络覆盖范围不断扩大,受教育者的信息获取更加多元、便捷、迅速,极易造成片面观点或反面事件短时间内迅速传播,形成不良的社会舆论,进而影响受教育者的人生观和价值观。基于手机、PAD等设备的移动网络环境作为多元文化与信息的交汇地,对大学生价值观念、理想信念和行为习惯的养成具有较大影响,思想政治教育工作应重点关注。

（三）开辟隐性思想政治教育的新路径

移动网络为大学生隐性思想政治教育带来了挑战,同时也为其提供了新的视野和路径。高校思想政治教育工作者应充分分析网络载体特征及作用,探索利用微信、微博、QQ等受

教育者身边的即时通讯载体,改变传统灌输式、课堂式教育模式,尊重受教育者的主体性,努力营造和谐的隐性思想政治教育环境,拓展思想政治教育的广度和深度,激发受教育者的自主性与参与性,推进思想政治教育目标的达成。

四、移动互联环境下隐性思想政治教育的实施路径

(一)营造隐性思想政治教育的虚拟移动环境

信息社会中人类游走于现实与虚拟两种世界,大学生既是现实社会的个体,也是虚拟世界的个体[7]。隐性思想政治教育应树立现实社会环境与虚拟移动环境的双重环境观。在关注实体型思想政治教育环境载体建设的同时,搭建、优化虚拟化、移动式隐性教育环境,推进实现大学生思想政治教育现实环境与虚拟环境的互补互融。如构建大学生平等、自由、即时的交流空间,以微信、QQ等即时通讯软件构建组群在线交流平台及主题推送公众平台,依托辅导员、班主任、班级学习领袖构建管理团队,引导组群个体间利用碎片化时间,开展线下和线上互动,推进大学生隐性思想政治教育与教学、课下活动的有机融合。

(二)注重隐性思想政治教育资源的挖掘与开发

《关于进一步加强和改进大学生思想政治教育的意见》中指出,要深入发掘各类课程的思想政治教育资源,将思想政治教育融于专业知识传授过程中。[8]结合当前受教育者的学习特征及各门课程的相关内容,从各课程中充分汲取和提炼促进大学生思想政治教育的相关知识,融于课程日常教学,帮助大学生形成科学的价值观念。如通过大学语文、中华优秀传统文化、法律、艺术等人文科学类课程,有意识地进行法律、价值观教育;通过对自然科学类课程中学科发展历史、代表人物的讲解,引导学生感悟其中的人文精神与道德规范。

(三)推进隐性思想政治教育活动融入实践活动

陶行知指出:生活与生活摩擦才能起到教育作用,[9]教育应注重知行合一。高校思想政治教育不能局限于课堂里,应鼓励大学生参加多样的校园活动和社会实践,体验生活,培养公民意识和责任感。如积极组织学生参加公益服务、勤工助学活动,鼓励学生积极参加校内外社会实践,进行社会考察、专业调研、生存实践等活动。并注重对网络交互空间的引导和组织,通过QQ或微信群发布信息、交流互动、组织活动,通过移动定位、在线直播等方式,实现对活动的实时跟踪和指导。

(四)发挥思想政治教育工作者隐性教育网络引导作用

基于对大学生网络活动习惯的分析,思想政治教育工作者恰当地、正确地、有针对性地组织和引导,是开展隐性思想政治教育的重要途径。首先,思想政治教育工作者应从人本主义理论出发,将自身定位为教育活动促进者的角色,提供学习资源、营造学习氛围、辅助学习活动开展,激发受教育者参与的主动性,构建平等民主、尊重理解的新型师生关系。虚拟世界中,开放、平等地聊天、谈心,有助于更全面地了解受教育者,从而进行准确的引导。其次,思想政治教育工作者应发挥示范作用。移动通信技术可以实时记录、呈现每个人的活动轨迹,人与人的联系更便捷和直观。因此,思想教育工作者应具备良好的道德素养、严于律己、善于育人,学会借助移动媒体开展隐性教育。如可以利用微博、微信朋友圈,更新个人工作、生活状态,发布引导学生思想观念的正面舆论,以身示范,影响学生,于无形中开展隐性思想政治教育。

［参考文献］

［1］杜威.民主主义与教育［M］.王承绪,译.北京:人民教育出版社,1990:2.

［2］徐安鑫,何义圣.论思想政治教育中的隐性教育［J］.求实,2008(2):87-90.

［3］白显良.隐性思想政治教育基本理论研究［M］.北京:人民出版社,2007:9.

［4］陈万柏.论思想政治教育载体的内涵和特征［J］.江汉论坛,2003(7):117-121.

［5］胡智标,王凯.数字土著 数字移民［J］.远程教育杂志,2009(2):48-50.

［6］密甜甜.微博背景下的大学生思想政治教育研究［D］.山东师范大学,2012.

［7］张立新.两种世界两个课堂:信息社会中的教育［J］.中国电化教育,2009(6):114-116.

［8］中共中央国务院.关于加强和改进新形势下高校思想政治工作的意见［N］.人民日报,
　　2004-10-15(1).

［9］陶行知.陶行知全集:第 4 卷［M］.成都:四川人民出版社,1991:213.

高职院校"特殊学生群体"精准化帮扶体系构建研究

——以浙江机电职业技术学院为例

浙江机电职业技术学院 方惠玲

摘 要：随着高职院校招生规模的日益扩大，"特殊学生群体"的数量也不断增加，这部分学生表现为行为失范、学习困难、心理脆弱和困惑等，但目前高职院校对"特殊学生群体"的管理普遍是发现问题后的被动响应，缺乏系统的帮扶机制。因此，正确评估和判断"特殊学生群体"类型，建立精准化的帮扶系统，对于"特殊学生群体"进行精准化帮扶和构建和谐校园有重要意义。

关键词：特殊学生群体 精准化帮扶 体系

作者简介：方惠玲，女，1982年出生，讲师，硕士研究生，研究方向：大学生思想政治教育。

目前，各高职院校虽然一直在积极为"特殊学生群体"提供各种帮扶，却一直没有起到很好的帮扶效果。现阶段高职院校对"特殊学生群体"的帮扶存在着预警不足、应对迟缓、帮扶不力等问题，"特殊学生群体"问题日益突出，对建设和谐校园产生了不利影响，成为高职院校教育和管理不容忽视的问题。因此研究构建"特殊学生群体"精准化帮扶体系，有针对性地解决"特殊学生群体"存在的问题，努力践行不让任何一位学生掉队，全面提升学生的综合素质，具有很强的现实意义。本文以浙江机电职业技术学院长安校区为例，探索"特殊学生群体"精准化帮扶体系构建。

一、高职院校"特殊学生群体"精准化帮扶体系构建的背景和意义

习近平总书记在十九大报告中指出，要全面贯彻党的教育方针，落实立德树人根本任务，发展素质教育，推进教育公平，培养德智体美全面发展的社会主义建设者和接班人[1]。而长期以来，学校教育工作形成了一个惯性或倾向，那就是"抓两头，放中间"，而抓两头，实际上我们习惯于只是抓一头，就是给予优秀学生更多的关爱，而忽视了特殊学生群体，导致这些"特殊学生群体"一直处于学校教育工作的边缘，使原本处于弱势的"特殊学生群体"更加的弱势。同时也使他们错失了一些基本的人际交往能力的培养、不良行为和态度的矫正机会。而往往是当他们的行为违反了校纪校规时才找他们谈话和开展相关的教育工作，其实这个时候的介入已经有点晚，失去了教育的功能与意义。作为高校教育工作者，我们要做的就是给每位学生闪光和出彩的机会，尤其是特殊学生群体，更需要我们的关爱，给予他们信心和鼓励，不断地引导他们成长成才。

二、"特殊学生群体"精准化帮扶体系构架与实践

从2016年9月开始，我校实行两校区管理，大一新生全部在长安校区，大二回到滨江校区。两校区管理模式导致学生信息的不对称。班主任、滨江校区辅导员、滨江校区学生会干部没有过多的精力去了解和熟悉长安校区的学生。这批学生回到本部后，对于滨江校区的

学生思政工作者而言,基本就是从零开始了解他们,等同于迎接"新生"。对于特殊学生群体来说,等大二再来有针对性地引导他们追求梦想,树立自信,已经迟了。如果在大一阶段,就建立特殊学生成长成才档案,动态地、多维度地记录所有特殊学生的表现以及帮扶的各方面数据,到滨江校区,这份档案将是一笔宝贵的财富,是对特殊学生群体帮扶工作的一种强有力的延伸,将更有效地引导这批学生成长成才。

我校长安校区通过建立特殊学生群体发现机制、干预机制、跟踪机制以及评价机制,对特殊学生群体做到精准帮扶。第一时间发现和关注到特殊学生群体,通过搭建各种让特殊学生群体成长的舞台,进行分类教育,对特殊学生群体对症下药;并建立特殊学生群体精准帮扶档案,建立特殊学生群体成长导师制度,对特殊学生群体的帮扶进行跟踪和评价,对没有帮扶效果的帮扶方案进行及时调整,真正做到精准化的帮扶。

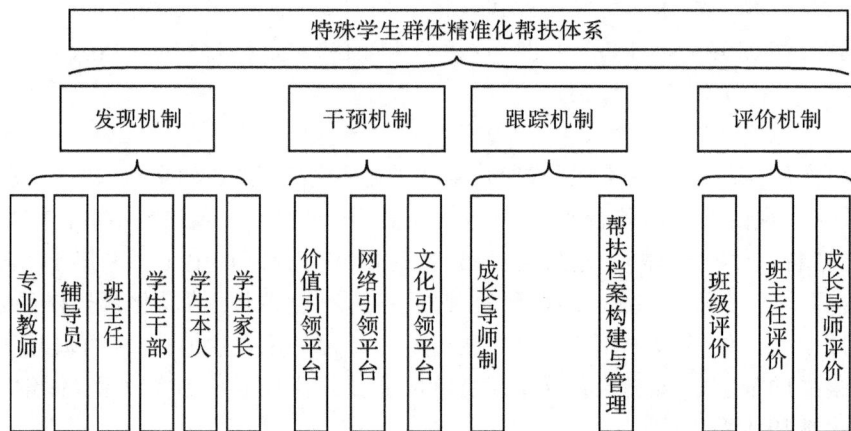

图 1　浙江机电职业技术学院长安校区"特殊学生群体"精准化帮扶体系图

(一)精准化帮扶管理制度构建

首先,加强帮扶队伍建设。为加强帮扶体系的核心力量即辅导员队伍的建设,我校长安校区积极推进辅导员工作室建设,成立了"特殊学生群体精准化帮扶"辅导员工作室,鼓励辅导员开展思政研究工作,倡导科研团队建立,不断探索和创新大学生思想政治教育的思路和办法,引导辅导员把帮扶工作与科研工作结合起来,真正做到带着问题去研究,研究过程去解决。与此同时,积极创造增加交流学习的机会,及时研究特殊学生群体出现的问题,相互交流,有力地保障了特殊学生群体帮扶机制的有效运转,也保证了帮扶队伍的活力与战斗力。其次,明确帮扶工作要求。特殊学生群体的界定工作应"全、准、快"。"全"是指覆盖面要广,要面向全体大一新生,而不是个别系部个别专业的新生,要全面撒网,不留死角;"准"指对各类问题的新生了解要准时、准确,确保对每一个问题学生都做到心中有数;"快"指整个界定工作要快,大一新生刚入学,在开始的适应期内容易发生各类问题,这就要求我们在界定特殊学生群体的工作中要快,真正做到防患于未然。

(二)"特殊学生群体"发现机制

第一,在新生报到当天晚上,下发家庭基本情况信息表给每位新生,第一时间收集每位新生的家庭情况、成长历程等信息,并以班级为单位制作装订成手册,学生处、系部、班主任各一本,作为新生的第一份档案。军训期间,通过班助、教官、班主任的了解,先筛选出第一批行为失范生进行有意识的关注。第二,在 10 月份,开展新生心理健康普查工作,参测 2017 级新生数 3918 人,根据大学生 UPI 测量量表筛选出需要访谈的学生共 479 人,占施测学生人数的比率为 13.23%。长安校区心理健康教育中心在 479 名一类学生中邀请了 135 名学生进行面谈,余下 344 名学生由系部心理辅导员面谈,结合个人谈话及专兼职咨询师讨论,最终筛选出重点关注学生 12 人,次重点关注学生 20 人,一般关注学生 27 人。第三,通过收集家庭经济困难生的困难证明材料,统计困难生数量并建立经济困难生库。2017 级新生中共 597 名困难生,其中特困生 161 人。第四,探索实施"区块化"管理。鉴于长安校区全是大一新生以及常驻校区教师数量少的实际,长安校区探索实行"区块化"管理机制,几个系部合在一起进行管理,实现信息共享、问题共管、进步共有,进一步拓宽"特殊学生群体"信息来源。第五,设立班级内部预警系统。对班级学生干部进行积极动员和培训,让他们树立较强的责任心和工作能力,对班级情况系统地掌握,问题同学重点关注,一有情况及时协调处理,处理不了的及时向班主任和辅导员反映。最后,通过结合各班级学生干部、学生本人、班主任、各系辅导员、专业教师以及学生家长等途径进一步排查、甄别、了解和掌握各班级"特殊学生群体"。

(三)"特殊学生群体"干预机制

1.价值引领平台。

首先,充分发挥主课堂教育渠道的作用,让学生掌握学习的主动权。高职教育的类型特征决定其必须树立以职业能力为本位的教育理念,以培养学生职业能力为重心,知识与能力并重,理论教学和实践教学并进,其建立的是体现岗位核心能力的专业课程体系[2]。在这样的课堂中,让学生充分发挥自己的想象力,拓宽自己思维的发展空间,变被动灌输为主动学习,不断提高学生发现问题和解决问题的能力。而"两课"要充分发挥其德育教育的功能,引导和帮助"特殊学生群体"树立正确的世界观、人生观和价值观,最广泛地调动学生的积极性,提升他们的思想认识,端正"特殊学生群体"的品行,完善他们的人格,使他们树立正确的荣辱观、美丑观、是非观。其次,举办优秀校友创新创业报告会,国家奖学金获得者、省级优秀毕业生、校级优秀毕业生先进事迹报告会,开展机电之星评比、中国大学生自强之星评选、十佳大学生推荐等,用优秀校友、优秀同学的榜样力量来激励特殊学生群体在成长道路上规划好职业生涯。

2.网络引领平台。

充分发挥现代媒体的功能,建立班级、学生干部、入党积极分子的 QQ 群、微信群,主动占领网络思想教育这个新阵地,有效地利用微博、微信公众号等新媒体平台进行大学生思想政治教育工作,如学校通过"青春浙机电""浙江机电社团活动""机电微学工"等公众号平台开展微资讯、微服务、微校园等活动,并通过公众号进行晚会和活动的现场直播,让学生在玩手机的时候,不仅仅是刷朋友圈和玩手机游戏,还能关注学校动态、关注时事政治,给特殊学生群体提供更多的正能量。

3.文化引领平台。

第一,搭建素质教育平台,长安校区开展"一性三度"菜单式社团活动,长安校区目前共有 7 大类型 105 个社团,新生注册会员 8000 余人次,每周开展社团活动 40 余场,每周参加人数 2000 余人。在社团活动开展中也涌现出了一批特色鲜明、影响力大、参与度广、师生评价高的优质特色社团活动。如飓风文学社"壹陆风景一路人"十六周年晚会、流行音乐协会专场演唱会、12 剧社"智取威虎山"话剧、陶青社陶瓷作品展示、创客联盟、街舞社、烘焙社、书画社、轮滑社、健身社等等，通过丰富多彩的社团活动，让各类特殊学生群体正确认识自我，查找自身不足，改变自身行为，让他们在社团大家庭中找到归属感。第二，通过开展一系列丰富多彩的校园文化活动，准确把握素质教育的内涵，活跃校园氛围，引领学生成长成才。如开展校园文化艺术节、"双休日工程"、"践行工匠精神、追求闪光人生"为主题的技能节、辩论赛、演讲比赛、征文比赛、十佳歌手大赛、主持人大赛、篮球赛、排球赛、足球赛等，让丰富的校园活动充实学生的大学生活，给学生提供积极向上的能量。第三，健全落实各项规章管理制度，狠抓学风建设。"无规矩不成方圆"，我校以不带早饭进教室、上课手机入袋作为学风建设的切入口，努力打造无障碍课堂。当前好多特殊学生群体背后往往是学风这个学习根源出了问题。好的学风是同学们真正投身学习、培养勤奋刻苦、严于律己的保障。好学风能够化被动学习为主动学习，增强学生自我教育和自我管理。

（四）"特殊学生群体"跟踪机制

1. 成长导师。

长安校区"特殊学生群体精准化帮扶"辅导员工作室，给特殊学生群体配备了成长导师，成长导师可由各系辅导员、专业教师、学生处教师等组成，负责跟踪帮扶特殊学生，引导这些学生成长成才。成长导师结合学生的实际情况，负责制定精准化帮扶方案，工作室给成长导师配备更多的帮扶力量，如班干部、班级入党积极分子等都是帮扶小组成员。

2. 帮扶档案构建与管理。

每位成长导师帮扶学生，都建立动态成长档案，成长导师把帮扶过程、谈话记录、学生进步的情况等都一一记录。而长安学生处通过学生会层面的检查提供学生在校的表现情况，包括学生迟到、旷课、晚归、夜不归记录。另外，通过 PU 系统导出学生参加活动的记录，并把这些记录都反馈给成长导师，以便成长导师更有针对性地开展帮扶工作。

（五）"特殊学生群体"评价机制

以两个月为帮扶的小期限来界定和评价帮扶效果，"特殊学生群体精准化帮扶"辅导员工作室通过班级同学谈话、班主任层面了解、成长导师的探讨以及其他学生活动的大数据对比，评估之前的帮扶方案是否有效，对于没有帮扶效果的，及时调整帮扶方案，让每一个特殊学生都不再特殊，让每一名学生都能成长成才。

三、加大对特殊学生群体帮扶人员的激励

首先，加强对帮扶教师的奖励制度。辅导员作为学生日常的学习、生活接触最多的群体，自然成为特殊学生群体帮扶的主群体，我校通过科研、职称评审等方面政策对辅导员进行倾斜，增强辅导员工作的积极性和创造性。同时，对于班主任和专业教师通过育人服务分与职称相挂钩的考核项以及增加班主任津贴等方面进行鼓励。其次，加强对学生干部的奖励制度。一方面建立两级学生干部专业培训制度，邀请优秀教师开展各类辅导活动，提高他们的人际沟通、组织、协调和策划能力。同时，引导他们积极参加各类社会实践活动，到基层进行挂职和实践锻炼，并对优秀的学生干部进行表彰。最后，加强对特殊学生群体自身的激

励,让他们在来自学校的认可中发现自身闪光点,挖掘自身潜能,改变自身特殊,真正让每个特殊同学都能成才。

特殊学生群体的帮扶是一个循序渐进的过程,需要帮扶教师的极度的耐心、细心和高度的责任心,我校长安校区一直保持着初心,大一年级全部实行半军事化管理,开展升国旗、晨跑、早晚自习等制度,让大一学生在去滨江校区前有一个良好的过渡。此外,在2017级新生中试行了素质教育学分制度,深入推进学校素质教育,鼓励和引导学生全面发展,学生参加校园文化活动、志愿者服务、社团活动、创新创业活动等都能增加相应的素质分,取得相应的素质拓展学分后,可申请置换相关选修课程的学分,获得免修资格。这个制度的实施也大大激励了特殊学生群体积极参加学校的各种活动,展现自我,人人闪光。

[参考文献]

[1] 丁金昌.高职院校需求导向问题和改革路径[J].高等教育研究,2014(3).

习近平新时代中国特色社会主义思想指导下的高职学生思想政治教育价值实现刍议

大连职业技术学院　吕　楠

摘　要:习近平新时代中国特色社会主义思想是全面开展大学生思想政治工作的纲领和指南。新时代中国特色社会主义思想为高职思政工作拓宽了新视野,明确了新方向,赋予了新使命,增加了新内涵,形成了思想政治教育创新发展和价值实现的新要求。思想教育的价值体现在为中华民族伟大复兴凝聚人才、积蓄力量上,高职思政教育要实现这一价值,必须以习近平新时代中国特色社会主义思想为指导,全面落实立德树人根本任务,系统梳理当前阻碍思政教育价值实现的问题及原因,遵循规律,改革创新,精准施策,协同育人,实现思政教育价值,打通育人"最后一公里",努力培养担当民族复兴大任的时代新人。

关键词:习近平新时代中国特色社会主义思想　高职思想政治教育　价值　实现

作者简介:吕楠,女,1981年出生,讲师,硕士研究生,主要研究方向:大学生思想政治教育。

党的十九大把习近平新时代中国特色社会主义思想确立为党的指导思想。这是党在准确把握我国发展所处新的历史方位的基础上创立的新理论、新思想,是马克思主义中国化的最新成果,是新时代我国经济社会发展的重要指导方针,更是高职院校思想政治教育的纲领和指南。新思想为高职思政工作拓宽了新视野,明确了新方向,赋予了新使命,增加了新内涵,形成了思想政治教育创新发展和价值实现的新要求。"高校思想政治工作关系高校培养什么样的人、如何培养人以及为谁培养人这个根本问题。"新时代思想政治教育的社会价值实现就是以习近平新时代中国特色社会主义思想为指导,坚持"四个服务"助力社会主义现代化强国建设和中华民族伟大复兴;新时代思想政治教育的个人价值实现就是坚持立德树人,服务于学生的全面发展与可持续发展,努力把学生培养成为社会主义合格建设者和可靠接班人;二者相互依存、相互影响、相互促进辩证统一。

现实工作中,高职院校仍存在首位意识淡薄、核心意识弱化、功利倾向、载体渠道狭窄、教育内容匮乏、教育方法单一、联动机制缺乏等阻碍大学生思政教育价值实现的问题及困难。要在习近平新时代中国特色社会主义思想的指导下实现思想政治教育的价值,就要在系统梳理并分析当前存在的问题及原因的基础上,创新发展,协同育人,全面落实立德树人根本任务,打通育人"最后一公里",努力培养德才兼备的担当民族复兴大任的时代新人。

一、习近平新时代中国特色社会主义思想指导下思政教育的价值内涵

（一）高职院校的思想政治教育工作必须以习近平新时代中国特色社会主义思想为统领

习近平新时代中国特色社会主义思想进一步明确了中国特色社会主义进入了新时代这一发展新的历史方位;以"八个明确"的丰富内容阐明了新时代坚持和发展中国特色社会主义的总目标、总任务、总体布局、战略布局、发展方向、发展方式、发展动力、战略步骤、外部条

件、政治保证等基本问题,回答了"新时代坚持和发展什么样的中国特色社会主义";在此基础上,用"十四条基本方略"对经济、政治、法治、科技、文化、教育、民生、民族、宗教、社会、生态文明、国家安全、国防和军队、"一国两制"和祖国统一、统一战线、外交、党的建设等各方面进行理论分析和政策指导,系统回答了"新时代怎样坚持和发展中国特色社会主义"的问题。对我国社会主要矛盾深刻变化的重大判断具有划时代意义;对提出社会主义现代化建设"两个十五年"的总体设计具有重大的战略意义;对强调"坚持党对一切工作的领导""坚持以人民为中心""坚持全面深化改革"等发展思想具有重要的现实意义。"八个明确"和"十四条基本方略"是新时代党和国家各项工作的行动纲领,也是新时代思想政治教育价值实现的思想武器和科学指导。

(二)新时代高职学生思想政治教育价值实现的内涵

新时代思想政治教育价值实现的丰富内涵既要从总体上把握中国特色社会主义新的历史方位的发展和要求,也要从高职立德树人的特殊性上明确顺应新发展的新使命。"我国高等教育发展方向要同我国发展的现实目标和未来方向紧密联系在一起,为人民服务,为中国共产党治国理政服务,为巩固和发展中国特色社会主义制度服务,为改革开放和社会主义现代化建设服务。"具体价值体现为"六个立足",新时代高职思想政治教育的历史使命在于立足服务国家建设总任务,促进学生的全面发展,提升学生的思想水平、政治觉悟、道德品质、文化素养,培养担当中华民族伟大复兴大任的时代新人;立足新的历史方位要以深入加强理想信念教育为核心,注重价值引领;立足带领广大人民不断创造美好生活的奋斗目标需以大力提高学生的综合素质为任务驱动,注重德才兼备;立足人民日益增长的美好生活需要和不平衡不充分的发展之间的矛盾需坚持以人民为中心的原则方法,以不断促进学生的全面发展为价值目标,注重人文关怀;立足思想政治教育的时代性与复杂性特征需坚持改革创新,紧扣时代主题,注重遵循规律;立足高职思想政治教育工作现状及问题需坚持问题导向,推进协同育人,注重精准施策。

习近平新时代中国特色社会主义思想是高职思政教育创新发展的行动指南,也是对高职思政教育价值实现的新要求。要正确理解并把握新时代中国特色社会主义思想对高职思政教育价值实现的重大现实意义,即追求思政教育价值目标与社会主义现代化建设的目标相统一;追求思政教育价值实现途径与建设中国特色社会主义的基本方略相统一;追求思政教育内容与中国特色社会主义理论、文化相统一。

二、新时代高职学生思想政治教育价值实现存在的问题

随着近些年的发展,我国的高职院校思政教育稳步提升,价值得到了一定程度的实现。但是,以习近平新时代中国特色社会主义思想重新审视,因观念认识弱化、重视程度不够、体系不健全、地区发展不平衡等原因,导致部分高职思想政治教育的价值实现受到阻碍,归结起来,存在以下主要问题。

(一)思政教育首位意识认识淡薄

习近平指出:"要坚持把立德树人作为中心环节,把思想政治工作贯穿教育教学全过程,实现全程育人、全方位育人,努力开创我国高等教育事业发展新局面。"这突显了思政教育在学校工作与育人效果中的基础性地位。但是很多高职院校实际在工作中对成效不凸显、短

期难见效的思政教育价值实现的重要性缺乏足够的认识,首位意识淡薄,把思想政治教育归纳为学校的"软实力",也使推动高职思政教育价值实现成为空谈。如存在对"思想政治理论课"及教师队伍重视程度不够,造成了"思想政治理论课"教师的工作缺乏积极性、创造性,思政教育主渠道价值实现受阻;辅导员队伍建设专业化、职业化方向发展的机制保障不够健全,个人发展空间受限等导致辅导员忙于大量事务性工作,过早进入职业倦怠,制约了思政教育价值实现。

（二）教育对象主体地位弱化

习近平指出:"思想政治工作从根本上说是做人的工作,必须围绕学生、关照学生、服务学生。"学生是思想政治教育价值实现的主体。高职思政教育应坚持党性和人民性的高度统一,广大思政教育工作者应以德立身、以德立学、以德施教,积极唤醒学生的思想意识与责任担当,充分调动学生发挥自我教育、自我服务、自我管理的功能。现实中,很多学校和思政工作者简单地将思政教育理解为学校、教师对学生的管理和教育,以教育者主导,凌驾于学生之上,向学生简单传递着社会、学校和家庭对他（她）们的要求,弱化了学生作为主体的核心意识。

（三）思政教育存在功利化倾向

思想政治教育属于意识形态范畴,具有长期性、复杂性等鲜明特点,其价值实现则是隐性的。而由于高职院校对短期效益的盲目追求,导致高职思政教育存在不同程度的功利化倾向。如从学校层面更重视直接效益的工作投入,对思政教育按部就班;从家长层面以实现就业为目标,更加重智育,疏德育,急功近利;从辅导员层面则是学生工作不出事即可,对真正有价值的思想政治教育缺乏投入;从学生层面包括通过强化专业学习为工作做准备,通过考证、入党为就业增强筹码等。这些看似合理的想法都是功利思想的现实显现,给高职思政教育价值实现带来了消极的负面影响。

（四）载体、渠道受限,方法简单

当前,高职思想政治教育虽然在不断努力尝试创新发展,但受限于理念认识、体制机制、学校现状、队伍能力、工作压力等因素,其价值实现载体缺失、渠道狭窄、方法简单等问题仍大量存在。如教育教学照本宣科、方法单一;信息传递单向灌输,缺乏双向沟通;安于现状、缺乏创新思政教育载体和平台的能力和勇气;整合多学科知识和利用新技术手段创新渠道的意识和方法不足;校园文化建设投入不多、缺少顶层设计、层次参差不齐、学生参与积极性差,导致文化育人、隐性育人成效欠缺等。当然,这与思政教育形式、观点匮乏密切相关,由于内容形式千篇一律,与新时代发展特点、与国内国际形势、与个人成长需求、与思想生活实际、与热点难点焦点等脱节。这些都严重阻碍了高职思政教育价值的有效实现。

（五）思政教育联动机制缺乏

高校立身之本在于立德树人。立德树人是一个复杂的系统工程。只有当主体、客体、介体等各要素、各环节相互协调、联动一致时,思想政治教育价值才能得到最大实现。从社会层面看,很多高职院校未能将立德树人置于社会背景下考量,尚未有效构建学校、家庭、社会三方互动、联合双向、立体交叉的价值实现体系,教育资源未得到有效整合共享;从学校层面看,部分学校仍深陷思想政治教育工作部门孤军奋战的泥潭,部门各自为政、辅导员职责不清等现状仍未得到有效解决,学校内部全员、全过程、全方位育人的协同联动机制尚未完全形成,实现价值的合力不足。

三、习近平新时代中国特色社会主义思想指导下高职思想政治教育价值实现的途径

新时代,高职思政教育必须以习近平新时代中国特色社会主义思想为指导,坚定立德树人的信仰,坚持以人民为中心的原则方法,遵循思想政治工作规律、教书育人规律与学生成长规律,建设与人的全面发展相一致的高职思想政治教育价值实现体系,把思政教育价值实现与人的全面发展、与培养担当民族复兴大任的时代新人的历史使命有机统一起来。

(一)坚持以理想信念教育为核心,突出思政教育价值实现的政治性

"一个国家、一个民族、一个政党,任何时候任何情况下都必须树立和坚持明确的理想信念"。[2]高职思想政治教育必须以理想信念教育为核心,坚持用习近平新时代中国特色社会主义思想武装大学生,把立心铸魂放在首位,突出价值引领的政治导向性。要教育引导学生深刻认识中国进入新时代的新的历史方位,深刻领会习近平新时代中国特色社会主义思想的精髓,深刻认识社会主要矛盾转化的阶段性特征,深入开展"三观教育"。让青年学生正确认识世界和中国发展大势,正确认识中国特色和国际比较,正确认识时代责任和历史使命,正确认识远大抱负和脚踏实地,从而更加坚定中国特色社会主义道路自信、制度自信、理论自信和文化自信,引导大学生把承担"时代责任和历史使命"转化为内在的自觉意识,并把远大抱负落实到实际行动中。要把培育和践行社会主义核心价值观贯穿于教育教学全过程,确保落地、落细、落实,引导他们"扣好人生的第一粒扣子"。要充分利用重大节庆日、重大事件纪念日、民族传统节日等,创新载体建设,开展爱国主义教育、革命传统教育、传统美德教育等,打造特色鲜明、内容向上、学生喜欢的主题活动,弘扬民族优秀传统文化,提升学生的情感认同、价值认同、政治认同和信仰认同。

(二)坚持以素质教育为基础,突出思政教育价值实现的针对性

新时代高职思政教育以培养担当中华民族伟大复兴大任的时代新人为价值目标和历史使命。扎实推进素质教育是实现思政教育价值的基础工程。促进学生的全面发展是高职思政教育的"质量线"。要充分认识并尊重学生的主体地位,坚持"素质本位"的思想,建立全面、科学、可持续发展的人才观;要尊重学生价值选择,鼓励大学生充分发展;要尊重学生的个性特点与成长规律,因人施教,因材施教,真正实现"不断提高学生思想水平、政治觉悟、道德品质、文化素养"的价值目标。坚持以课堂教学为主渠道,把实现中华民族伟大复兴的使命责任以及习近平新时代中国特色社会主义思想融入各类教学之中,提升学生思想素质;要创新开展中华优秀传统文化教育,切实加强校园文化建设,注重培养优良的校风、学风,充分发挥其导向、凝聚、激励、调适等育人功能;以"理想信念培育工程""校规校纪教育工程"等提升学生行为道德修养;以"学风建设工程""励志助学工程"等提升学生学习能力;以"职业道德培育工程""职业能力提升工程"等提升学生社会能力;以"实践创新能力培养工程""职业技能赛事工程"等实现提升学生实践创新能力;以"校园文化建设工程""精品项目创建工程"等提升学生人文素质,将思政教育的潜在价值逐渐转化为显性价值,促进学生立德强能,全面发展,健康成长。

(三)坚持以学生为中心的原则,突出思政教育价值实现的人本性

思政教育价值的有效实现必须树立以学生为中心的原则导向,坚持学生的主体地位,做

到围绕学生、关照学生、服务学生。从新时代特点出发,从学生成长阶段的生理及思想特点出发,从学生的日常生活、学习等各个方面围绕学生、了解学生;要打破传统的师生地位尊卑观念,树立新时代平等的、朋友式师生关系,尊重学生;要以生为本,想学生之想,急学生之急,解学生之难,将解决思想问题与解决实际困难相结合,切实关照学生;要注重建设高雅优美的校园环境,使校园处处彰显文化育人、处处蕴含人文关怀;要进一步强化学生日常精细化管理,完善信息闭环报送系统,在预防突发事件的同时,提升学生自我教育、自我管理、自我服务和自我监督的能力;从大处着眼、小事做起,在学生学习、生活、工作等方方面面和成长、成才的各个环节热心服务学生,努力建构、完善高职学生日常管理服务、就业指导服务、心理健康咨询服务、励志助学服务、学生自我服务等,融教育、管理与服务于一体,努力打造全程化、全员化、多元化和个性化服务体系,加强服务管理,创新服务方式,提高服务能力,实现日常思政教育主阵地价值,满足大学生在学习、生活和活动等方面的合理需求。

(四)坚持以改革创新为动力,突出思政教育价值实现的实效性

习近平指出:"做好高校思想政治工作,要因事而化、因时而进、因势而新。"新形势下,以习近平新时代中国特色社会主义思想为统领,坚持改革创新是实现高职思政教育价值的动力源泉,也是反映时代要求、体现时代主旋律的必然要求。要坚持思政教育的核心地位,以实现各部门联动互助为重点统筹建立健全党委统一领导、部门分工负责、全员协同参与的联动机制;加强顶层设计,实施思政质量提升工程;完善制度规范,建设思政教育质量管理与评价监控体系;以改革创新精神促进思政工作队伍建设,推进辅导员专业化、职业化发展;建构学校、家庭、社会三方互动、立体交叉的价值实现体系,凝聚工作合力;努力健全全员育人、全过程育人、全方位育人的体制机制。要推进高职思政教育理论课改革创新,坚持潜心问道与关注社会相统一的原则,重构理论体系,实现习近平新时代中国特色社会主义思想进教材、进课堂、进头脑,增强思想政治理论课课程内容的时代性、规律性与创造性,增强教学过程的吸引力、说服力与感染力,充分实现主渠道教育价值。要创新思政教育价值实现的载体与方式方法,充分运用新时代新媒体新技术,实现多渠道多媒介多载体多形式,注重理论与实践相结合、育德与育心相结合、课内与课外相结合、线上与线下相结合,切实提升思政教育的亲和力和针对性,打通"三全"育人的"最后一公里"。

中国特色社会主义进入了新时代。高职思想政治教育在新时代的历史方位下必将面临许多新情况、新课题、新机遇和新挑战。高职思政教育必须以习近平新时代中国特色社会主义思想为指导,立德树人,创新发展,方能永葆生机与活力,有效实现思政教育价值,努力培养德才兼备的担当民族复兴大任的时代新人。

[参考文献]

[1] 张烁.习近平在全国高校思想政治工作会议上强调:把思想政治工作贯穿教育教学全过程 开创我国高等教育事业发展新局面[N].人民日报,2016-12-09(1).

[2] 王刚.抓好高校思想政治工作应处理好的六个关系[J].思想理论教育,2017(3):21-26.

[3] 任中普.坚定"四个自信"办好人民满意的教育[N].安阳日报,2017-08-11(6).

高职院校形势政策课加强爱国主义教育的教学方法探讨

——以"多维视角下的中印关系现状及不对称需求"课程为例

山东商业职业技术学院　罗金凤

摘　要：课程思政是当前高校思政课的一个重要改革方向，形势政策课作为高校开设的一门重要思政课程，如何借助这门课程加强对大学生进行爱国主义教育？本文从形势政策课进行爱国主义教育要因"时"而行，因"势"而发；爱国主义教育不是"设计"出来的，而是与课堂教学内容衔接自然而成；爱国主义教育不是"讲授"出来的，而是教育者内心真挚感情的自然流露等方面进行了论述。

关键词：形势政策课　爱国主义　教学方法

作者简介：罗金凤，女，1966年出生，研究员，山东商业职业技术学院商德研究所所长，硕士研究生，研究方向：大学生思想政治教育，大学生创业教育，高校质量管理。

高职教育培养的是高素质技能型人才，但这并不否认高素质技能型人才与大学生必须具备的社会责任感和爱国主义精神的矛盾冲突，爱国主义教育是我们中国社会主义大学必须坚守的阵地和方向，是不容置疑也不能动摇的。形势政策课除开阔视野，增加学生知识的宽度和厚度外，更重要的是通过这门课，让学生了解当前国际国内的政治、经济和国家安全局势，了解中国在当前国际社会的地位和影响，以及在国内国际事务中所采取措施的必要性，从而使大学生更好地了解和理解中国政府的国策和外交政策，能够站在国家利益这个至高点上，更好地理解中国，以培养大学生的社会责任感和国家利益至上的爱国主义情怀。所以，高校的形势政策课不单单是扩大大学生知识面的一门基础思政课程，同时也是能够较好承担对大学生进行爱国主义教育这一任务的一门课程。所以，高校形势政策课无论对讲授专题的选择上还是对任课教师的授课方法和爱国情感、社会责任感的素质要求上，都有很高的要求。

一、形势政策课进行爱国主义教育应注意的几个问题

在当前进行课程思政改革建设的重要时期，探索形势政策课的思政问题是非常有意义的教学活动。这学期我承担了形势政策课"多维视角下的中印关系现状及不对称需求"专题讲授，在教学实践中，以爱国主义为主线，将对大学生进行爱国主义教育的思政内容贯穿到整个形势政策课专题讲授中，取得了比较满意的教育效果。

（一）因"时"而行——时间要正"当时"

爱国主义教育首先是一种认知教育，其次是一种情感教育。对大学生这个年龄段和所经历的教育而言，无论是认知还是情感都不是初级、盲目、感性的，它是一种深沉的内化于心的深层理解和心理共鸣——深刻而持久。大学生已是比较成熟的个体，而当前在校的大学生多是90年代末的青年，他们相比于"80后"更独立、更理性、更自我，信服但不盲从，怀疑性地接受，批判性地思考，保留性地信任是他们典型的思维特征。所以，对他们所进行的一

切情感教育,必须是自然地流露,诚实地对话,而非强迫式地灌输、说教。所谓自然地流露——时机的选择就是最关键的要素之一。

1.以时间为轴,将国家重要纪念日作为进行爱国主义教育的切入点。国家一直非常重视对大学生的爱国主义教育,尤其是近几年,国家越来越重视对我国青少年的爱国主义教育,法定设立了好几个重大国家纪念日,将爱国主义教育的重大纪念日固化,使爱国情感能以时间的形式串起得以寄托。学校各级组织和个人都可以成为进行爱国主义教育的实践者和传播者。高校思政课教师作为大学生三观教育的主要引路人,更应充分利用国家设立的重大爱国主义教育节日,在自己各门课程的教学过程中,恰如其分,恰到好处,自然、真诚地向学生讲解有关的历史背景,探讨国家未来的发展,检讨我们存在的一些弊端陋习,共谋解决问题的良策,用数据说话,用实例证明,用真情感染。

比如每年农历五月初五的端午节是纪念伟大爱国诗人屈原的日子,教师可利用这一节日,以屈原不屈的爱国精神,激励学生的爱国情感;每年的9月18日是日本军国主义发动侵华战争的纪念日,教师告诫学生永远不忘屈辱,只有自强才能拯救国家,民族才有尊严,人民才有希望;9月30日,是法定的烈士英雄纪念日,教师可以在课堂上和课下教育学生通过各种形式表达对先烈的缅怀之情,以此弘扬革命精神、传承先烈遗志,学习他们热爱祖国的崇高品质、无私奉献的高尚情操、舍生取义的大无畏精神。激励学生砥砺前行、奋发作为,为实现中华民族伟大复兴的中国梦不懈奋斗!10月1日国庆节,是对学生进行爱国主义教育的绝好时机,教师可在国庆前后的课堂讲授中随堂插入有关国家独立自强、落后就要挨打的相关内容,激发学生独立自强的爱国情怀;12月13日,是南京大屠杀死难者国家公祭日,教师可利用这一纪念日,告诫学生,我们要谨记南京大屠杀给我们带来的伤痛,牢记历史,勿忘国耻!为祖国强大而发奋努力;12月9日,是爱国运动纪念日,教师可利用这一纪念日与学生共勉,爱国是当代青年必须履行的神圣使命,1935年的大学生已经给他们树立了榜样,在这个特殊的日子里,是最能激起学生的爱国情怀的。

2.以当前发生重大事件为"引子",将爱国主义教育及时切换到课堂。比如在讲授"多维视角下的中印关系现状及不对称需求"这个专题时,我首先介绍了2017年6月18日发生在中国洞朗地区印度越界武力干预我国军队修路的"洞朗"事件的始末情况,也分析了在中印对峙时期,美日印针对中国在海上搞联合军演的情况及原因,同时向学生表明,中国最近几年周边发生的一切领土纷争问题都与美国的干扰分不开,面对强大美国的干预,我们必须非常冷静理性地处理周边的关系,只有我们的国家真正强大起来才能排除干扰解决好一切问题。这种爱国情感的输入是基于对国家未来发展的美好祝愿和理性思考。

(二)要因"势"而发——借"势"要准

对于90末的大学生,任何情感的输入,如果采用灌输或虚假的"表演"去影响感染他们,不但达不到应有的教育效果,甚至很有可能适得其反,爱国主义情感不但没有激发,可能整节课的教学效果都会受到影响,甚至可能对教师本人的师德产生怀疑。情感的渲染和传播需要借助一定情境和事件,需要借"势",这里是借而不是"造",两者之间的本质区别在于,前者是事实发生,而后者是事实可能不存在,或根本不值得去讨论。比如在讲中印关系的"洞朗"事件时,在僵持两个多月的8月28日下午,最后以印度的退兵结束整个事件后,中国正在厦门承办金砖国家会议,9月5日,习近平总书记接见印度总理莫迪后,说了这么一句话:

希望印度能够正视、理性看待中国的发展。这句话有很深的历史渊源和现实针对性。早在20世纪50年代中期,在中印关系的"蜜月期",印度就有中国"威胁论"的说法,随着现在中国的日益强大,印度对中国的发展壮大更加心怀不满,当时我介绍完中印关系历史渊源后,话锋一转,设计了一个问题:谁能说出几件证明中国强大的主要事件?供学生思考解读评说,学生立马兴奋进入热议状态,有的说高铁,有的说支付宝,有的说军事武器,等等,我因势利导:我们国家确实取得令人瞩目的成就,国富民强,民族自豪感和自信心越来越强,作为一个中国人由衷地感到自豪和骄傲!现在的留学生、科技工作者纷纷回国就是例证。学生当时的眼睛是明亮的,随着我饱含热情的讲解而频频点头,我知道,学生爱国的情感是和我一样真诚而热烈的。

（三）要设"问"而导——启发学生思考

比如在我讲解选择中印关系作为本学期形势政策课的选题主要原因时,是因为2017年6月份"洞朗"事件的发生,而在事件僵持对峙的关键时期,印度曾公开表示:印度已不再是1962年的印度。而中国当时毫不客气地回应:中国也不是1962年的中国。我当时讲完1962年的中印之战后,向学生设问:从1962年到2017年,时隔55年后,印度为何炮制"洞朗"事件?由于学生专业和性别不同,学生对这个问题的了解程度差别也很大,有的学生回答说:因为印度有美国的支持;有的分析认为,印度现在强大了,但更多的同学对此不知一二。对于这个问题我没有过多地讲解,而是留作课下作业,让学生分成小组,自己寻找答案,最后小组形成报告,小组成绩作为个人成绩记录在考试中。

二、形势政策课进行爱国主义教育的几种教学方法

（一）历史再现法

我个人认为,形势政策课不是专业性和系统性特别强的一门课程,其主要目的是开阔学生视野,增强学生责任感和分析问题解决问题的能力,形势政策课这门课是唯一可以随时把国际、国家大事"搬进"课堂的课程,而无论国际、国内形势的选题,都与中国密不可分,因为随着中国的强大和在国际事务中的影响力,中国是绕不开的一个国家,所以这门课可以更加自然顺畅地被学生接受并将爱国主义教育融入课堂教学活动。而最好的实现,就是利用开课前的两三分钟,把中国历史上的今天发生的事情或能激发学生爱国热情的,或耻辱的能激励学生奋斗的,或立志的能激励学生奋发向上的,都可以搬进形势政策课的课堂。

（二）故事叙述法

说教是年轻大学生最反感最不愿接受的一种教育方式,所以在爱国情感的输入时,我采用了故事叙述法,讲述事实,用事实说话,让学生自己学习、接受。比如,在讲述中印关系第一阶段"蜜月期"后即20世纪50年代末时,印度的"中国威胁论"已露端倪,借助讲解当时中国艰难的困难历史时期,我讲述了以钱学森为代表的老一辈科学家舍弃优渥的国外条件,以身许国,响应党和国家的召唤,冲破重重障碍和阻力,毅然回到祖国,义无反顾地投身到"两弹一星"这一神圣而伟大的事业中来,隐姓埋名,将自己的智慧和生命都奉献给祖国军事和航天科技事业的故事。也讲述了当代中国天眼首席科学家和总工程师南怀仁,用22年默默的奉献诠释着对祖国赤诚的热爱的故事。这些感人事例的讲述,大部分学生是听进去并感受到了。

（三）问题讨论法

问题讨论法分为随堂讨论和课堂下讨论两种方式，随堂讨论即课堂上教师围绕教学内容进行相关的问题讨论，这种问题应该是比较简单、常识性的，大部门学生经过简单思考回答上来的问题，比如，在讲完中印关系专题第三部分——中印两国各自对对方的不同需求后，我设问："面对印度对中国的需求，中国应如何处理中印关系？是置之不理还是直面需求——沟通、协商，积极维护两国关系？"因为有了前面我的讲解分析作为基础，所以，更多同学坚持对中印关系的处理上采取更为积极的沟通、理解、协商的方式，爱国要理性！这是这一问题对同学们的启发和思考，我也很顺利地过渡到第四部分的讲解。课堂下讨论一般都需要学生查找相关资料，经过分析思考才能得出结论的问题，教师运用这样的方法，一般都是提前将问题布置给学生，让学生在课下进行准备。比如，对于2017年中印"洞朗"事件对峙紧张时期，中印双方的"印度已经不是1962年的印度"和"中国也不是1962年的中国"，代表两国各自立场有很深的历史和现实意义的两句话，是需要学生课下查找很多资料，做许多比较思考才能回答的问题，而且因为查找资料的多少和各自思考问题的方式和方法不同，最后的结论也很可能千差万别，所以，我提前划分了学习小组并布置了作业，课堂上以小组为单位阐述观点，对于不同的理解和分析，各小组成员还进行了补充和辩解，通过这种方式的学习，学生更多围绕"中国也不是1962年的中国"这句话进行了讨论，既对1962年中印之战中国大获全胜感到自豪，更对当前中国军事科技经济等高速的发展充满了自信和骄傲，尤其结合中共十九大的召开，学生对未来中国的发展充满了信心和希望。

（四）比较分析法

我个人认为比较分析法是进行爱国主义教育较为有效的办法，因为有比较才能找差距，有比较才能找原因，有比较才能明事理（满足感、自豪感）。中印两个国家同属于亚洲发展国家，从历史发展背景、建国时间、人口等很多方面都有很相似的地方，现在因为"洞朗"事件的发生，两国的矛盾冲突提到日程上来，冲突主要原因除边界之争外，另一主要原因是，印度认为日益强大的中国对其发展构成了"威胁"，我在分析这一问题原因时，穿插了中国现在的高速发展所取得的巨大成就，比如中国"新四大发明"实例讲解法，中国人习以为常的网购让外国人目瞪口呆，高速发展的铁路，让我们日行数万公里，绵延无限长的中国没有了距离，我们没有王维"西出阳关无故人"的悲凉，朋友相见成为"瞬间"的事，等等，中国的发展，无不让我们感到自豪和骄傲！

（五）视频"冲击"法

信息时代的大学生更喜欢通过直观的方式接受新的东西，而视频"冲击"法是对大学生强化爱国主义情感的有效方法之一。比如，在讲到"中国也不是1962年的中国"中印对峙时，我就用了视频冲击法，我用快速递进的方法，和同学们共同观看了2017年7月30日，中国为庆祝"八一"建军节而举行的建军90周年内蒙古朱日和"沙场点兵"阅兵式，激昂奔放的画面激起了同学们强烈的自豪感和爱国热情，看到英姿飒爽的军人和各种新式武器出现在画面时，同学们都热情地鼓掌。比如，国庆节过后和党的十九大召开前后上课时，我和同学们一起观看了部分庆祝国庆和迎接十九大召开的相关视频，同学们无不为祖国这几年取得的巨大成就而欢欣鼓舞！

三、几点体会与思考

在进行课程思政爱国主义教学实践过程中,有以下几点体会和思考。

1.情由景生——爱国主义教育不是"讲授"出来的,而是教育者内心真挚感情的自然流露。学生的眼睛是雪亮的,任何的虚假和欺骗对学生来讲都是致命的。思政课教师作为育人第一课堂的主要承担者,其政治觉悟、思想境界、理论水平、道德良知、行为规范等都对大学生产生直接的积极或消极的作用。作为一名思政课教师,能够让学生听其言、信其道、践其行,这是对教师最大的褒奖也是最好的教学效果。要想做到这一点,教师除具备扎实的理论功底、先进的教学方法外,还有一个更为重要的因素,就是教师的用"情"一定要突出一个"真"字。作为90末的当代大学生,他们突出的一个特点是不盲从,对一切事物都有自己的判断和思考,所以,作为老师只有用真实的感情才能打动他们,否则会起反作用。教师要想做到这一点,必须自己信其道,对我们祖国充满无限热爱之情,才能在课堂上用实例打动学生,用情感感染学生。比如,在国庆节前上专题课时,我设计了:祖国我想对您说这个环节,除了让同学们自由表达对祖国的热爱之情外,我还借助人民日报微博发起的《我爱你中国》人人唱这个话题,情不自禁地给学生唱了这首歌,同学们被我的真挚的感情打动,热烈地鼓掌,在这样的氛围里,我不由自主地在学生面前大声说出,祖国母亲我想对您说:我爱你中国! 这时我看到了同学们眼里的感动、热情和希望!

2.顺势而为——爱国主义教育内容不是"设计"出来的,而是与课堂教学内容衔接自然而成。教学中任何的牵强附会都是对教育工作本身和教育对象的极大不尊重,也是教师职业规范不允许的。爱国主义教育不是强加给形势政策课的必需任务,而是教师本身根据各专题内容将爱国主义教育内容两者有机融合的一个过程,教师切忌生搬硬套、牵强附会,为说爱国强"设计",要顺势而为,让学生自然感受爱国主义教育内容是教学内容的必须补充,而不是老师一厢情愿地强加,不然会适得其反,不但爱国主义教育目的没有达到,课程本身的教学目的也没有完成,进而影响到今后老师的教学任务的完成。

3.理性爱国——爱国主义教育不是盲目歌功颂德,而是具有国际化比较视野的自我激励和责任担当。在将爱国主义教育内容与授课内容有机融合的同时,作为思政课教师还必须注意另外一个问题:爱国不是盲目歌功颂德,要教育学生理性爱国:既不能盲目排外,也要正视我们国家存在的问题,只有敢于面对现实和问题的人,才能敢于承担、解决问题。比如,在国庆节后上形势政策课时,我首先带领学生简单回顾了这五年取得的巨大成就,但同时也向同学们列举了我们国家存在的一些问题,比如,科技创新能力不太强,与美国、德国、日本等发达国家还存在很大差距;比如,我们的贫富差距还很大,很多偏远落后地区人民生活还需要改善;比如,我国国民素质与经济高速发展不相匹配,国民文明素质经常被世人诟病问题,等等,这些问题的列举,并没有降低学生对祖国的热爱之情,我话锋一转,激励学生:面对这些问题,我们要正视它,正视它是为了改变,所以我们每个大学生都要有敢于担当的社会责任,放眼未来,将自己理想与国家命运紧密相连,从自己做起,学好本领,为国家的更加强大富强和民族复兴而奋斗青春。学生没有为我找出我们国家存在的问题而"士气低落",反而为我对他们的鼓励而情绪热烈,这样的效果是每个教师都愿意看到的。

［参考文献］

［1］罗金凤.高职院校形势政策课授课方法探讨[J].广东农工商职业技术学院学报,2013(6).

［2］戴良燕.以中国梦统领高校形势政策课的爱国主义教育[J].广西教育,2016(5).

［3］姜威.大学生爱国主义教育的"三个结合"[J].高校理论战线,2005(7).

高职院校大学生志愿服务德育功能探析

嘉兴南洋职业技术学院 吕 娜

摘 要：本文从高职院校大学生志愿服务入手分析其德育功能，依据大学生志愿服务的理论研究和实践探索，采用调查问卷的形式，把定性研究和定量研究相结合，从德育的个体性功能和德育的社会性功能两个方面进行分析，从政策保障、时间保障、质量保障、宣传保障和经济保障五个方面探寻大学生志愿服务德育功能的实施路径，以促进大学生志愿服务的长远发展，充分实现其德育功能。

关键词：高职院校 大学生 志愿服务 德育功能 实施路径

作者简介：吕娜，女，1988年出生，硕士研究生，研究方向：高校学困生帮扶机制和高校学生德育路径。

一、研究目的及意义

（一）研究背景

党的十八大报告明确提出："把立德树人作为教育的根本任务，培养德智体美全面发展的社会主义建设者和接班人。"《高校思想政治工作质量提升工程实施纲要》把实践育人列入"十大"育人体系，坚持理论教育与实践养成相结合，构建实践育人质量提升体系，并把志愿服务作为实践育人的重要形式。

大学生志愿服务以弘扬雷锋精神为主题，以青少年学生为重点，以社会志愿服务为载体，秉承奉献、友爱、互助、进步的志愿精神，通过讲文明树新风、扶危济困、大型社会活动、应急救援以及志愿西部服务计划等形式，使得大学生志愿者成为良好社会风尚的倡导者，社会主义精神文明的传播者、实践者，充分发挥了志愿服务的德育功能。

因此，以大学生为参与主体的志愿服务，不仅是大学生参与社会实践的新的活动载体，也是高校德育工作的新载体，对于培育和弘扬社会主义核心价值观，贯彻教育与生产劳动和社会实践相结合的教育方针具有重要而深远的意义。

（二）高校德育现状

进入21世纪以来，高校德育工作得到进一步重视，内容不断丰富，形式不断拓展，取得了很大成绩，积累了宝贵经验，但是重理论轻实践、重知识传授轻能力培养的问题仍然比较突出，造成学生所学理论无法指导实际行为，而实际行为又无法得到道德法规的制约，使得学生"学校人"与"社会人"脱节，这是当前高校育人面临的实际问题，也是德育育人功能得以充分发挥急需解决的关键所在。

（三）高职院校学生特点

高职院校大多数学生文化基础较差，学习起点低，学习兴趣不足，知识体系未形成，缺少责任感及奉献精神，价值体系不健全。但是与此同时他们朝气蓬勃，有强烈的成功意识，动手能力和实践能力较强。形式多样的志愿服务活动有利于在充分发挥学生实践能力的基础上培育学生的奉献精神,是高职院校德育的有效载体。

二、大学生志愿服务概述

(一)大学生志愿服务的内涵

当代中国最早的志愿服务始于毛泽东同志 1963 年发出的"向雷锋同志学习"的号召,在全国范围掀起了"学雷锋"的热潮,"学雷锋"活动可以说是中华人民共和国成立初期最具有志愿服务色彩的行动,为以后志愿服务事业在中国的发展打下了良好的基础。到了 20 世纪 90 年代,我国开始采用国际社会对公益活动的通用表述——"志愿服务",其间经历了大概 30 年的时间。

2013 年 12 月 2 日国务院新闻发布会发布《中国青年志愿者行动 20 年报告》,截至 2013 年 11 月底,全国所有的省区市和市地州盟、2763 个县市区旗,以及 2000 多所高校建立了青年志愿者协会,并建立了 13 万个志愿服务阵地,形成了比较完善的组织体系;经过规范注册的青年志愿者达 4043 万。[1]

中国社会工作协会志愿者工作委员会在《章程》中第四章第十二条中写道:志愿服务是任何人自愿贡献个人时间和精力、在不为物质报酬的前提下,为推动人类发展、社会进步和社会福利事业而提供的服务。志愿服务主要领域包括扶贫济困、助老助残、社区服务、生态建设、大型活动、抢险救灾、社会管理、文化建设、西部开发、海外服务等。[2]

(二)志愿服务的特点

从志愿服务的定义来看,大学生志愿服务具有以下主要特点:

第一,自愿性。志愿服务是志愿者基于自觉自愿的原则,用自己的热情和爱心主动帮助他人、服务社会。志愿者可以参与志愿服务组织开展的志愿服务活动,也可以自行依法开展志愿服务活动。[3]自愿性是志愿服务不同于其他社会行为的根本性前提。

大学生志愿服务不同于思想政治理论课的灌输教育方式,而是充分发挥大学生的主观能动性。大学生基于自由意志,按照个人的意愿和兴趣,自主报名参加各式各样的志愿服务项目,以自己的爱心和行动服务他人、奉献社会,并在志愿服务活动中实现自我价值。[4]

第二,无偿性。志愿服务不同于追求经济效益最大化的经济行为,志愿服务的宗旨是帮助他人服务社会,不受利益的驱使,不以获得报酬为目的,所以志愿服务具有无偿提供服务的特点。

第三,公益性。大学生志愿服务传承自"为人民服务"的雷锋精神,雷锋精神的一个典型的标识是以服务人民为最大幸福,以帮助他人为最大快乐。

三、调查问卷分析

(一)调查范围

本次调查问卷基于大学生志愿服务是我校的品牌项目,在校青年志愿者总队和各分院志愿者大队的努力和耕耘下,形成了几大品牌,产生了较好的口碑。从 2015 年到 2017 年,平均每年开展志愿活动 300 次左右,平均每年受益人数在 1000 人次左右。因此本次调查问卷的研究范围是某分院在校大学生,通过网络发布调查问卷。

（二）调查问卷的设计

本次研究所需要的数据通过调查问卷的形式获得,问卷设计主要采用单选题、多选题和排序题的形式。

本研究的问卷大体分为四个部分:

第一部分主要是受访者的个人资料,包括专业类别、年级、政治面貌。这一部分采用单选的方式。

第二部分对于是否参加志愿活动进行逻辑设置,没有参加过志愿服务的跳转到关于志愿者和志愿服务的看法以及不参加志愿服务的主要原因。

第三部分主要调查志愿者参与志愿服务的动机、时长、活动内容、活动获得渠道以及对自我参与志愿活动的评价。这部分由受访人根据自身参与志愿活动的情况做出回答。

第四部分主要调查志愿者与非志愿者之间的德育差异和对社会的影响,旨在探寻大学生志愿者的德育功能。

四、样本描述和调查分析

1. 此次调查问卷回收 98 份有效问卷,其中有 87 人参加过志愿服务,11 人不曾参加志愿服务。其中 80.6% 为工科类学生,19.4% 为文科类学生。

2. 在 98 个调查对象中,75.5% 为共青团员,18.4% 为中共党员或预备党员。通过对受访者的政治面貌和志愿时长进行交叉分析发现,60% 的中共党员,46.2% 的预备党员,11.7% 的共青团员,20% 的群众的志愿时长在 60 小时以上。这说明中共党员或者预备党员志愿活动的积极性更高。见表 1。

表 1　不同政治面貌志愿者的志愿时长分析

	中共党员	预备党员	共青团员	群众
1≤X≤20 小时	1	2	31	2
	20.00%	15.40%	45.60%	40.00%
20<X≤40 小时	1	1	19	1
	20.00%	7.70%	27.90%	20.00%
40<X≤60 小时	0	4	10	1
	0.00%	30.80%	14.70%	20.00%
60<X≤80 小时	0	2	2	0
	0.00%	15.40%	2.90%	0.00%
80 小时<X	3	4	6	1
	60.00%	30.80%	8.80%	20.00%

3. 受访者参加志愿者服务活动的最主要原因是丰富课余生活,提高自己,这说明受访者参加志愿服务的动机更多地关注自我的提高,即个体成长。见表 2。

表2　参加志愿活动的不同原因所占百分比

丰富课余生活提高自己	关注弱势群体帮助困难人群	获得相应的加分或者奖励	想多结识些朋友	有趣
50.5%	16.5%	14.3%	11%	7.7%

4. 59.3%的受访者表示自己在参与志愿服务活动的过程中很开心。89%的学生在这过程中有积极的心理感受。见表3。

表3　参加志愿服务活动时的不同心理感受所占百分比

很开心	大多时候很开心	感受比较复杂	大多时候不开心
59.3%	29.7%	11%	0

5. 47.3%的受访者认为自己参加志愿活动为社会做了力所能及的贡献。90%的受访者对自己参加志愿活动的效果做出了积极评价。见表4。

表4　参加志愿活动后的不同评价所占百分比

为社会做了力所能及的贡献	发掘了个人潜力,锻炼了自己	大多志愿活动流于形式,缺乏实际意义	认识了很多朋友	精神上得到了满足	占用时间太多,影响了学习、生活和工作
47.3%	29.7%	9.9%	8.8%	2.2%	2.2%

6. 72.4%的受访者对身边热心参加志愿活动的同学表示敬佩,并想要向对方学习。84.6%的受访者对身边热心参加志愿活动的同学持有积极看法。但也有5.1%的受访者认为身边有些人参加志愿服务带有明显的功利性。见表5。

表5　对身边热心参加志愿活动的不同看法所占百分比

敬佩,并要向他/她学习	佩服,但是不会效仿	无所谓,没什么感觉	功利性明显	太傻了
72.4%	12.2%	10.2%	5.1%	0

四、大学生志愿服务的德育功能分析

(一)德育内涵

从教育学的角度来看,德育内涵的界定有广义和狭义之分。从广义上看它包括政治教育,即政治方向和态度的教育;思想教育,即世界观和方法论的教育;道德教育,即人的行为准则或道德规范的教育。从狭义上看,它指的是道德教育。[5]本文对大学生志愿服务的德育功能分析基于广义的德育概念。

德育功能可以归纳为"德育系统内容诸要素之间以及系统与环境之间相互作用所产生的结果。"[6]这其中就蕴含着德育功能的分类,即德育的个体性功能和德育的社会性功能[7]。德育的个体性功能是指德育对德育个体发展所能够产生的实际影响[8]。德育的社会功能是指德育对他人或者整个社会所能够产生的实际影响。

(二)大学生志愿服务的德育个体功能

59.3%的受访者表示自己在参与志愿服务活动的过程中很开心。89%的学生在这过程中有积极的心理感受。8.8％的受访者通过参与志愿服务活动认识了很多朋友。29.7％通过参与志愿服务活动发掘了个人潜力，锻炼了自己。综上所述，大学生志愿服务通过服务他人、提高自己，具有使人心情愉悦、拓展人际关系、促进自我成长以及实现自我价值的德育个体功能。

（三）大学生志愿服务的德育社会功能

1. 我校大学生志愿服务活动领域涵盖社区服务、为大型活动或赛事服务、环境保护、支教（因职业院校学生文化基础知识较薄弱，所以在支教领域开展活动较少），在不同程度上产生了经济效益、生态效益和社会效益，为美丽中国、和谐社会贡献了自己的一分力量。见表6。

表6　我校大学生志愿服务活动领域

社区服务	大型活动或赛事	环境保护,节能宣传	助老扶幼	支教
70.3％	58.2％	47.3％	35.2％	7.7％

2. 72.4％的受访者对身边热心参加志愿活动的同学表示敬佩，并想要向对方学习。这说明热心参加志愿活动的大学生在同辈中具有较好的模范带头作用，能带动他人向自己看齐。

3. 93.8％的受访者认为志愿服务活动对社会风气具有积极影响，这说明大学生志愿服务活动在传递爱心、净化社会风气、弘扬社会主义价值观上具有正向作用。见表7。

表7　志愿服务活动对社会风气的不同影响所占百分比

积极影响	无影响	消极影响
93.8％	3.1％	3.1％

五、我校大学生志愿服务德育功能的路径探析

（一）我校大学生志愿服务开展的不利因素

表8　不利于志愿活动开展的各因素所占比例

时间因素,与个人生活或工作学习相冲突	活动形式陈旧,内容单调	活动宣传力度不够	自己不够专业,缺乏相应的培训	经济因素,参加志愿服务要自己掏腰包	法律因素,志愿服务中法律责任不清楚或志愿者权益保障欠缺	家庭或朋友因素,家人或朋友不理解
66.3％	10.2％	6.1％	9.2％	5.1％	2％	1％

1. 表8显示66.3％的受访者认为时间因素是影响自己参加志愿活动的最主要原因。这是因为大学课程较分散，志愿服务活动大多采用项目化运作，相对较为固定，一般采用招募的形式，先到先得，很难顾及大多数人的时间。

2. 10.2％的受访者认为目前开展的志愿活动形式陈旧、内容单调。我校志愿活动往往与固定的组织和单位签订合作协议，每月或者每周定期开展活动，服务对象整体相对稳定，这就使得形式和内容有一定的局限性。

3.6.1%的受访者认为活动宣传力度不够,不利于志愿活动的开展。志愿活动项目化运作以后,每个项目会有相对固定的成员进行策划和组织,活动后期往往以新闻报道和微信推文的形式呈现在学校官网和志愿者大队的微信公众号上,形式比较单一,对于校内学生吸引力有限,对于校外人员来说没有受众。这使得志愿服务项目在志愿者大队之外的学生基础比较薄弱,在社会的影响力也比较小,影响了学生参与志愿服务活动的积极性和成就感。

4.9.2%的受访者认为自己不够专业,缺乏相应的培训,影响自己参加志愿活动。志愿服务领域较广,涉及管理学、心理学、社会学、环保以及大型赛事或活动的相关专业知识,这直接影响到志愿服务活动水平和质量。

5.5.1%的受访者因为经济因素,对参加志愿服务心存顾虑。志愿活动的经费大多来源行政划拨,一般开展活动以后再找学校财务部门报销,这使得学生要先期垫付一部分金钱,这对于以父母生活费为主要经济来源的大学生来说是客观存在的经济因素。同时,志愿服务活动开支比较琐碎,报销手续烦琐,有些费用学生会选择自己承担。

6.除此之外,大学生开展志愿服务活动还面临着法律因素和周围人的不理解等不利因素,因比例较小在此不做详细分析和探讨。

(二)我校大学生志愿服务德育功能的路径探析

1.政策保障:《教育部关于深入推进学生志愿服务活动的意见》指出"把志愿精神纳入思想政治理论课教育教学,在《思想道德修养与法律基础》课中安排适当课时讲授相关内容,要在学生社会实践活动中加大志愿服务的力度,积极引导学生利用社会实践的机会开展志愿服务活动,可将学生志愿服务活动折算成社会实践学分",引导学生积极参与志愿服务,在服务他人的社会实践中锤炼品德、提升自身的综合素质。

2.时间保障:每周固定半天为全校无课时间,用以开展形式多样的社团活动和实践,这样志愿服务活动在参与面上得以扩大,在时间上得以保障。

3.质量保障:实施高校各志愿者大队走出去战略,加大与社会公益组织的合作,既可以充分利用对方的专业性使自身在组织和活动内容上得到专业指导和培训,同时可以共享公益组织的服务对象,拓展志愿项目,有利于自身志愿服务形式的多元化和服务内容的质量提升。

4.宣传保障:充分利用"3·5"学雷锋日和"12·5"国际志愿者日开展主题教育活动,宣传星级志愿者和志愿服务感动人物,并对先进典型予以表彰,使得志愿者成为令人骄傲的头衔,使得志愿故事在高校得以广为流传。同时,加强与当地媒体、电台的合作,使得高校志愿者走出去,使得大学生志愿先进人物走入寻常百姓,有利于提高大学生志愿者的社会认可度。

5.经济保障:鼓励学生党员、党员教师以党员身份加入志愿者。党员教师可以利用自己的人脉和学识,加强与社会公益组织的合作,为高校志愿者大队筹措资金。如"蒲公英"大队志愿者与嘉兴市秀洲区芯悦社工事务所建立合作关系后,积极参与秀洲区团委的创投项目,"孝亲敬老·共筑爱心"和"妙手生花·爱传万家"项目获得创投资金28000元。

[参考文献]

[1] 姜燕.从学雷锋到树新风:中国志愿服务历程[EB/OL].(2015-11-05)[2017-11-03].

http://hngy.wenming.cn/zyfwpx/201511/t20151105_2104064.shtml.

［2］共青团福建工程学院委员会.中国注册志愿者管理办法［EB/OL］.（2013-12-20）［2017-12-15］.https://tw.fjut.edu.cn/87/e2/c3240a34786/page.htm.

［3］中华人民共和国中央人民政府.志愿服务条例［EB/OL］.（2017-09-06）［2017-12-15］.http://www.gov.cn/zhengce/content/2017-09/06/content_5223028.htm.

［4］黄小玲.大学生志愿服务的德育功能研究［D］.南昌:南昌大学,2013.

［5］张念宏.教育学词典［M］.北京:北京出版社,1987:471.

［6］李太平.德育功能 德育价值 德育目的［J］.湖北大学学报（哲学社会科学版）,1999（6）:89.

［7］于红霞.大学生志愿服务的德育功能及实现［D］.延吉:延边大学,2012.

［8］檀传宝.学校道德教育原理［M］.北京:教育科学出版社,2003:31.

从共享单车的困境看高校公德教育的缺失

——以杭州下沙大学城为例

浙江经贸职业技术学院　王伟超

摘　要：共享单车的进驻在下沙引发了一系列不文明现象，而其中大学生群体对于共享单车的困境有着不可推卸的责任。大学生社会公德意识的淡薄反映了当前高校在公德教育上的缺失。高校应适应新形势的需要，开展行之有效的社会公德教育；转变教育理念，促进公德教育；进一步开展社会实践，在实践中形成健康的道德人格。

关键词：共享单车　大学生　公德教育

作者简介：王伟超，男，1987年出生，助教，硕士研究生，研究方向：思想政治教育。

2017年杭州下沙市民生活中一个显著的变化，就是共享单车的进驻。犹如一夜梨花开，共享单车散落在大学城的角角落落。共享单车的出现，对于解决"最后一公里"难题，促进绿色出行起到了积极的作用。然而，作为一种公共产品，随之而来的不文明现象却凸显了当前高校公德教育的缺失。

一、共享单车的困境

公共产品是相对于私人产品而言，具有消费或使用上的非竞争性和受益上的非排他性。共享单车作为一种新兴的公共产品，在运营不久也同样陷入了困境。具体可以概括为以下三种行为模式：

（一）公地悲剧

公地悲剧理论（Tragedy of the commons）是美国学者加勒特·哈丁在1968年的《科学》杂志上发表文章提出的。这个理论认为，在一个对所有人开放的公共牧地上，每个牧羊者为使自己的收益最大化，便不断侵蚀公地资源，最终带来的结果就是整个牧场环境的恶化。

根据这个理论，我们再反观下沙共享单车的现状。共享单车作为一种公共产品，由于其所具有的开放性和非排他性，导致许多使用者在使用过程中为了最大程度地获得个人便利，不惜毁坏车锁，划破二维码，更有甚者还给单车加上了私锁。这些不文明行为的频频出现，已经成为妨碍共享单车健康发展的主要原因。如果任其继续发展下去，最终破坏的将是整个共享经济的大环境。

（二）破窗效应

破窗效应（Broken windows theory）是由美国学者詹姆士·威尔逊和乔治·凯林在1969年的《大西洋月刊》杂志上发表提出的。该理论认为，如果有人打坏了一幢建筑物的窗户玻璃，而这扇窗户又得不到及时的维修，别人就可能受到某些示范性的纵容去打烂更多的窗户。

根据这个理论，我们不难发现，共享单车当前所遭遇的不文明现象，给许多本是单纯善良生活在象牙塔内的大学生群体带来了非常负面的影响。随着出现在单车上面的不文明行为越来越多,以及可供使用的单车越来越少,使得许多大学生也放弃了内心的操守,转而从单车上谋取私利,更有甚者直接把单车搬进了寝室,使其成了自己的"私家车"。

（三）羊群效应

羊群效应(The effect of sheep flock)也叫从众效应。该理论认为,由于存在对信息的不充分了解,许多人都是通过观察周围人群的行为而提取信息,在这种信息的不断传递中,许多人的信息将大致相同且彼此强化,从而产生从众行为。

根据这个理论,我们可以发现,共享单车的处境正变得越来越糟糕。原因很简单,因为有越来越多的人开始把共享单车当成免费的午餐。而其中大学生群体作为单车的主要用户,对于单车市场整体环境的恶化起到了不可推卸的责任。可以说,正是由于学生群体在面对公共产品时表现出来的随大流和从众性,最终导致共享单车陷入了如今的困境。

二、大学生社会公德意识淡薄的主要表现

通过对共享单车困境的分析,我们知道单车自身固然存在着设计缺陷及管理漏洞,但作为活动主体的人才是造成这些问题的主要原因,而其中作为主要使用群体的大学生更是难辞其咎。毋庸讳言,共享单车的出现又一次扮演了照妖镜的角色,把当代大学生存在的素质问题暴露无遗。

（一）公共意识淡薄

所谓公共意识,是指公民在面对公共产品、身处公共场所时所表现出来的思想境界及行为态度。随着我国现代化事业的不断发展,公共领域越来越成为人们社会生活的重要组成部分。但让人遗憾的是,当下大学生们的公共意识却没能跟上时代进步。在面对公共资源时,许多学生在个人利益和公共利益两者之间选择了前者,把个人利益凌驾于公共利益上的现象比比皆是,比如在公众场合大声喧哗,对公共财物肆意破坏,把公共产品视为己有,等等。这些现象的普遍存在,正是大学生公共意识淡薄的集中反映。

（二）社会责任感缺失

社会责任感是指个人对待社会的一种责任态度。大学生是青年中的优秀分子,是国家未来的中坚力量,大学生社会责任感的强弱直接决定了这个民族的价值取向。从当前共享单车的情况看,大学生群体在面对一些不良的社会现象时表现出来更多的是随大流和保持沉默。当单车成为"便车",许多学生还加入了"搭便车"的行列,并且习以为常。当社会正义受到挑战,大部分学生表现出来的是冷漠、逃避和利己主义,缺少站出来的勇气和主动抵制不良风气的责任感。

（三）道德水平下滑

道德是用来调整人与人之间、个人与社会之间相互关系的行为规范。人无德不立,国无德不兴。然而,令人担忧的是,当前许多大学生存在着道德水平下滑的趋势。在学习方面,抄袭作弊屡禁不止;在日常交往中,以言谈举止粗俗为荣;在网络生活方面,充当着网络暴民的角色;在公共领域,缺少契约精神,借车不还,用车不锁的现象层出不穷。总而言之,大学生"有文化,没素质"已经成为一个普遍的社会现象。由此可见,提高大学生的道德素质已经刻不容缓。

三、当前高校公德教育缺失的原因

共享单车的困境其实也折射出了高校在思政教育的困境，那就是公德教育的缺失。究其原因，可以概括为以下三点：

（一）重政治教育，轻道德教育

当前我国高校思政教育开设的课程主要有《马克思主义哲学原理》《毛泽东思想概论》及《中国特色社会主义理论》等，从书名就可以看出授课的主要内容以政治信仰教育为主，其着眼点和主要教学目的都在于引导学生进一步掌握马克思主义的立场、观点和方法，培育学生成为党和国家所需要的具有较高政治理论素质的社会主义建设者和接班人。与之对比，道德教育的内容在思政课程中占比非常有限，相比政治信仰教育只是处于从属地位，被一带而过。

（二）重灌输教育，轻养成教育

当前我们的高校思政教育，不仅在课程设计上偏政治化，在授课方式上也非常刻板落后，仍然以传统的"你听我讲"为主，缺乏亮点和活力。学生在知识接受方面只是单向的被动接受者，缺乏深层次的理解和感悟，致使学生接受无能。事实表明，传统的灌输教育对于专业知识课还有一定的作用，但对于个人的道德培养及思想境界提升显然已经黔驴技穷。在这个信息大爆炸，自媒体横行的时代，如果不能激发学生的主观能动性，只"教"不"养"，最后只能是缘木求鱼。

（三）重理论教育，轻实践教育

长期以来，我们的教育目标是为考试服务的。唯分数论的结果就是理论教育盛行，而实践教育不足。根据马克思主义原理，道德从本质上而言是一种实践行为。一切道德规范的遵守，道德行为的养成都离不开实践，尤其是面向大众的公德。如果只是满足于理论的学习，而缺少实践的培育，那只能是纸上得来终觉浅，竹篮打水一场空。著名教育家叶圣陶先生曾说过："什么是教育？简单一句话，就是要养成习惯。"要养成习惯的唯一方法只能是实践。诚如美国心理学家威廉·詹姆士所说："播下一个行动，收获一种习惯；播下一种习惯，收获一种性格；播下一种性格，收获一种命运。"

四、高校公德教育建设的途径

（一）适应新形势的需要，开展行之有效的社会公德教育

公德，是指在人类长期社会实践中逐渐形成的、要求每个社会公民在履行社会义务或涉及社会公众利益的活动中应当遵循的道德准则。公德教育是指国家、社会、集体依据公共生活的道德要求，对社会成员施以道德影响和教育的活动。中国作为礼仪之邦，自古以来就高度重视公德教育，提倡"风声雨声读书声声声入耳，家事国事天下事事事关心"。进入当代，党和国家更是将社会公德纳入社会主义核心价值观，成为治国理政的重要指导方针。十八大以来，更是明确提出把立德树人作为教育的根本目的。高校作为学生踏入社会前的最后一方净土，承担着培育人才，服务社会的重要职责。因此，我们要适应新形势的需要，进一步增强立德树人的紧迫感、责任感和使命感，坚持立德树人的核心地位不动摇，德育为先，切实开展行之有效的社会公德教育，既要让学生掌握扎实的专业知识，更要有"苟利国家生死以，岂因祸福避趋之"的社会责任感。

(二)转变教育理念,促进养成教育

自古以来,我国的教育方式是传统的课堂式教育。教师在整个教育过程中占据着主导地位,作为学习对象的学生则属于被动接受的从属地位。这种高低明确、职责分明的授课方式在应付理论考试等方面固然有着天然的优势,但在提高学生担当意识、责任意识和公德意识方面却显得有点乏善可陈。

所谓养成教育,就是培养学生良好行为习惯的教育。广义的养成教育包括学习习惯、语言习惯、思维习惯及行为习惯等,而狭义的养成教育则指道德规范和行为习惯的养成。当前的大学生大多是"95后",很快又将迎来"00后"。面对这一批成长在信息大爆炸时代下的新新人类,传统的课堂式等级分明的授课方式对于他们已经缺乏吸引力,上课更多的只是为了应付考试。因此,我们必须转变教育理念,遵循学生成长规律,既要充分发挥学校教师的教育引导作用,又要充分调动大学生的积极性和主动性,引导他们自我教育、自我管理、自我服务。改革当前的评价体系,克服以单纯的考试成绩来衡量学生,通过开展体验式学习、羞耻感教育和同辈教育等形式多样的教育方式,促进学生主动养成良好的道德规范和行为习惯。

(三)进一步开展社会实践,在实践中形成健康的道德人格

道德在本质上是一种实践行为。中共中央国务院在《关于进一步加强和改进大学生思想政治教育的意见》一文中就明确提出,要把深入开展社会实践作为新形势下大学生思想政治教育的有效途径。社会实践是大学生思想政治教育的重要环节,对于促进大学生了解社会、了解国情,增长才干、奉献社会,锻炼毅力、培养品格,增强社会责任感具有不可替代的作用。当前高校的社会实践相比过去已经有所进步,但还存在不少问题。比如覆盖人数仍然过少,主要以学生干部为主;实践的效果不够理想,很多时候只是蜻蜓点水;道德教育的作用体现不足;等等。

要进一步开展社会实践,首先应扩大覆盖面,把社会实践标准化、常态化、课程化,让更多学生有机会参与其中;在实践内容上,应贴近生活、贴近学生、贴近实际,杜绝功利因素的导入,坚决抵制为加分而实践的现象发生;坚持知行合一,积极开展道德实践活动,将道德实践活动融入大学生学习生活之中,使学生在实践中形成健康的道德人格。

五、总结

以共享单车为代表的共享经济正在成为中国转变经济发展方式,促进产业结构转型升级的重要推力。但是,发生在公共产品上的种种不文明现象已经严重妨碍了市场环境,如果任由这种现状继续在校园蔓延发酵,长此下去,损害的不仅仅是学生个人品德,更会成为社会进步的绊脚石。作为思政工作者,我们必须正视存在的缺陷和不足,加强对工作、服务和教育对象的供给侧、需求侧研究,创新开展思想政治工作,提高工作的针对性,增强工作的吸引力,把解决思想问题与解决实际问题相结合,重塑高校的公德教育。

[参考文献]

[1] 朱丽娟.大学生社会公德教育浅析[J].四川省社会主义学院学报,2011(1):62.

[2] 龚平.太阳之旅:当代大学生的公民道德教育[M].成都:西南交通大学出版社,2004:102.

高职学生生命教育及传播新模式的探索

福建卫生职业技术学院 叶家涛

摘 要:生命教育源于对生命的认识,现代生命教育在国内外都取得飞速发展。当前高职生生命意义的缺失较为普遍,浪费生命、消极度日的现象比比皆是。生命教育适用于高职生,其传播方式有传统的课堂教学和社会实践等。表达性艺术治疗因其自身优势成为生命教育的新途径,有利于高职生实现自我生命的价值。

关键词:生命教育 高职生 传播 表达性艺术治疗

作者简介:叶家涛,男,1982年出生,助教,硕士研究生,研究方向:心理咨询研究、认知发展与教育。

一、生命教育的国内外研究进展

生命教育首先源于对生命的认识。"人最宝贵的东西是生命,生命对于每个人只有一次。"《钢铁是怎样炼成的》中耳熟能详的经典语句放在今天仍有意义。生命是一切智慧、力量和美好情感的唯一载体。[1]几千年来,我国深厚的传统文化中饱含的生命哲学十分丰富。从儒家的"天地之性,人为贵"到科学发展观的核心——以人为本,生命意义的教育延续不断地传承。同样在西方,对生命问题的关注也由来已久。从古希腊的苏格拉底为维护真理而献身,到文艺复兴时期兴起的人文主义思潮,人权的觉醒,人的价值被肯定。尤其是18世纪末至19世纪初生命哲学的诞生,在其后的一百多年间,生命哲学在尼采、狄尔泰等人的理论基础上渐呈繁荣之势。

学术界普遍认可的现代生命教育(Education for Life)最早是由美国学者杰·唐纳·华特士(J. Donald Walters)于1968年提出并倡导的。[2]他在内华达山脚下创建的"阿南达智慧生活学校"(Ananda Living Wisdom School)是对生命教育思想的探索。[3]二战后美国经济迅速发展,科学、数学等学科地位凸显,关于生命的教育却被忽视,自杀、他杀、吸毒等危害生命的现象开始蔓延,受到不断增高的自杀率的刺激,美国政府开始重视生命教育,通过立法和行政干预等保障生命教育的施行。[4]美国生命教育的特点是强调结合生死教育(Life-and-Death Education),不仅在各类学校中开设相关课程普及,而且还成立相应协会和资格证书的认证,[5]帮助民众认清了生死观和生命的意义。

生命教育在全球铺开是从澳大利亚悉尼的"生命教育中心"(Life education center, LEO)成立开始的。该中心致力于"药物滥用、暴力与艾滋病"的防治,属于联合国"非政府组织"(NGO)中的一员,提出并推广生命教育的概念。[6]此后,西方许多国家相继推行生命教育实践,逐渐形成系统的管理实施方法和完整的教育体系。在东方,现代生命教育首先在日本获得广泛开展,1989年日本的教学大纲中就明确提出道德教育的定位目标包括对生命的敬畏。虽然日本教育界提出的"余裕教育"理念饱受争议,但它"热爱生命,选择坚强"的主题却诠释了对生命的珍惜和热爱。[7]

生命教育的国内的发展是先从港台地区开始开展实践的。20 世纪 90 年代中后期生命教育进入香港的学校,并且在当地教会的推动下得到推广。它提倡学生德、智、体、群、美、灵六育并重,达到全人发展。[8]几乎与此同时,台湾地区的生命教育也全面铺开,教育当局十分重视,2000 年成立"生命教育推动委员会",2001 年定为"生命教育年",生命教育从初中及高中逐年推广到高校及小学。[9]教育研究机构和高校也积极进行理论及实践研究,推进生命教育的发展。

与之相比,大陆地区的现代生命教育起步较晚,但近十年来在政策环境的推动下迅速发展。20 世纪 90 年代开始,大陆教育界和社会学界就共同关注到这个议题,黄克剑、张文质等提出本土化的"生命化教育",叶澜提议"让课堂焕发出生命的活力"来构建崭新的课堂教学观。[10]"中国死亡智慧"课和"生死哲学与生命教育"课分别在南昌大学、江西师范大学开设更是对生命教育的初步探索。进入 21 世纪后,教育界注重引入西方的死亡教育以及港台的生命教育成功经验,并逐步推广。冯建军发表多篇探讨生命教育的文章,尤其是《生命与教育》的出版开始掀起国内生命教育理论研究的高潮。[11]2010 年 7 月 29 日,国务院发布的《国家中长期教育改革和发展规划纲要(2010—2020 年)》中明确将生命教育上升为国家教育发展战略,并将其与安全教育并重。生命教育的春天来临,理论研究和实践探索都不断取得突破。

二、高职生生命教育的必要性

大学教育除了学科教育以外,在学生的个体发展和精神层面的追求也应予以关注。生命教育能体现生命的价值追求,形成正确的道德导向。当前不少大学生出现对生命意义的漠视,如人际关系差、心理脆弱、自暴自弃等,说明对大学生的生命教育已迫在眉睫。

大学生生命教育之所以存在越来越多的问题,是多种因素造成的。就教育本身角度而言,现今科技教育愈发重要,高校的培养侧重点也在满足社会经济建设的需要,而人文教育稍显薄弱。大学生日益成为理性工具,懂得生存工具的同时却失去了生存的价值,缺乏理想信仰的支撑。[12]就社会角度而言,功利主义的冲击令不少大学生将个人利益得失作为价值取向,缺乏对生命意义的追求。急功近利,心浮气躁,一些学生在大学里无所事事,逃课、上课睡觉成了家常便饭,毕业后一事无成又怨天尤人。信息化、全球化带来的多元文化冲击也让部分大学生陷入迷茫,如若缺乏人生指引,生命的意义会更加淡化。就学校角度而言,当今不少高校由于多方面原因存在教育偏差。职称、科研、晋升带来的巨大压力使教师们精疲力竭,缺乏对学生个性差异的探索;学校也偏重于技能培养,尤其是在以侧重实践的职业院校里,对学生的人文关怀更加缺失。因此,加强大学生生命教育在现阶段显得尤为重要。

作为高等教育中的基础层次,专科学校近年来也大规模扩招,随之而来的就是高职生整体素质逐年下降等问题。当前高职生普遍缺乏学习动力,加之自身基础较薄弱,很容易导致在高校中自暴自弃,[13]加之就业现状、文凭压力等也让其在走入社会后举步维艰,面临的形势很严峻。职业院校的办学特色使其大多以就业为导向,重视学生的动手能力、实践能力,这时更有可能导致生命教育的缺失,消极度日的现象增多,故而生命教育在高职教育中也是不可或缺的一环。

笔者所在的高职院校为医学类院校。医学生在医学院校学习各类医学知识,对人体构造和功能较为了解,在临床上有机会接触死亡,在漫长的执医生涯中甚至可以说对生死司空见惯,医学院校的生命教育在国内生命教育的发展上也有浓墨重彩的一笔。2001年,天津医科大学建成国内首个"医学伦理学教育基地",展出包括学校创始人朱宪彝教授的内脏等人体标本,2006年后基地更名为"生命意义展室",通过展示遗体捐献者的事迹来揭示"生命的意义",引起了强烈的反响。时任世界医学法学协会主席阿芒·卡米在参观后称:"将医学教育和人文教育融为一体的想法是伟大的,值得全世界所有医学院效仿。"[14]

然而,调查发现大部分医学生对生命存在的意义、价值和生命的本质缺乏深入的思考。现代医学模式兴起,传统的填鸭式医学教育模式难以适应现代医疗实践的变化,培养出缺乏正确生命观的医生也是导致医患矛盾不断加深、医疗事故频发的一个重要因素。因此,医学院校更应完善生命教育,重视更为细化的生命意识教育、死亡观教育、生命价值教育等,重视培养医学生尊重生命,认清生命本质,树立科学的生命观。

三、高职生生命教育传播主要模式

当前,高校中生命教育的途径主要是通过心理健康教育课程进行推广,随着生命教育日益受到重视,新模式不断被探索出来,为生命教育的促进提供了新的思路。

(一)依托心理健康课程传播

教育部办公厅印发的《普通高等学校学生心理健康教育课程教学基本要求》对大学生心理健康教育课程提出了新要求,指出要进一步发挥课堂教学在大学生心理健康教育工作中的主渠道作用,同时也指出大学生生命教育包含在大学生心理健康教育课程中,其教学目标为通过课堂教学使学生认识生命、尊重生命、珍爱生命。生命教育被纳入教学计划,其内容被编入高校心理健康教育教材中,对生命教育的传播起到了基础性作用。

各高校使用的心理健康教育教材均将生命教育的内容纳入,如葛思华于2016年主编的《大学生积极心理教育》即运用于高职生课堂上,其中第九章"大学生生命教育与心理危机应对"将常见的心理危机和生命教育联系起来,通过理解生命的价值来感悟生命。高校在师资上也加大投入,培养选拔优秀教师,将生命教育贯穿于心理健康教育的始终,从教学内容上保证生命教育在课堂上的"分量"和质量。

(二)依托专业课程和服务育人传播

专业课程是高职生课程的主体,是高职生在大学生活中接触最多的课程。因此,如何在专业课程中融入生命教育成为生命教育在高校中传播的关键因素之一。首先,教师是开展生命教育课堂教学的主导,提升教师的生命教育理念和认识是关键的一步,只有教师践行对生命的尊重,珍惜生命、不浪费生命,他才有可能将这一理念渗透进教学,润物细无声,在专业教育的同时还能潜移默化影响学生,对学生产生积极的引导。其次,除了理念,很多专业教育本身即含有生命教育的精髓,如笔者所在的医学类院校,医学生对生命现象已有初步认识,但由于涉世未深,认识较为肤浅,然而专业上又要求医学生要有一定的职业意识和素养,要求对患者的生命尊重,[15]因此学院培养出来的学生不仅技术要过硬,而且职业道德更要过硬,既要有医也要有德,这不仅是德育教师和辅导员的责任,专业教师也必须在课程上对学生的职业价值观和职业道德感进行提升。

高校中辅导员在学生工作的第一线,他们具有生命教育的优先权,在长期和学生相处的过程中辅导员的服务育人作用对学生的成才成长有着举足轻重的作用。并且大多数辅导员都具备系统的心理健康教育和生命教育相关知识，也有丰富的工作案例和相关经验，开展生命教育往往能起到事半功倍的作用。[16]

（三）依托实践教学传播

实践教学是高校教育中的重要一环，尤其是对于专业越来越细化的高职生来说，在校期间熟练掌握实用技巧对就业帮助很大。生命教育不同于学科教学，很多内容需要在活动中掌握和领会。因此需要有形式多样、生动有效的实践活动，让学生在活动中感受、理解，学会尊重、爱护生命。

实践活动形式有大学生志愿活动，如走访孤儿院、敬老院，参加义务献血等，增强高职生的社会责任感，培养和谐、关爱的情操。校内的众多校园文化活动也可以与生命教育结合，如5·12护士节、12·1艾滋病日等重大活动可融入珍惜生命、爱护生命的主题，让生命教育入脑入心。挫折体验教育能磨炼学生的意志品质，锻炼坚强的性格，一定程度上避免浪费生命的现象。邀请消防、警察等校外人士现身说法，开展讲座、演习等增强学生的防灾应变意识，明确应尽的职责，使得生命教育更加深入。

四、高职生生命教育新传播模式的探索

生命教育和高职生教育联系日益紧密，传播模式也不断创新，不少高校运用新媒体等一系列载体，作为拓展生命教育方式。其中，表达性艺术治疗与高职生生命教育的结合不失为对其传播模式的一种探索。

表达性艺术治疗（Expressive art therapy）有别于传统的言语咨询治疗，通过多种多样的艺术形式，除了传统的音乐、舞蹈、戏剧等，还有时下热门的绘画、沙盘等投射疗法。它们的共同点是利用非口语的形式来进行沟通，促进来访者的自我表达，投射和外化被压抑的情感，处理情绪困扰，达到治疗目的。在生命教育领域，表达性艺术治疗具备独特的优势。

高职生经过多年教育有一定的艺术表达基础，表达性艺术治疗形式上的新颖会给高职生以新鲜感，抵触情绪少，也较容易接受，能达到较理想的效果。表达性艺术治疗重视内心体验，引导其自我思考，重新认识自身潜意识的表达，对促进高职生自我认识、自我成长、健全人格有积极的作用，并提供了情绪发泄的出口，能发挥调节情绪的优势，丰富课堂内容。

表达性艺术治疗让学生参与其中，真正成为主角，提高其积极性，也让学生更直观更深刻感受生命教育的意义，从而拓展了生命教育课程的形式，让课堂开展更为多样化。表达性艺术治疗还丰富了生命教育课程的内容，多种艺术表现形式都通过反映生命过程中的内容来促进高职生成长。如沙盘游戏治疗和生命教育课程的结合可以通过以生命线为主题的命题沙盘来呈现，而常见的自由式非命题的沙盘作品本身即带有生命的意味，某些具有生命含义的原型分析更是能加深生命教育课程的印象。

作为一种参与式教学，表达性艺术治疗还巩固了生命教育课程的成果，让生命教育课程内容潜移默化地实施。高职生在艺术创作过程中可以释放自我，舒缓紧张焦虑的情绪，提升团队协作能力。随着情绪的改善、能力的提升，生命教育自然水到渠成。

五、展望

生命教育已经越来越成为高职生的"必修课"，教育方式和教育途径也不断拓展。相信

随着教育手段的深入,高职生能受益于丰富的生命教育,感悟生命的美好,体验生命的精髓,从而激发生命潜能,获得健康的成长。

[参考文献]

[1] 徐胜男. 青少年生命意义教育简析[J]. 少年儿童研究,2009(10):4.

[2] 蒋娟. 高校德育中生命教育的实施途径探究[J]. 牡丹江大学学报,2017,26(8):153-155.

[3] 华特士. 生命教育:与孩子一同迎向人生挑战[M]. 林莺,译. 成都:四川大学出版社,2006.

[4] 冯魁. 美国生命教育的成功经验及启示[J]. 湖北函授大学学报,2017,30(12):43-45.

[5] 周士英. 美国死亡教育研究综述[J]. 外国中小学教育,2008(4):44-47.

[6] 黄渊基. 生命教育的缘起和演进[J]. 求索,2014(8):172-177.

[7] 王学风. 国外中小学的生命教育及启示[J]. 外国中小学教育,2007(1):43-44.

[8] 冯建军. 生命教育实践的困境与选择[J]. 中国教育学刊,2010(1):35-38.

[9] 郑晓江. 关于"生命教育"中几个问题的思考[J]. 学术评论,2005(9):6-8.

[10] 叶澜. 让课堂焕发出生命活力[J]. 教育研究,1997,9(5):60-65.

[11] 建军. 生命与教育[M]. 北京:教育科学出版社,2004.

[12] 唐晓燕. 大学生生命教育探索[J]. 收藏,2017(17):106.

[13] 张青,李欣. 高职大学生心理危机防范的若干思考[J]. 收藏,2017(8):172.

[14] 从玉华,张国. 第334个名字[J]. 聪明泉(中学版),2011(9):26-27.

[15] 孟令军,于泳,孙荣利,等. 医学生生命观状况调查及生命教育浅析[J]. 中国科教创新导刊,2013(8):154-155.

[16] 王越. 高校辅导员生命教育工作探讨[J]. 东方企业文化,2014(11):204.

高职学生干部精细化培养路径构建的研究

大连职业技术学院　张　涛

摘　要：学生干部是青年学生的骨干力量、核心群体,在思想政治教育、学生自我管理和群团组织建设中发挥着桥梁和纽带的作用。完善学生干部的培养方式,树立学生干部的先锋模范形象,学生干部的垂范,有利于加强和改善青年学生的整体精神风貌。然而,通过对高职院校学生干部培养现状调研与研究的开展,我们发现了目前学生干部的培养存在着重视度不高、培养机制不健全、持续性欠缺和培养体系不完善等问题。本文通过对精细化管理理念的研究,创新性的提出学生干部精细化培养的思路,以学生干部素质提升体系、能力提升体系和管理提升体系为主线,构建高职院校学生干部精细化培养的实现路径,以期为学生干部培养提供一定的参考与借鉴。

关键词：学生干部培养　精细化培养　路径构建

作者简介：张涛,男,1990 年出生,研究实习员,学士,研究方向：思想政治教育研究方向。

党的十九大报告指出："青年兴则国家兴,青年强则国家强。青年一代有理想、有本领、有担当,国家就有前途,民族就有希望。中国梦是历史的、现实的,也是未来的;是我们这一代的,更是青年一代的。中华民族伟大复兴的中国梦终将在一代代青年的接力奋斗中变为现实。"中共中央、国务院《关于进一步加强和改进大学生思想政治教育的意见》中指出："要大力推进高校学生干部队伍建设,使其成为思想政治教育的平台和抓手。"处于大学时期的青年学生是人生观、价值观养成与确定的重要时期,青年学生的观念意识影响着未来社会的发展趋势。学生干部作为青年学生中的领袖群体,对青年学生的影响具有模范、引领的作用。因此,提高学生干部的文明素养,打造一支综合能力高、服务意识强、创新思维优越、带头作用突出的学生干部队伍成了高职教育的重要内容。提高学生干部培养的重视程度,丰富学生干部培养的可行路径,对于改善当下高职院校学生干部培养现状以及加强学生干部队伍建设具有重要意义。

一、高职院校学生干部培养现状及存在的主要问题

通过调查法,对几所高职院校的师生的调研发现,目前高职院校虽加强了对学生干部培养的意识,提供了促进学生干部发展与成长的载体,培养出了一批批优秀的学生干部,为社会不断地输送了大量优秀学生,但在学生干部培养的过程中依然存在着一定的问题。

(一)对学生干部培养的认知程度有待提高

学生干部培养的认知不到位是培养过程中的基本问题。学生干部在日常事务和管理过程中,因为事务繁杂,所以很多院校出现了对学生干部"重使用轻培养"的现象。因此逐渐形成了一种错误的思维,那就是学生干部在日常的工作中就可以慢慢地提高各种能力,达到处理问题效率高、思路正确、解决问题能力强的效果,不需要单独地进行系统培训。这种错误

的认知正是没有充分认识到学生干部系统培训重要性的表现,出现了对于学生干部培养重视程度不到位的情况。

(二)对学生干部培养的项目设置有待完善

学生干部培养的项目不完善是培养实施过程中的重点问题。目前部分高职院校针对学生干部的培养只是从几次理论学习或几项活动开展中实现,这些片面的、零散的培训对于学生干部能力提升起到的作用甚微,并且这样的培养方式很难提高学生干部的重视程度与参与热情,从而直接降低了培训项目开展的实质作用与效果。缺少明确的系列培训项目、缺少针对性较强的专项提升工程、缺少适应时代需求的培养体系,没有这些内容作为支撑,学生干部综合能力的提升必然会遇到很大的瓶颈。

(三)对学生干部培养的运行机制有待健全

学生干部培养的机制不健全是培养运行过程中的关键问题。机制不健全体现在以下的几个方面:首先是学生干部的聘任,因为缺少明确的学生干部选拔制度,因此会出现由老师任命或学生因私人感情而偏袒的现象,从而导致学生干部选拔和任命环节不公正、不透明。其次是学生干部的考核,部分高校因为缺少对学生干部的考核,出现学生干部工作的付出与回报不呈正比、付出的多少没有明确的区别等情况,不能确保每一名学生干部对于自己工作获得的评价心服口服,直接打击了学生干部的工作热情。最后是学生干部的管理,当前部分院校缺乏完整的学生干部管理体系,管理制度不清晰也不明确、管理过程缺少统一性和科学性、管理方式是人监管人而不是制度监管人,这些管理方面的缺失不仅难以保障工作的顺利开展,而且也会影响学生干部工作的积极性。

二、高职院校学生干部精细化培养模式的基础思想理论研究

以学生干部培养过程中存在的问题为导向,通过对精细化管理的基础理论研究,创新性地将精细化管理的思路与学生干部培养的过程相结合,丰富学生干部培养的方式与内涵。

(一)学生干部精细化培养模式理念根源的研究

精细化管理一词来源于管理学,在20世纪初泰勒发表的《科学管理原理》这本书中就提到了精细化管理的概念,这也是第一本出现精细化管理介绍的书籍。精细化管理的理念就是要把问题的责任落到实处,把管理的过程尽量清晰化、明确化和详细化。这样的理念背景下,要求每一名成员都要做到尽职尽责、事无巨细,做到自己的每一项工作和任务明确好并做到位,同时,对于工作中遇到的问题要及时地进行分析、处理、解决和改正[1]。

现代管理学认为,科学化管理有三个层次:第一个层次是规范化,第二层次是精细化,第三个层次是个性化。精细化管理是一种理念、一种文化,它是社会分工精细化,以及服务质量精细化对现代管理的必然要求[2]。精细化管理是在常规管理的基础上,引入精细化管理的基本思想和管理模式。切中要点并掌握管理中的重点环节,这就是精。将管理的标准量化并具体、监督、执行及考核,这便是细。这种"精细"的思路,可以将体系中薄弱方面、主要环节和重要阶段有针对性地进行管理和调整,通过对体系运行的层层分解、责任明确、逐步执行,使系统更完善、运行更顺畅、效果更显著。

(二)精细化管理与学生干部精细化培养相关性的分析

随着新时代对于职业教育提出的新要求和新挑战,高职院校需要培养知识深厚、能力出

众、技能过人和素质突出的复合型人才。精细化管理是很重要的一门文化,对于社会上充满竞争的各类企业具有十分重要的借鉴和使用价值,这种文化的应用同样适用于高职院校的学生干部培养。学生干部培养是一项系统的工程,是一套完整的体系。学生干部需要在科学性、合理性和针对性相结合的培训平台和载体中,不断地提升自身的综合能力和素养。将精细化管理的理念同学生干部培养体系相结合,对学生干部进行精细化培养,提高学生干部的综合能力,培养成社会需要的人才。将精细化管理的理念与学生干部培养体系高度融合,形成学生干部精细化培养的内涵。

学生干部精细化培养的内涵可以从"精""细""化"三个方面阐述。内涵中的"精"指的是从学生干部的选拔到管理的整个过程要精准,通过相应的制度进行约束和规范,包括学生干部的选拔和任用制度、学生干部的奖惩考核制度。在学生群体中择优而取,真正将那些有服务意识的学生挑选出来,这是对于选拔的"精"要求。在学生干部群体中公正考核,真正将工作踏实肯干、认真负责的学生干部树立榜样,这是对于考核的"精"标准。内涵中的"细"指的是学生干部的培养要细致并具体,培养过程要涉及学生干部的方方面面。对于学生干部能力提高的项目和活动要合理、科学、有针对性地进行设置和安排,不能只用几项零散的活动敷衍,不做表面文章,要形成培训项目体系。从理论到实践、从思想引领到行动表率、从言谈举止到人文素养,学生干部的每一个方面都需要进行相应的设计。内涵中的"化"指的是学生干部培养的过程要有序地进行、逐步地完成、持续地开展,要将学生干部培养这项系统工程做到真正的制度化、持续化和过程化。对于学生干部的培养不能虎头蛇尾,要按照计划井井有条地来完成,只有将过程踏实地完成,学生干部的培养才能起到真正的效果。学生干部精细化培养的内涵结构如图 1 所示。

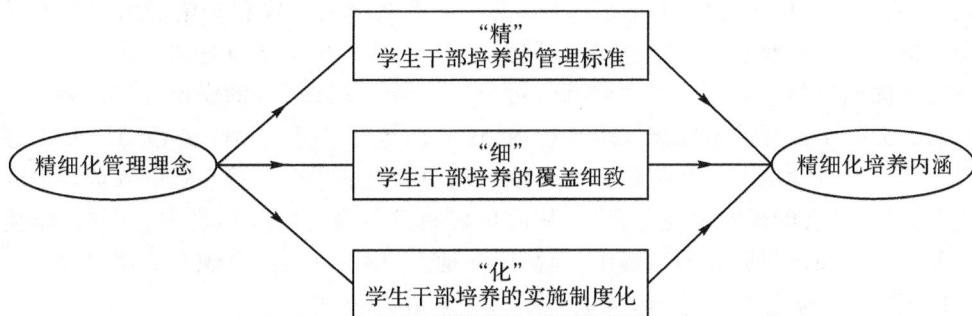

图 1 学生干部精细化培养内涵结构图

三、高职院校学生干部精细化培养实现路径的探索

通过精细化管理理念核心这一崭新的视角,提出高职院校学生干部精细化培养的新模式,以学生干部精细化培养内涵为核心,以学生干部素质提升体系、能力提升体系和管理提升体系为三大要素,探索高职院校学生干部精细化培养的实现路径。见图 2。

（一）学生干部素质提升体系的要素构成与途径开发

学生干部素质提升体系是以完善选拔任用方式和强化拓展训练项目为分支。学生干部的选拔和任用是培养中一道不可忽视的环节,选拔的过程可以分为观察了解阶段和竞选投票阶段。观察了解阶段属于学生干部的"海选",要重点观察主动性较高的学生,可以将日常的工作安排给表现突出的学生,通过工作的表现逐渐了解学生的水平,也可以通过和室友及同学的交流更全面地了解这部分学生。竞选投票阶段则要建立完善、公正的竞选流程,包括学生提交申请、笔试、面试、竞选演讲、投票和工作小组讨论等环节。每一个环节都是学生干部选拔的逐层递进,在学生公平竞演的情况下,通过透明、公开的投票方式,确定最终的学生干部。

拓展训练1995年开始进入中国,最开始主要是以野外生存能力为主,后来慢慢地发展为一种集体精神和乐观心态的训练。将拓展训练引入学生干部的培养体系中,更加丰富了学生干部培养的内容与方式。拓展训练对于学生干部的人际关系、协调配合和沟通合作的发展具有良好的促进作用,同时也有利于学生干部心理素质的提高。拓展训练可以分为个人训练和集体训练两个部分,个人训练主要是锻炼学生干部的身体素质和心理承受能力。集体训练则是提高学生干部的合作、沟通、协调和相互配合的能力,大家在共同的协商中智慧地完成每个项目,在合作的过程中感受并分享每一次精神上的收获。

(二)学生干部能力提升体系的要素构成与途径开发

学生干部能力提升体系是以提高职业技能水平和丰富实践活动内容为分支。学生干部作为服务学生的群体,应该具备一定的职业技能,包括学生干部的思想觉悟、礼仪、文笔、电脑操作等。对于学生干部的培训,就应该从这些基本技能的提升为出发点。针对以上这些能力设置相应的课程,帮助学生干部在这些课程中逐步提高,比如通过政治理论学习课提高学生干部的思想理论水平,鼓励学生干部进行当前热点问题的讨论与交流,不断提高自身的政治理论素养;通过常用办公软件的培训加强学生干部日常工作的文件处理效率;通过活动策划、总结或者待人接物的行为礼仪训练促进学生干部个人礼仪和文笔能力。只有学生干部自身具备扎实的职业技能,才能更好地服务师生,发挥学生干部应有的作用。

技能提高的目的是更好的实践,因此,对于学生干部实践活动的安排也是培训体系中十分重要的部分。实践活动不应该仅限于校内,还应该包括校外、企业、公益劳动和志愿服务等更广阔的平台。学生干部在与外界的接触过程中能提前了解自身专业的就业环境及工作需求,了解目前社会的现实情况与背景,从而更好地进行自己的大学规划。同时,学生干部在参与公益劳动和志愿服务的过程中,提高服务他人、感恩社会的意识和文明素养。

(三)学生干部管理提升体系的要素构成与途径开发

学生干部管理提升体系是以健全考核奖惩制度和建立监督反馈机制为分支。健全学生干部的长效考核制度可以通过激励模式和淘汰机制来实现,将学生干部的激励模式与工作的绩效相结合,提高学生干部的自主性,加强学生干部的能动性。制定《学生干部工作考核方案》,从德、能、勤、绩、行等方面对学生干部进行量化考核,拒绝"平均主义",做到干多干少不一样。淘汰机制则是改变传统观念中学生干部终身制的思想,学生干部根据考核的结果进行队伍的局部调整,及时地将不称职的学生干部清理出去,以增强学生干部的危机感,从而更好地激发学生干部的工作热情和创新意识[3]。

学生干部的培养体系中离不开普通学生对于干部的意见和建议,普通学生对于学生干部的监督与反馈机制是学生干部管理过程中必不可少的内容。实现学生干部"从学生中来,到学生中去",学生干部真正为学生服务的效果,离不开普通学生的日常反馈。制定《学生干部监督投诉和意见反馈表》,从普通学生的角度,更好地完善学生干部培训的侧重点,及时地调整和改进学生干部的培养内容,真正地培养出学生满意与认可的干部。

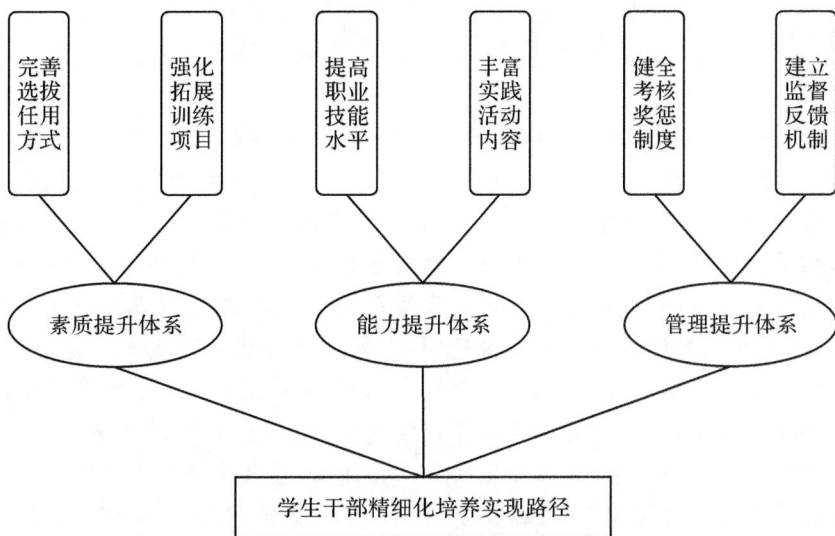

图2 学生干部精细化培养实现路径结构图

人生就像穿衣服扣扣子一样,前面的扣子扣对了,后面的才会扣对,学生干部的培养亦如此。只有构建科学、合理的学生干部培养模式和路径,才能在学生干部培养的开始阶段打好基础、筑牢根基,为学生干部的成长成才与全面发展提供有力的支撑和保障,为社会培养出一批有信念、敢担当、能奉献的新时代青年,为国家实现全面建成小康社会和民族伟大复兴的中国梦提供可靠的接班人。

[参考文献]

[1] 任佳迪.高职院校学生精细化管理探析[J].教育时空,2016.

[2] 张松艳,张志刚.精细化管理的探索与实践[J].中国市场,2017(33).

[3] 王志芳.高校班级学生干部培养存在的问题及对策探析[J].黑河学院学报,2017(9).

半军事化管理模式下高职院校德育工作的研究

大连职业技术学院 潘 雪

摘 要:在当今政治、经济发展的新形势下,教育者要不断探索大学生德育工作的新理念、新方法,构建适合当今时代特色的德育教育体系,以切合实际的德育理念、目标、内容,不断增强德育工作的实效性、科学性,培养适应社会发展的高素质人才。文章以大连职业技术学院交通工程学院为例,基于航海类专业德育教育特点,学院采用半军事化管理模式,从学生自身和学院整体角度出发,从半军事化管理德育建设工作背景、半军事化管理德育建设的思路和目标、半军事化管理德育的体系构建、半军事化管理德育的主要载体建设方面着手,旨在半军事化管理模式下发挥德育教育,更好完成服务高职院校人才培养工作。以学生为主体的半军事化管理模式,对塑造学生具有较强的实效性,有利于提高学生学习的积极性、促进学院形成井然有序的教学环境、优化校园文化建设,增强在半军事化管理模式下航海类高职院校德育教育的针对性和有效性,使学院德育工作保持健康、可持续发展。

关键词:半军事化管理 德育教育 校园文化

作者简介:潘雪,男,1989年出生,助教,学士,研究方向:大学生思想政治教育。

《国家高等职业教育发展规划(2010—2015年)》中提到:育人为本,德育为先,强化职业道德和职业精神培养,促进学生知识、技能、职业素养协调发展。发挥文化育人功能,将行业、企业、职业等要素融入校园文化,使学生在校就能感受到职业文化,培养职业意识,形成良好的职业素养,促进校园文化建设与人才培养的有机结合。

本文以大连职业技术学院交通工程学院为例,研究实施"胸怀中国红,心系海洋蓝"为主题,采用半军事化管理模式,开展高职院校大学生德育工作。大连职业技术学院交通工程学院自2013年开始全面实行半军事化管理,同时,根据《大连职业技术学院"十二五"发展规划(2011—2015年)》和《大连职业技术学院文化建设纲要(2013—2015年)》等文件精神要求,把校园文化建设与学院的发展定位、专业建设和人才培养等工作结合起来,积极打造特色鲜明的半军事化管理校园德育文化体系。

一、半军事化管理德育建设工作背景

(一)落实理念,高度重视学院校园德育建设工作

交通工程学院自2008年成立以来,经过8年的发展,已设立4个专业,在校生500余人。在学院不断发展的同时,交通人深切感受到培育树立良好的学院文化与专业建设、教育教学服务管理工作同等重要。通过加强学院文化建设,增强全院师生工作和学习的内驱动力,提升师生的归属感和荣誉感,是实现学院科学发展的必经之路。

(二)学院专业特点,开展半军事化管理德育工作的客观要求

学院设立四个专业——航海技术、轮机工程技术、船舶工程技术和焊接技术及自动化。各专业毕业生毕业后会从事海上运输、船舶修造等工作,其工作具有风险性、国际性、艰苦

性、独立性和国防性等特点。半军事化管理对于塑造学生健全的人格、强健的体魄、坚忍的意志和严肃的团队意识有着积极的促进作用。尤其是学院获得船员培训办学资质后,对航海和轮机专业实行半军事化管理提出了更高的要求。

二、半军事化管理德育建设的思路和目标

交通工程学院开展半军事化管理德育建设就是要把校园德育建设与学院的发展定位、专业建设和人才培养工作相结合,加强校园文化建设、载体建设,从而达到文化引导人、熏陶人和塑造人的目的,提升学生的综合素质和能力。

三、半军事化管理德育体系构建

半军事化管理德育建设贯穿学生教育管理始终,纵向是学生从入学教育至毕业典礼三年时间,横向是文化建设构成支撑。

（一）按照半军事化管理校园文化层级设计

将半军事化管理文化分为四个层级,分别是物质文化、行为文化、制度文化和精神文化,其关系如图1。

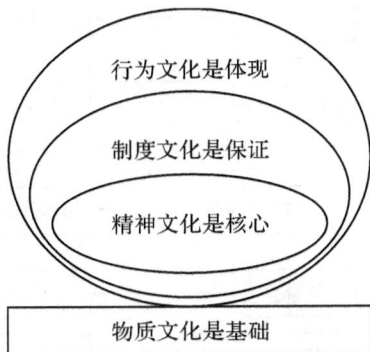

行为文化是体现

制度文化是保证

精神文化是核心

物质文化是基础

图1　半军事化管理校园文化四个层级关系

1.物质文化。

半军事化管理物质文化是半军事化管理文化建设的外在表现和载体,是文化体系建设的首要条件、物质基础,也是文化建设体系不可或缺的一个方面。主要体现在以体现半军事化管理相关的静态物质形态存在的设施、标志或符号,在学生生活、学习和活动场所潜移默化地影响着师生的理念和行为。

2.行为文化。

行为文化体现在创造环境文化和精神文化的实践过程中,学生行为文化是学生在学校活动中表现出的特有行为规范、情感思维、价值观念等,是良好学风、校风形成的基石。

3.制度文化。

为保证半军事化管理各项工作的有序、顺畅、协调进行,规章制度的制定是半军事化管理的基础和支撑,是半军事化管理理念得以体现的重要保证,使半军事化管理得以长久进行下去的保障。包括制定《学生半军事化管理手册》等相关规章制度。

4.精神文化。

半军事化管理精神文化是半军事化管理文化建设的核心灵魂,是全体师生对半军事化管理的价值取向,是学校校园文化建设的精神体现。包括半军事化管理的目标、理念、思想认知及精神风貌等。

按照文化建设的四个层级,将半军事化管理校园文化过程分为"塑性"和"铸魂"两个阶段,强化文化风尚塑造功能,发挥传统熏陶作用,开发仪式教育功能,加强文化制度约束功能,如图2所示。

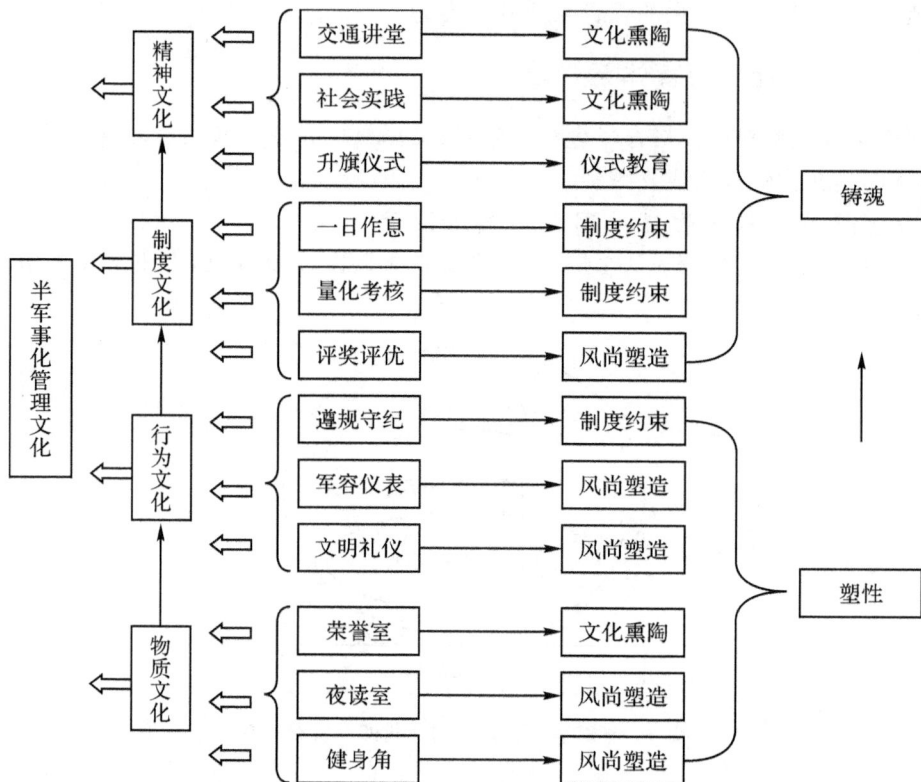

图2　半军事化管理校园文化体系构建流程图(按层级设计)

(二)按照半军事化管理校园文化育人目标设计

在全军政治工作会议上,习近平主席要求"着力培养有灵魂、有本事、有血性、有品德的新一代革命军人"。"四有"标准深刻阐释了新一代革命军人的本质本色,深刻揭示了新一代革命军人的时代精神。在实行半军事化管理模式下的交通工程学院,培育"四有"精神的航海类专业人才依然具有现实意义。如图3所示。

```
                        ┌──────────┐
                        │  培养目标  │
                        └──────────┘
         ┌────────┬─────────┴────────┬────────┐
     ┌───────┐ ┌───────┐      ┌───────┐ ┌───────┐
     │ 有灵魂 │ │ 有本事 │      │ 有血性 │ │ 有品德 │
     └───────┘ └───────┘      └───────┘ └───────┘
     ┌────────┐ ┌────────┐    ┌────────┐ ┌────────┐
     │ 理想信念 │ │ 专业能力 │   │ 意志品质 │ │ 道德品质 │
     │  教育   │ │  教育   │   │  教育   │ │  教育   │
     └────────┘ └────────┘    └────────┘ └────────┘
```

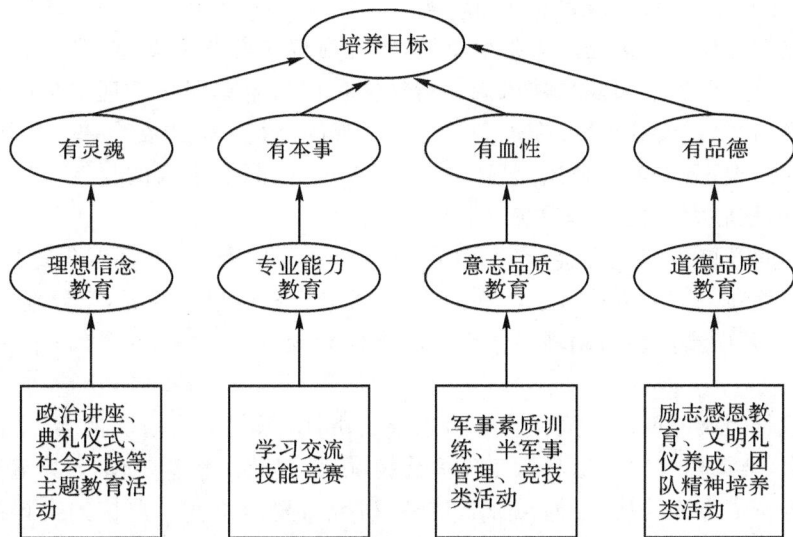

图 3　半军事化管理校园文化构建流程图（按特质设计）

政治讲座、典礼仪式、社会实践等主题教育活动

学习交流技能竞赛

军事素质训练、半军事管理、竞技类活动

励志感恩教育、文明礼仪养成、团队精神培养类活动

四、半军事化管理德育的主要载体建设

根据半军事化管理德育体系构建工作的思路，学院结合专业特色、学生特点，综合学校现有软、硬件条件，积极打造了以"胸怀中国红，心系海洋蓝"为品牌的系列活动，加强载体建设。

（一）建设基础设施，优化育人环境

1.半军事化管理文化建设中的"统一"。按照《学生半军事化管理手册》要求，一日生活制度包括内务整理、洗漱、列队集合、早操、体能训练、就餐、就寝等的统一；军容风纪制度学生要统一着装，统一佩戴肩章和帽徽，仪容、举止、礼节统一；公寓管理制度准则，内务卫生、内务样式的统一。"统一"便于管理监督，为半军事化管理的规范、整齐划一，提高凝聚力、鼓舞士气起到促进作用。

2.提供便于学生半军事化管理的住宿条件。在寝室原有设施基础上，学院统一增购鞋架；寝室门禁增设人员名单、课程表展示板；各楼层阳台新增晾衣架装置；公寓内新设立生活服务室，购置多台挂烫机、电水壶、吹风机等。旨在从细节处着手，为学生生活提供便利条件。

3.提供便于学生半军事化管理的活动场地。设置健身角，学院高度重视学生的身体健康，为方便学生课余时间锻炼，学院在公寓三楼设置了健身角，并购置了杠铃、哑铃、健腹板等设备。规划训练场，在实训室前空场规划出近 200㎡ 的训练场地，为早操集合、上课列队、军事比武、军事会演等提供指定用地。设立会议场，申请 N716 教室作为中队、小队会议场，包括每周一讲评、半军事化管理宣传贯彻、表彰等。

4.提供便于学生半军事化管理的宣传场地。学院在 N1 公寓一楼大厅展示半军事化管理 64 字军规展报，校园内设有三块宣传栏，展示半军事化管理相关成果等。

（二）提升内在自律，凝练一种精神

半军事化管理精神文化是广大师生个性、精神面貌的集中反映，包括广大师生半军事化管理的目标、理念、思想认知及精神风貌。精神文化作为半军事化管理文化的核心灵魂，目的在于将有形的军事"硬管理"外在强制转变为无形的"软管理"内在自律。精神文化不仅体现在个人精神面貌，更体现在舍风、班风、院风和校风上，同学个人的自律，班级集体的凝聚力，学院整体的核心力。主要体现在以下几个方面：

1.迎新期间开展教官报告会、半军事化管理指导员报告会、半军事化管理宣传贯彻会等。目的在于让新生们聆听他人生活中的经验，提升自我的思想境界，引导新生树立正确的价值观。同时，开展集体性活动增强学生间的集体意识，树立集体观念，为半军事化管理奠定基础。

2.严格执行会议制度。每周一晚自习指导员讲评，每周一次小队例会、中队例会，每月一次大队例会，会议内容包括对日常工作完成情况、思想政治教育工作，日常管理、学风建设和心理健康分析等方面的情况进行总结、讲评，研究布置等工作。严格的会议制度，不仅使学生工作有序开展，同时也加强学生干部的培养。学生干部是直接管理学生的基层干部，辅导员的作风往往会在潜移默化中影响学生。

半军事化管理精神文化对学生的影响虽不是立竿见影，但却是稳定渐进的，它对于学生的成长具有潜移默化的影响。

（三）完善管理体制，建设文化保障

所谓半军事化管理的制度文化，是指半军事化管理的体制、各种规章和管理的方式方法等，它是开展半军事化管理各项工作的权杖。它主要包括领导体制、组织机构和管理制度等。

1.领导体制。我校半军事化管理实行校党委领导下的纵队长负责制。纵队实行校衔制。学生半军事化管理的领导体制是，在校党委的领导下，学院大队负责全院学生半军事管理工作，学院中队指导员、中队长、区队长全面负责学生半军事化管理的组织实施工作，形成了"校领导—学院大队—中队指导员—学生中队—学生区队"的半军事化管理领导体制。

2.组织机构。半军事化管理建立四级管理机构，即学校设纵队，学院设大队，年级设中队，原则上以教学班为单位设区队。学院于2014年成立自管大队学生组织，设立学生大队长、区队长、小队长，工作重心全面负责半军事化管理工作，其优点是权力集中、责任明确、指挥灵活、效率较高。

3.管理制度。学院制定《学生半军事化管理手册》，详细明确学生半军事化管理实施办法、军事素质考评管理办法、学生纪律处分暂行规定、半军事化管理量化考核细则、学生考勤管理规定、半军事化管理学生值班方案、学生奖励办法等制度。

（四）以活动为依托，文化深入人心

浓郁的校园活动氛围是半军事文化建设的重要步骤。以丰富多彩的校园文化为依托，以重大节日为契机，开展半军事化管理独有的文化活动，使学生在亲身经历与实践中去感受半军事化管理在成长、成才过程中的巨大作用。

学院特色活动：三月学雷锋海边清扫志愿服务，四月参观思政教育基地，五月军事大比武，六月海洋文化节、交通吉尼斯，七月开展海岛行、军营行社会实践，九月迎新篝火晚会，十月唱红歌比赛,十一月专业知识竞赛,十二月年度表彰、游园会等大型活动。同时开展半军事化管理系列活动,寝室内务比拼、列队歌曲比赛、素质拓展、徒步拉练等活动。

这些寓教于乐、寓学于乐的活动,能够不断激励学生,使学生受到潜移默化的感染教育和润物细无声的情操陶冶,提升半军事化管理文化品位,培育广大师生的认同感和归属感,使之凝聚成一种无形的合力。如表1所示。

表1 "胸怀中国红,心系海洋蓝"半军管文化载体建设略表

层级	项目名称	具体内容及预期目标	特质	阶段
精神文化	迎新晚会	迎新生,增强归属感	有灵魂	铸魂
	交通讲堂	综合素质提升	有灵魂、有本事	
	升旗仪式	坚持开展周升旗活动	有灵魂	
	基地参观	定期组织学生参观思政教育基地	有灵魂、有血性	
	荣誉室建设	建立半军事化管理"军史馆"、荣誉室	有灵魂	
	技能比武	开展军事技能、专业技能比武活动	有本事、有血性	
	社会实践	开展海岛行、军营行社会实践活动	有灵魂、有本事	
制度文化	半军事化管理制度执行	开展半军事化管理标兵评选,发挥典型示范作用	有本事	
	工作制度完善	完成半军事化管理模式下学生工作制度汇编	有灵魂、有本事	
行为文化	文明礼仪	开展专题讲座,评选礼仪之星	有品德	塑性
	纠察工作	建立半军事化管理纠察队	有品德	
物质文化	公共区域布置	军事题材图片上墙	有本事	
	寝室硬件建设	寝室内生活设施建设	有品德	
	服务设施建设	生活服务站,宿舍健身房建设	有本事	

五、结语

交通工程学院通过开展半军事化管理模式下的学生德育工作,多年来,逐步形成了具有学院特色的半军事化管理文化。半军事化管理文化将有形的军事"硬管理"外在强制转变为无形的"软管理"内在自律。在半军事化管理文化的氛围中,交通学院的学生不但具备过硬的专业技能,还具有严格的纪律性和一丝不苟的严谨作风;半军事化管理文化涵盖了学生的思想政治教育工作,学生教育、服务与管理工作和学生各项活动的开展,以正规的制度和形式,形成了严格的学习和生活秩序,使思想工作经常化、管理工作制度化、学生发展专业化、学生行为规范化。

半军事化管理模式下学生德育工作是一项系统工程,也是一项艰巨的任务,需要广大师生共同努力,以脚踏实地的作风和求实创新的精神,积极探索,不断总结、积累,为全面提升半军事化管理水平,真正实现半军事化管理文化奠定坚实基础。

[参考文献]

［1］徐中利.半军事化管理模式下航海类高职院校德育工作探讨［J］.高校教育工程,2010(5):73.

［2］刘姝颖,陈旭.半军事化管理模式下职业院校学生德育工作研究［J］.吉林化工学院学报,2015,32(3):59-62.

［3］尹伶俐.航海院校德育教育中的海洋文化价值培育［J］.中国水运,2008,8(12):259-260.

高职院校轨道交通订单班学生"以岗促育"养成教育研究

武汉船舶职业技术学院　卢　锐

摘　要：高职院校轨道交通"订单式"教育就是就业教育、养成教育。目前,高职院校的"订单式"教育进入高速发展期,加强订单班的岗位教育、职业教育,培养企业需要的高素质技能型人才,帮助学生完成从学校到企业的无缝对接,学生具备长远的职业发展能力,是职业教育的内涵式发展。订单班学校教师班主任不仅肩负教育管理的责任,更应将职业教育融入对学生的过程管理和能力培养中,以岗位特性促进学生养成教育发展,帮助学生"德""技"兼修,形成良好的职业道德行为习惯。

关键词：养成教育　岗位　订单　班主任

作者简介：卢锐,女,1987年出生,讲师,硕士研究生,研究方向：教育经济与管理。

进入21世纪以来,我国城市轨道交通事业飞速发展,随之而来的是企业对轨道交通人才的巨大需求。当前,不少城市以订单班的形式与高职院校合作培养专业人才,因此,如何尽快培养出一支符合企业需求、专业能力强、职业素养高的轨道交通人才队伍,已成为众多高职院校面临的重要课题。

一、"订单式"人才培养模式

所谓"订单式"培养,就是通过校企合作来"按需定教"。即根据企业生产岗位的需求,设置培养目标和教学计划,量体裁衣地培养人才;企业以提前介入学生的教学计划为主要手段,更好更快地满足企业的用人需求。[1]"订单式"培养的具体实施为：①由学校协助,企业公开选拔订单班学生,形式包含笔试、面试、体检,经过综合考核确定甄选名单;②企业与学校签订订单式培养协议,企业确定订单班具体学生名单,学校确定教师班主任;③企业派出管理人员、专业技术人员、企业指导班主任参与到订单班教学管理中,按人才培养计划跟踪订单班学生学习成绩、技能水平、职业素养养成等情况;④根据培养协议安排,一般在订单班学生毕业前半年,学校完成学生在校期间的理论学习与技能培养,企业组织学生进行岗前培训和实习;⑤经过企业的各项考核验收,符合条件的订单班学生予以正式录用。

在"订单式"教育管理过程中,通常有一名学校教师班主任和一名企业指导班主任。教师班主任是订单班的组织者、领导者和教育者,负责对学生进行思想政治教育和日常管理,培育良好的班风学风,教育学生爱国守法、敬业爱岗、不断拓宽知识储备,努力提高职业素养和职业能力,除此以外,还应以岗位教育为出发点,深入进行社会主义核心价值观、职业价值观的养成教育。企业指导班主任一般以见面交流会、学业检查、专业沟通、企业参观等形式参与到订单班日常教育管理工作,学生能从企业指导班主任角度学习到企业文化、企业理念、企业精神、企业要求、工作标准等,对学生构建基本的职业观大有益处。企业指导班主任会定时跟教师班主任了解订单生在校的学习、操行表现,向企业人力资源部门反馈订单生每学期各科成绩、操行成绩、奖惩情况。

二、"订单式"人才培养理论基础

"订单式"人才培养模式的依据来自注重行动和效用的实用主义理论[2]，强调把采取行动当作主要手段，把获得效果当作最高目标[3]。"订单式"人才培养模式是以订单生是否符合企业岗位用工需求、是否高效实用为培养目标的衡量尺度，更将订单生能否通过各环节"验收"作为能否上岗的衡量依据，体现了实用主义的哲学精神。"订单式"人才培养模式也强调"合作教育"，合作的目的是学校将学生在校期间的理论、实操、训练等与企业培养目标结合起来教育，企业、学校、学生三方共同努力，互利共赢。因此，在"订单式"培养模式下，无论从企业、学校、学生哪个角度出发，其培养目标的出发点和终点都是基于实用主义、合作主义的理念进行阐述、探究。

三、"订单式"人才培养养成问题探究

(一)"订单式"人才评价标准问题

企业是以订单生是否契合岗位，能否给企业创造利润为培养评价标准，具体考核标准为学生对工作的积极主动性、对公司要求的配合度、知识技能水平等，而对学生自身的职业发展、爱好特长等不大在意。对学校来说，校企合作是拓展学校办学和人才培养出口的不同形式。学校的真正目的在于培养出一大批"高质量"毕业生，赢得学校良好的就业声誉，带来更多利好面。一般来说，学校对于订单生的培养更多地倾向于学生对岗位的契合度上，学生的职业晋升空间更多地由行业、企业决定。对于学生与家庭而言，最关心的是毕业后的就业前景：能否顺利进入企业工作？收入如何？如果被淘汰怎么办？进企业与否性价比如何？在"订单式"培养过程中，学生和家长最关心的是成绩靠后可能会被淘汰；体检不过可能会被淘汰；能否在实习时分到好的岗位等，而对于是否具备较高学识水平、职业素养并没有迫切的需要。

(二)"订单式"人才职业发展问题

通常，订单班需求人才为轨道交通一线运营人员，工种之间有着不同的能力要求。以轨道交通机电一体化技术专业为例，典型工种有风水电检修工、屏梯检修工、AFC检修工等，订单生在校期间一般采用理论讲授与实践教学结合的教学方式，并考取相应工种的中、高级职业资格证书，但是学生大部分理论基础较差，自身没有很强烈的提升学历层次的意愿和提高各方面职业能力的信心，满足于一线运营、维护、检修的工作，并不利于长远的职业发展。

(三)"订单式"人才个人能力培养问题

从轨道交通机电一体化技术专业订单生需要具备的专业核心能力来看，至少应具备机电设备安装、运行、调试能力；设备日常维护、保养能力；弱电控制、接口技术、计算机网络及通信技术等理解及应用等能力。在实际工作中，学生还应不断主动学习更多先进的专业技术，增强独立思考、判断问题和解决问题的能力。

按照企业与学校签订的订单式培养协议，订单班学生只要遵循培养计划努力学习、提高技能，最终通过考核并被正式录用的比例相当高，换言之，轨道交通订单生经面试、体检等考核后编入班级，就清楚自己以后的职业方向、岗位特性，还应努力使自己在校期间达到企业、行业的岗位用工标准。如果学生能从自身的职业发展角度出发，积极发挥主观能动性，以岗

位为基础,以职业长远发展为规划,不断提升自己的专业能力和职业能力,即是多赢的局面。作为订单班教师班主任,要研究学生如何能掌握职业岗位所需的专业能力,从岗位素养角度出发,培养学生良好的综合素质能力,这既是高职轨道交通订单生就业的基本保障,也是高职订单式教育的内涵式发展需要。社会主义核心价值观中的恪守职业道德,是社会对从业人员的基本要求,以岗位促进订单生养成教育,特别是加强订单生职业道德行为养成教育势在必行。

四、"以岗促育",使"订单式"人才持续发展

(一)明晰班主任职责,培养学生岗位认知

订单班的学校教师班主任、企业指导班主任在订单生不同阶段的教育工作中各有侧重点。学校教师班主任对班级教育管理负全面责任,在学生与学生之间、学生与学校之间、学生与企业指导班主任之间、学生与企业之间发挥桥梁、纽带作用,掌握学生思想动态,解决学生实际困难,引导学生自我教育、自我管理、自我成才。当学生到企业顶岗实习时也要及时了解学生实习、思想动态,配合企业做好学生日常的教育管理工作。

学生对岗位的认知,绝大部分来自企业指导班主任及学校教师班主任,企业指导班主任将岗位"做什么"传递给学生,而学校教师班主任更多地教会学生在岗位上"如何做得更好"。学校教师班主任应把握方向性原则,明确人才培养目标,在班级制度、班风培育、班会内容、班级活动等方面加入企业文化、岗位特性等元素,培养团队文化,让学生充分体验到在学校是同学,在岗位是同事,团队的成就离不开个人的付出,对学生的岗位认知进行启蒙和教育。

(二)协助学生做好职业规划,培养岗位情感

目前,轨道交通订单班学生存在一些择业观和就业观问题,如有学生不愿意从事地铁维护一线工作,认为工作脏累苦,缺乏实干精神;也有学生忽略自己的兴趣和特长,也不对职业之路进行有效规划,一味追求高薪职业,认为地铁工作晋升难度大,忽略脚踏实地的重要性。以就业为导向进行养成教育,能够培养学生对待职业的正确态度,有利于引导学生根据社会发展需要,根据自身的职业理想和实际情况,制订合理的职业目标,也利于学生对自己的就业方向进行准确的定位,建立正确的职业价值观,树立崇高的职业理想,立足本职工作,培养岗位情感[4]。

学校教师班主任要协助学生做好职业规划,除了兴趣爱好、个人能力不同以外,还应注意让学生具备积极探索、踏实肯干的工作和学习作风,对学生进行分类职业指导,避免"一刀切"的情况。要把握整体性原则,教育学生任何职业、岗位的提升与发展,都离不开精神鼓励、心灵塑造和品格的提升,也离不开对职业能力与素养的深化,通过充分沟通,教师对学生就业心理充分认识提供帮助,尊重学生个性发展,引导学生自我鼓励、自我提升,在岗位上自我实现。

(三)鼓励学生积极探索,增强岗位专业能力

岗位专业能力培养需把握层次性原则,在一年级阶段主要是培养学生形成良好学习、行为习惯;二年级阶段强调专业基本能力的掌握;三年级阶段强调职业素养的完善、专业能力的提升。而增强班级学习氛围、鼓励学生积极参加校园活动,是提高学生待人接物能力十分有效的途径。第一,校园文体活动能有效促进学生掌握文明礼仪,提高吃苦耐劳,勇攀高峰等品质。第二,参加各类校园活动,可增强学生的荣誉感,自信心;还可加强学生的挫折教

育,不论获奖与否,都应教育学生只要尽力参与即有收获。第三,参加具有专业特色的课外科技创新与技能竞赛活动,可以通过模拟专业工作流程或工作场景提高学生对专业知识的认识和理解,从而对养成职业道德与素质起到潜移默化的教育作用。[5]

加强班级文化建设,学校教师班主任应该多设计有利于职业道德与素质养成的相关活动,如职业礼仪、岗位技能竞赛、职业规划书、压力面试等,通过班级氛围、校园活动,可以有效营造职业道德与素质养成教育良好育人环境。

(四)培养学生职业精神,增强岗位敬业之心

高职学生年轻富有朝气,自信有抱负,但不少高职学生缺乏职业生涯规划,好高骛远,对社会实践缺乏了解和清晰的认识。订单班学生要体现自身人生价值和社会价值,就必须完善自我人格,了解市场,积极融入社会。一个人是否敬业体现在其对本质工作是否热心、态度是否端正、是否勇于突破困境精益求精。学生缺乏敬业之心,更深层次原因在于缺乏责任感。良好的职业道德要求学生具备职业理念、态度良心、品质责任,在实际工作中以人为本,服务群众,奉献社会。学校教师班主任要重视教育学生增强岗位敬业之心,杜绝拜金主义、享乐主义、贪污腐败、徇私舞弊、弄虚作假等不良现象,要珍惜自己的岗位,努力提升岗位的价值,才能让自己的个人能力与价值得到体现和升华。作为社会一员,必须具备良好的职业素养、以德为先,从我做起,积极践行社会主义核心价值观,才能更好地适应社会、服务社会。

五、结论与反思

从轨道交通行业发展来看,"订单式"人才培养形式方兴未艾,校企合作还有很多领域亟待深入研究,在"订单式"人才培养形式中,学生的理论学习、实践学习和企业文化教育不断交融,丰富了思想教育的内涵。订单生的养成教育涉及方方面面,尽管学生处在对社会、企业的初步了解阶段,但他们内心渴望能对企业有更多的了解,也渴望得到企业的认同。因此,学校教师班主任不仅要引导学生接触企业、了解企业文化和企业需求,早日适应企业管理,缩短工作适应期,还要加强订单班的过程管理,培养学生可持续发展的能力。"订单式"人才培养是一个认识不断深入、发展的过程,教育的内外环境等各方面都有可能发生变化,这就要求高职院校、教师秉持育人为本,德育为先的教育理念,形成良好的岗位养成教育学习氛围,帮助学生"德""技"兼修,形成良好的职业道德行为习惯。

[参考文献]

[1] 余钢.城市轨道交通人才订单式培养模式探讨[J].城市轨道交通研究,2009(7).

[2] 胡宏亮.轨道交通类高职院校订单式人才培养模式研究:以南京铁道职业技术学院为例[D].南京:南京农业大学,2013.

[3] 李辉,赵玲洁,范文静,等.适应"订单"培养 改革英语教学[J].石家庄职业技术学院学报,2008(3).

[4] 张世萍.就业导向下思想政治教育模式分析[J].科教文汇,2018(2).

[5] 鲁葵蓉.高职学生职业道德与素质养成教育改革[J].教育与职业.2015(31).

高职学生生态文明素养的培育对策研究

武汉船舶职业技术学院 艾丽容[①]

摘 要：自十八大以来，"生态文明"和"美丽中国"成为热门话题。党的十九大报告再次强调人与自然的和谐共生，建设生态文明是中华民族永续发展的千年大计。大学生是未来生态文明建设的主力军，文章从大学生生态文明素养的现状出发，通过问卷调查翔实的数据分析，指出大学生生态文明素养的培育需要政府、高校、学生联动形成合力，并给出了为建设美丽中国，高职学生生态文明素养培育的具体对策。

关键词：高职 生态文明 素养 培育 对策

作者简介：艾丽容，女，1979年出生，副教授，硕士研究生，研究方向：高职教育。

随着科学技术和生产力的快速发展，人类在不断满足物质需要的同时，生态环境对经济和社会的发展制约愈演愈烈，环境遭到严重污染，生态系统遭到严重破坏，面对这种形势，党的十九大再次强调了人与自然的和谐共生。明确指出，"建设生态文明是中华民族永续发展的千年大计。必须树立和践行绿水青山就是金山银山的理念，坚持节约资源和保护环境的基本国策，像对待生命一样对待生态环境，统筹山水林田湖草系统治理，实行最严格的生态环境保护制度，形成绿色发展方式和生活方式，坚定走生产发展、生活富裕、生态良好的文明发展道路，建设美丽中国，为人民创造良好生产生活环境，为全球生态安全作出贡献"[1]。

生态文明建设功在当代、利在千秋，还自然以宁静、和谐、美丽是我们的历史使命。大学生作为社会主义接班人，承担着国家和民族未来发展的希望，肩负着建设"美丽中国"的重任，如何加强思想意识形态教育，帮助他们树立生态文明的自觉理念，培育科学的生态观，引导他们培养生态的道德意识和文明的生态素养，是关乎整个社会未来的发展问题，也是顺应时代发展的迫切需求，更是高校实现又好又快发展的必然要求，还是大学生实现全面发展的内在诉求。

一、大学生生态文明素养现状调查分析

通过问卷调查了解高职院校大学生生态文明素养的教育现状，为进一步开展生态观教育、提升大学生生态文明素养提供参考依据和有力支撑。

（一）调查对象

为全面了解大学生生态文明素养及生态观教育情况，研究采取问卷调查与访谈相结合的方式，在武汉船舶职业技术学院、武汉职业技术学院、武汉铁路职业技术学院和湖北职业技术学院四所国家示范高职院校，共选取500名2015级（二年级）学生作为调查对象，调查采用不记名、随机抽样方法，理工类和文史类学生样本各占一半。调查共发放问卷500份，

① 基金项目：武汉船舶职业技术学院院级项目"武汉船舶职业技术学院招生宣传策略及路径研究"（项目编号：2016WZ03），主持人：艾丽容。

回收有效问卷489份,有效率为97.8%。

（二）调查数据

1.关于生态文明知识和意识方面。

调查问卷共设计了5道题,从数据结果来看,大学生对生态文明基本知识有一定的了解,但生态意识还不够强烈。比如对"生态文明的概念"了解程度,16.23%的同学表示非常了解,68.17%的同学表示有一定了解,10.25%的同学表示听说过但不清楚,5.35%的同学表示完全不了解。对"世界环保日是哪一天",一半的学生表示不知道。对"垃圾的处理意见",98.56%的同学表示会将垃圾丢进垃圾桶里,但是只有36.68%的人会将垃圾分类,4.63%的同学认为将垃圾分类是件麻烦事。而在问到"垃圾的分类标准"时,只有11.35%的同学表示清楚了解。如图1所示。

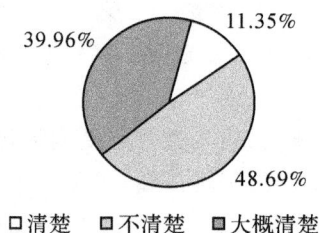

图1 关于垃圾分类的调查研究数据统计

2.在生态文明认识和行为方面。

问卷在该方面共设计了5道题,从总体来看,大学生的生态文明行为不是很积极。在"下课结束后,你是否会主动关灯"这道题中,15.25%的同学选择会,42.38%的同学选择偶尔会,42.37%的同学表示没太在意。对于"在旅游景点观光时,发现有人在文物古迹、建筑物上涂抹刻画"的态度时,如图2所示。只有11.87%的同学表示会立刻制止,69.32%的同学表示将情况告诉他人,等待他人制止,剩下18.81%的同学表示管不了。这说明大学生有一定的环保意识,但未能将生态文明意识内化为日常行为习惯,环保责任意识有待提高。

在旅游景点观光时,发现有人在文物古迹、建筑物上涂抹刻画,您的态度是?

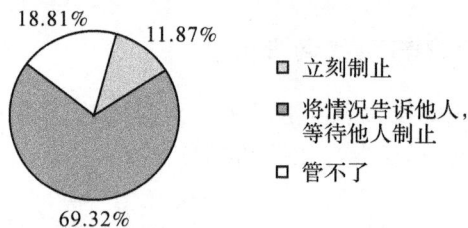

图2 对旅游景点涂抹行为的调查研究数据统计

3.高校大学生生态文明教育方面。

问卷在该部分共设计了5道题。调查数据显示,情况不是很乐观。在问及"获取生态文明道德知识的途径"时,只有53.68%的学生表示从思想政治教育课中获取,而14.86%的学生表示从未接触过。这说明很多高校对大学生生态文明素养的培育工作不太重视,未能发挥思想政治教育课的主阵地作用。对"你所学的专业课中,是否涉及生态文明教育内容"这道题,近五成的学生选择无,42.19％的学生虽然选择了有,但都是简单涉及。而在问到"你认为是否有必要在大学开设专门的生态文明教育课程"时,高达 89.79％的学生表示很有必要,如图 3 所示。由此可见,高校涉及生态文明教育的内容相对较缺乏,大学生生态文明素养的培育工作有待加强。

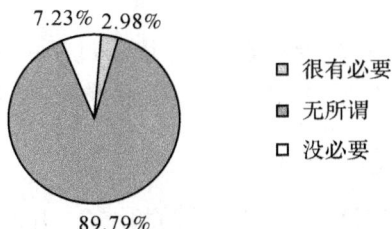

图 3　关于开设生态文明课程的调查研究数据统计

（三）调查结论

从调查数据来看,绝大部分大学生有积极的生态环保意识和认识,但仍有不足之处,概括如下。

1.生态文明主体意识弱化。

从调查和访谈的数据看,大学生对生态文明知识有一定了解,但大部分同学文明主体意识较弱。通过访谈了解到,绝大多数同学都存在类似现象:他们认为"倒掉剩饭剩菜"只是有些浪费,但倒掉的是他自己的钱,与生态无关;平时购物时鲜少注意环保标志;对于校园里随地乱扔瓜壳果皮的,不会上前制止,认为制止也无用;只有少数的同学会注意自己的行为是否与生态文明要求一致,等等。如何让大学生意识到自己就是生态文明建设的主体力量之一,如何让他们自觉勇敢地承担起生态文明建设的重任,这是高校乃至全社会需要研究的重点课题之一。

2.生态文明行为习惯失范。

日常行为习惯是一个人综合素养的具体体现,好的行为习惯不仅有利于个人的发展,还会积极影响他人,甚至能惠及社会。当代大学生的生态文明行为习惯令人担忧。调查与访谈结果显示,不到 40％的学生平时会对垃圾进行分类投放,而仅有 11.35％的学生对垃圾分类比较清楚;绝大多数人平时外出包里从不准备备用垃圾袋;宿舍里的废旧手机电池基本上是直接扔垃圾桶;班级集体活动很少涉及活动后的垃圾由谁来处理;遇到时间紧急,偶尔也会走"捷径"去教室,等等。大学生生态文明素养的培育要从好的习惯做起,从点滴做起。

3.生态文明宣传教育缺失。

调查表明,绝大多数同学接受的生态文明教育来自学校,而学校涉及生态文明教育的课程和内容较匮乏,53.68％的学生表示在思想政治教育课中学过相关知识,但印象不是很深,其他专业课中也鲜少涉及;在校园里很难听取有关生态文明的专题报告;在互联网也很少见到开放、绿色、共享的生态文明教育网站,等等。多数学生认为我国的生态文明教育宣传力度远远不够,教育效果也不尽如人意。

二、大学生生态文明素养的培育对策与建议

大学生生态文明素养的培育是一个系统的、逐步实现的过程。在这一过程中,需要政

府、学校、学生个体之间的联动,多管齐下才能事半功倍。既要结合大学生生态文明素养的现状,还要结合党、国家生态文明建设的主导方向,遵循社会发展的基本规律和学生的成长规律,形成一个总的思想原则和文化纲领,给出具有实际操作意义的对策意见。

（一）基本原则

1.整体规划、系统设计原则。

大学生生态文明素养是一种综合性素养,在培养过程中一定要注意整体规划、系统设计,要从整个社会、整个教育教学过程、各个环节处着眼,注重各环节的关联性,采取宏观引导与微观塑造相结合的方式。

2.注重实践、贴近生活原则。

所谓注重实践就是要求理论教育与实践活动相结合,引导大学生从理论走向现实,从书本走向生活,从学校走向社会,主动参与生态文明建设的实践活动中。从身边的点滴小事做起,从日常行为习惯抓起,让学生的生态文明素养在潜移默化的熏陶中提升、在春风细雨般的氛围中自发生长。

3.形式多样、分类引导原则。

大学生接触事物和信息的渠道非常广泛,容易受多方面因素的影响,这就要求从大学生生态文明素养存在问题的实际出发,面对不同问题就要采取不同的方法,有的放矢,针对性地开展工作,不断提高培育的实际效果。

（二）对策与建议

1.政府层面:彰显执政担当,做好顶层设计,明确社会导向,营造生态文明整体氛围。

①彰显执政担当,做好顶层设计。

政府的宏观布局及顶层设计将直接影响生态文明的社会地位和社会导向,以及人们对生态文明的看法和态度。"我们一定要更加自觉地珍爱自然,更加积极地保护生态,努力走向社会主义生态文明新时代""要把生态环境保护放在更加突出位置,像保护眼睛一样保护生态环境,像对待生命一样对待生态环境"……以习近平同志为总书记的党中央彰显执政担当,将建设生态文明、推进绿色发展视为关系人民福祉、关乎民族未来的长远大计,融入治国理政宏伟蓝图。这必将对新时期大学生的思想、观念、行为、意识等产生积极导向作用,对其生态文明素养的塑造产生积极影响。

②完善制度建设,明确社会导向。

政府部门充分发挥宏观调控职能和市场监督职能,出台并完善生态文明建设的相关制度,通过制度规范的固化和法律的强制力、约束力来规范各种社会行为。要为大学生生态文明素养的培育奠定社会基础,让大学生切身感受到生态文明素养在日常行为中的重要性,进而提高其在生态文明建设中的正义感和责任感。

③加大宣传力度,营造积极氛围。

要充分调动社会各领域、各部门力量,如环保部门、文化教育部门、各媒体机构、行政部门以及企事业单位等投入到生态文明建设中去,表明政府生态建设的决心,形成以"政府主导、企业主体、多方参与、全民行动"的工作格局,各司其职、各显其能、各尽其力。通过征文、生态文化展等形式多样的手段加大生态环保宣传力度,调动社会公众参与生态文明建设的热情,形成全民参与的局面,为大学生生态文明素养的培育营造良好的大环境。

2.学校层面:坚持立德树人,履行育人使命,充实教学内容,将生态文明理念融入教育全过程。

①坚持立德树人,履行育人使命。

高校要坚持把立德树人作为办学的根本任务,要站在国家战略发展高度,履行职业教育的时代育人使命。要对大学生强化节水、节电、节粮教育,引导他们树立尊重自然、顺应自然和保护自然的生态文明意识,践行勤俭节约、绿色低碳、文明健康的生态发展观,引领社会绿色风尚。

②纳入培养规划,丰富教育内容。

高校要将生态文明素养培育纳入人才培养方案中,做好大学生生态文明素养培育的整体规划和顶层设计,让生态文明理念融入教育教学全过程。要将生态哲学、经济学、政治学、生态史或生态治理学等类似学科作为必修课纳入培养整体规划中;还要注重学科之间的互相渗透,在基础课中强化生态道德知识和宣传贯彻环境保护的相关法律法规,增强大学生的生态文明道德意识及法律自觉。专业课中融入节水、节电、节能、节粮教育,杜绝铺张浪费,等等。

③思政教学引领,言传身教示范。

高校要充分发挥思政教学主阵地功能,要把生态文明教育内容作为思政课教育的重要内容之一。在思想政治课中,突出生态文明相关内容,普及生态文明法律法规和科学知识,让大学生了解资源环境方面的国情与世情教育情况,通过思政课老师言传身教示范,帮助学生在正确的世界观、人生观和价值观的指导下,建立起科学的生态观。通过《马克思主义基本原理概论》课,帮助大学生更好地认识人与自然、人与社会的辩证统一关系;通过《毛泽东思想和中国特色社会主义理论体系概论》课,帮助大学生认识生态环境的现实问题,并学会理性分析问题,激发其自觉参与生态文明建设的积极性和主动性;通过《思想道德修养与法律基础》课,帮助大学生了解生态文明相关法律法规,激发他们热爱大自然的激情,强化他们保护善待大自然的责任感、使命感和正义感,将生态文明素养内化于心、外化于行。

④强化实践教育,营造积极氛围。

实践是对理论教学的延伸和补充。高校要发挥实践教学功能,将生态文明素养的培育内容融入实践教学过程中,寓教于乐。可以组织大学生参观自然风景区,让他们与大自然进行亲密接触,让其在感受美丽中国大好河山的同时,激发他们热爱自然、崇尚自然和保护自然的热情和使命感;也可以通过寒暑假组织学生开展生态环保专题调研活动,让学生了解社会生态问题的严峻现实,唤醒他们的生态环保意识和责任意识;还可以在校园内开展生态环保的相关讲座、学术报告、知识竞赛、生态知识辩论赛等教育活动,强化大学生对生态环保问题的认知[2];甚至可以构建校园生态文明教育专题网站,通过网络平台传递生态文明的相关信息,加强师生互动,让学生从关注国家社会生态环境的热点、焦点、难点、重点问题着手,让他们意识到生态环境问题的重要性,激发他们投入社会生态文明建设中去……总之,要在校园范围内营造"人人参与生态文明活动、时时关注生态环保问题"的积极氛围,让学生在活动中提高生态文明认识,提升生态文明素养。

3.学生层面:坚定理想信念,提高生态觉悟,适应生态环保新常态,塑造生态环保新人格。

①坚定信念,提高生态环保觉悟。

生态文明建设目标的实现需要仰仗每个社会公民的身体力行。大学生不仅是社会公民的一分子,也是未来生态文明建设的主要依靠力量,他们的生态觉悟和涵养将直接关乎生态文明建设的进度。作为新时代的大学生,一定要坚持社会主义理想信念,坚定不移维护党中央权威和党中央集中统一领导,牢固树立大局意识、核心意识和看齐意识,主动投身生态文明建设中去。从日常生活、行为习惯着手,注意节水、节电、节能、节粮,不铺张浪费,杜绝奢侈品等,自觉抵制破坏生态环境的不良行为,养成勤俭节约的好习惯。

②与时俱进,适应生态环保新常态。

党的十八报告将生态文明提升到前所未有的高度,生态文明建设和环境保护领域进入新常态。我们要像保护眼睛一样去保护生态环境,像爱护生命一样去爱护生态环境。作为新时代的大学生,一定要树立强烈的生态文明意识,与党和国家政策步调一致!积极参与社会、学校组织的各种生态文明实践活动,理性对待现实中的生态问题,提高分析、处理生态问题的能力,提升生态文明素养,适应生态环保新常态[3]。

③加强学习,塑造生态环保新人格。

从问卷调查和访谈中,我们了解到大学生生态环保知识远远不够,学习的空间还很大。大学生要适应时代发展需要,就要积极主动学习生态环保的新知识,在学习中提升个人修养、完善人格,提升生命境界。

[参考文献]

[1] 习近平.决胜全面建成小康社会夺取新时代中国特色社会主义伟大胜利:在中国共产党第十九次全国代表大会上的报告[M].北京:人民出版社,2017.
[2] 贾樱.大学生马克思主义生态观教育研究[D].重庆:重庆工商大学,2015.
[3] 周怡波.当代大学生生态文明素养培育研究[D].西安:长安大学,2015.

"工匠精神"培育下的高职德育教育载体创新研究

秦皇岛职业技术学院　　王宇航　　张　会

摘　要：自 2016 年政府工作报告、十九大报告相继提出"工匠精神"以来，重拾"工匠精神"成为当今时代赋予职业教育的新要求。作为工匠摇篮的高职院校，必须担当起这一时代重任，创新德育载体，传承工匠精神。文章阐述了"工匠精神"内涵，分析了高职德育教育载体对工匠精神培育的支撑，在此基础上，提出了"工匠精神"培育视域下的高职德育教育建设路径。

关键词：工匠精神　高职院校　德育

作者简介：王宇航，女，1975 年出生，副教授，硕士研究生，研究方向：职业教育研究。张会，女，1985 年出生，讲师，硕士研究生，研究方向：职业教育研究。

2016 年 3 月 5 日，政府工作报告中首次明确提出了"工匠精神"。在党的十九大报告中习近平总书记指出要大力弘扬劳模精神和工匠精神。伴随"中国制造 2025"的出台和"供给侧"帷幕的全面拉开，制造业转型升级（从"中国制造"向"中国智造"）成为中国经济发展的必然，这一历史进程需要大批拥有正确的职业观、能践行"工匠精神"的高素质技术技能型人才，"中国工匠"培育已成为高等教育的时代使命。作为培养具备工匠精神的高素质技术技能型人才重要阵地的高职院校，加强工匠精神培养不仅有利于职业教育的发展，也有利于学生未来的自我发展。

一、"工匠精神"的含义

"工匠精神"一词源自著名企业家聂圣哲。"工匠精神"是指从业者在产品设计、生产、制作……工作过程中精益求精、精雕细琢、追求完美的工作理念与工作状态体现，也是敬业精业和乐业精神的集中体现。可理解为从业者对所从事职业成效孜孜不倦地追求极致完美。从国家视角看，"工匠精神"是一个国家或民族的精神信仰与境界，表现为一种精气神。综观世界各国经验，美国的强大、战后德日的迅速崛起，无一不是源自工匠精神的有力支撑。在我国，"工匠精神"是民族文化的重要组成部分，是践行社会主义核心价值观的有力保障。我国要建设文化强国、制造强国和质量强国，实现中华民族的伟大复兴，就要大力弘扬"工匠精神"，厚植工匠文化，恪尽职业操守，崇尚精益求精，培育众多中国工匠。从企业视角看，"工匠精神"是职工对所从事职业对象的热爱与专注，表现为一种敬业与乐业的愉悦与享受。我国社会从计划经济的短缺时代转变为产能过剩时代，市场从卖方市场转变为买方市场，消费者对产品质量的要求越来越高，国人对国外品牌产品的抢购，本质上是对产品品质的追求。因此，企业要发展，就要强质量、树品牌，而高品质产品的产出与具备工匠精神的高素质劳动者息息相关。从个人视角看，"工匠精神"是个人对产品品质精益求精的追求，表现为个人努力持之以恒的内在动力。因此，"工匠精神"既是一个国家、一个行业不可或缺的思想文化，更是提高个人职业能力、职业竞争力的核心文化。

作为高素质技术技能型人才培育基地的高职院校,其德育教育是对学生良好道德品质形成的一种教育。加强学生"工匠精神"的培育,将"工匠精神"融入德育教育中,寻找培育学生德育新路径,提高学生德育的针对性和实效性,是高职院校顺应时代发展,助力培育"工匠精神"的历史使命。从德育养成角度培育学生"工匠精神",不仅可以弥补专业领域培育"工匠精神"的不足,还可以开辟"工匠精神"的培育路径。从德育视角看"工匠精神",其主要内涵体现在以下几方面:一是敬业守信,二是执着专注,三是精益求精,四是作风严谨;五是推陈出新。

二、高职德育教育载体对"工匠精神"培育的支撑

(一)德育教育人才培养标准与"工匠精神"诉求相匹配

高职院校德育教育不仅关系到学生的思想道德,还关系到学生的职业操守,是树立学生价值观的重要途径。德育教育水平反映了职业院校学生的职业道德与素养。我国要从"中国制造"向"中国智造"进发,这一进程需要大批高素质技术技能人才。这就需要高职院校在德育培养过程中,既要注重人才质量提升与职业操守培养,也要注重学生工作态度、精益求精以及创新精神的培养。而"工匠精神"恰恰要求学生具备敬业守信、执着专注、精益求精、创新精神的品质,恰好与德育教育人才培养标准相匹配。因此,将德育教育与"工匠精神"有机融合,可以为国家培养出更多具备"工匠精神"与职业操守的高素质技术技能型人才。

(二)德育教育载体养成学生"工匠精神"

"工匠精神"属于职业精神范畴,是对所从事的工作的执着,对生产的产品精益求精、精雕细琢的精神。通过高职院校德育教育养成学生的"工匠精神"具有重要的实践价值和理论意义。首先,德育教育载体养成"工匠精神",拓展学生的职业素养。很多高职院校强调在专业层面(现代学徒……)培育学生"工匠精神",但这种做法的培育力度并不够。"工匠精神"是从业者对所从事职业的素养和精神理念,是思想政治教育目标。通过德育教育载体,学生学习"工匠精神",明确职业活动的基本规范和要求,从而提高自身职业认知能力、判断能力和正确的价值理念。从德育角度培养学生"工匠精神",能够开辟"工匠精神"的培育路径,弥补专业领域培育"工匠精神"的不足。其次,以德育养成"工匠精神",能够发展学生的职业品质。高职学生处于高招录取链末端,他们普遍缺乏学习主动性和持之以恒精神,不能静下心来刻苦钻研,缺乏学习的自信心,遇到困难不能坚持到底竭力克服,与"工匠精神"不能完全吻合。以德育养成"工匠精神",能够培养高职学生坚持、专注,精益求精,一丝不苟等职业品质。

三、"工匠精神"培育视域下的高职德育教育建设路径

(一)优化创新教学、管理模式,为弘扬"工匠精神"夯实基础

习近平总书记在十九大报告中,明确指出要全面贯彻党的教育方针,落实立德树人根本任务。高职院校通过不断优化创新教学、管理模式,可更好地落实立德树人根本任务、传承中国传统文化、弘扬"工匠精神"。

课堂是德育教育的主阵地,高职院校可通过课堂教学、专业实训、思政课辅助等途径对德育工作精雕细琢。在课堂教学中,教师应结合行业特点分析本专业岗位应具备的职业精

神,在教学过程中逐步将"工匠精神"、中华传统美德、现代社会需求融入其中,在提高学生专业技能的同时,培养学生认真执着、细致耐心的职业精神;在专业实训中,教师应锻造练就学生"工匠精神",让学生在实践中感悟工匠精神的社会价值,让学生充分理解并感受崇德尚贤、德艺双馨、追求极致、精益求精的"工匠精神"内涵,从而全面提升其专业素质与职业素养,使之成为高素质专业型人才;在思政课中,教师应高度重视"工匠精神"的培育,帮助学生确立敬业、乐业的职业态度;树立德艺双馨的职业品质;坚定精益求精的职业信念,充分发挥思政课在实现工匠精神德育作用过程中的先锋力量,培养一代又一代具有家国情怀的职业人。

"工匠精神"的培养既可以在课堂中渗透,又可以在日常生活中锤炼。因此,高职院校还可通过习惯养成、职业活动等教育管理方式对德育工作精益求精。教师在教育管理中要细致入微和严格要求,注意养成教育,培养他们正确的价值观和行为习惯,培育他们的信心耐心和坚忍不拔的"工匠精神",对学生进行家国情怀、社会主义核心价值观教育,提升学生思想境界、净化学生灵魂,从而培养学生的责任、担当意识;开展丰富多彩的职业活动,引发学生对"大国工匠""一带一路"等主题的探讨,从而培养正确的价值观和择业观,以职业活动润物细无声般的德育渗透作用达到高职院校实现立德树人的燎原之势。

(二)创新实践载体,为弘扬"工匠精神"开拓途径

习近平总书记在十九大报告中,明确指出要完善职业教育和培训体系,深化产教融合、校企合作。高职院校通过不断创新实践载体,可更好地深化产教融合、校企合作,为弘扬"工匠精神"开拓途径。

实践出真知,学生只有在实际的学习工作中才能体会到"工匠精神"的深刻内涵,才会去注重培养和践行"工匠精神"。高职院校可采取校企合作、工学交替的模式,浸染"工匠精神"。校企合作:校方可请企业优秀的人才到学校德育课堂为学生们分享他们的心路历程,完美诠释"工匠精神"。加大企业文化的宣传,营造"工匠精神"氛围,使得高职学生在企业文化熏陶的同时,潜移默化地接受企业的工匠文化;工学交替:让学生从课堂转移到企业,与企业前辈、劳模等工匠精神的代表人物进行交流和学习,在与"工匠"朝夕相处中,近距离感受工匠师傅对产品的精雕细琢、精益求精,切身感受企业文化、浸染"工匠精神",从而进一步提升职业素养和职业精神。学生定期去企业实践,可系统地接受专业实践锻炼和岗位示范训练,得到企业优秀人才的言传身教,进而更好地培养出新的工匠,通过这种现代学徒制让学生在技术培养的过程中传承"工匠精神"。

(三)锤炼校园文化,为弘扬"工匠精神"营造氛围

习近平总书记在十九大报告中,明确指出要坚定文化自信,推动社会主义文化繁荣兴盛。高职院校通过不断锤炼校园文化,可更好地推动社会主义文化繁荣兴盛,为弘扬"工匠精神"营造氛围。

环境文化:环境对一个人的濡染和熏陶是潜移默化的。高职院校要秉持环境育人的道理,让校园的每一面墙壁都会"说话",可以把习近平总书记、李克强总理对弘扬"工匠精神"的重要指示和"工匠精神"相关标语以墙体文化的形式绘于高职学校教学楼、实训楼、外墙体等各个场所,全方位营造"工匠精神"氛围,使"工匠精神"深入人心。

阵地文化:除了课堂的主阵地文化,高职院校还可通过校刊、学校网站、微信公众号、展

栏、黑板报等文化阵地,弘扬匠心文化、营造工匠氛围。可通过推送工匠文章、宣传工匠学生、报道工匠社团活动、交流工匠文化,使学生学习生活都浸染在浓郁的"工匠精神"文化氛围中,使"工匠精神"内化于心。

　　赛制文化:以赛促建,融入"工匠精神"。高职院校可在全校范围内广泛开展以"工匠精神"为核心的一系列技能比赛或主题比赛,同时让技能比赛实现常态化,实现周周有赛、课课有评,在全校范围内掀起弘扬"工匠精神"的热潮,把精雕细琢、精益求精、追求极致的"工匠精神"融入到技能训练和技能比赛中,让学生在此过程中不断提高工匠素养,成为德艺双馨的工匠人才,进一步夯实德育实效,使"工匠精神"渗透到校园的每个角落,使"工匠精神"融结于心。

[参考文献]

[1] 周福宁.德育教育与大国工匠之间的融合[J].现代职业教育,2017(6).

[2] 庄丽珠.在德育教学中培养学生工匠精神的可行性研究[J].职业,2017(10).

[3] 张浩.工匠精神与德育"生命化"课堂[J].现代职业教育,2016(8).

[4] 陈芸.论职业教育中"工匠精神"之德育性研究[J].课程教育研究,2017(11).

[5] 张艺东.刍议当代工匠精神如何引入技工院校德育课堂[J].教育现代化,2017(11).

社会新转型影响下的德育课堂生态反思

——以后情感主义、后物质主义、技术依赖为视角

苏州工艺美术职业技术学院　黄　琴

摘　要：社会新转型期，后情感主义、后物质主义、技术依赖等特征对高校的德育课堂教学生态的影响潜移默化。后情感主义的大学德育课堂，不再是对真实生命体验的表达和分享，而是通过虚假的话语和规训化的流程完成教学过程。后物质主义价值观转向下的德育课堂上，大学生特别强调自尊、自我表达、自由权利、个体感受，形成师生话语权争夺的代际冲突。德育课堂的技术依赖也引发了师生的情感抽离、主体性缺失、话语压抑的现象。社会新转型影响下的德育课堂生态需要师生共同的价值思考、精神建构、文化自觉，实现从学习共同体向人生发展共同体转变。

关键词：后情感主义　后物质主义　技术依赖　德育课堂生态

作者简介：黄琴，女，1972年出生，副教授，硕士研究生，研究方向：马克思主义理论和思想政治教育。

党的十九大报告指出：中国特色社会主义已经进入了新时代。经过改革开放40年的发展，经济、物质等方面的社会转型特征显而易见，而隐藏在日益变化的经济、物质特征背后的诸如后情感、后物质、技术依赖等社会新转型期的深层特征，也是需要着重把握和研究的，因此，探讨社会新转型期后情感主义、后物质主义、技术依赖等特征对高校的课堂教学生态的潜移默化的影响是有必要的，一方面作为把握新时代脉搏的一条路径，另一方面亦可作为反思新时代社会新转型期的高校德育课堂教学如何应对的一种视角。

何谓"后情感主义"？斯捷潘·梅斯特罗维奇在《后情感社会》一书中指出：我们今天的社会已经进入了"后情感"时代。后情感主义热衷于成批生产虚拟性情感。何谓"后物质主义"？最早提出后物质主义价值观并对其进行详细阐释的美国学者英格尔哈特认为，后物质主义是从工业化社会步入现代化的过程中，个人的价值观从强调经济繁荣、物质安全到重视自我表达、生活质量、政治参与的一种转向。技术依赖则是指高校德育课堂教学对现代科技、新媒体及智能网络等的依赖。

上述德育课堂现状和所提概念有何关联？又是如何影响德育课堂生态？这些问题值得深刻省思。

一、德育课堂进入了"后情感时代"

情感主义的德育课堂生态是指课堂教学基于人（师生）的真实生命状态和主体情感，且在相互信任的基础上这种情感是可以被接受和理解的。

如果把教学内容作为工具，把感情作为媒介——教师必须投入情感，价值观亦附着于情感易于传播，而学生则可能全无感情投入，反而生出对教师情感投入的逆反。如果把师生关系作为利益交换，那么德育课堂生态中就只有工具化的假象、程式化的表演和相互离间的异

化的人——包括教师和学生。

因为课堂教学进行了预设,为了达到预设的目标而拒绝了动态各异、活生生的人加入,德育课堂才能如此流畅顺利,无法产生因为人的不确定性情感体验和思索碰撞带来的意外惊喜。从教师方面来看,由于代表社会表达意见,自身情感被抑制,非理性被排除。从大学生方面来看,课堂学习是冲着挣学分或者实用而来,刻板的德育课堂教学不如时刻"抚触"的无线网络更"精彩纷呈",因此,即使课堂教学完成了预设的任务,而教学过程却支离破碎,不堪推敲。

"在后情感时代,情感不是减少了而是增多了,不是减弱了而是增强了,只不过这种所谓情感已经成为情感的替代品而不能当真了。"后情感主义中的"调侃"被大学生理解为幽默、挑战。情感的真实性和教学话语的本真性被消解了,转化为有意识的情感虚拟、话语虚拟。而虚拟情感和虚拟话语的产生,使教学中的真实被抽离,德育课堂生态中的师生只是这场虚拟过程中的替代品而已。我们面对的教与学不再是对真实的、生命经验的表达,而是通过制造各种各样的虚假体验和虚假话语来实现对师与生的操控。

德育课堂受到后现代主义、日常主义、先锋主义、后情感主义、魔幻主义等众力拉扯,势单力薄、力不从心。面对大学生情感主义和后情感主义错杂的德育课堂表现,情感主义的教学路径是否还行得通?答案是肯定的。能打动人心的唯有真实的情感和生命体验,而大学生所表现出来的后情感主义倾向并非是零情感,实质是对虚假情感和生命体验的质疑和批评,其背后恰恰蕴藏着至深的情感需求,所以德育课堂生态中大学生后情感主义的表现实质还是想寻找到情感的落脚点,只不过用了一种有别于传统的诉求方式。即"借壳"离经叛道的后情感表现换得真实的情感碎片关怀。双向互动、自由游戏、随意表达则是大学生期待的获得生命体验和主体尊重的课堂介入途径。这场"情感迂回战"中,大学生试图以自己的方式,获得德育课堂的话语权,改造德育课堂的师生关系,重新定义德育课堂的生态。

德育课堂生态中也存在着话语之间纠结的困境,可以说师生在德育课堂上都存在着话语焦虑和话语异化现象。德育课堂上,师生尤其是大学生处于被建构、被沉默的尴尬地位,他们被规范在教学话语系统中,与自身的话语系统相隔离。大学生自身已经没有了对德育课堂教学主旋律建构的身份认同,课堂上同辈群体也对自由取向和个性化表现持拥护态度,他们对于承载过重负担的学生角色表示出厌倦,大学生价值观上的离心力也是德育课堂生态中话语平衡失调、人际互动失调的潜在破坏因素。打破这种师生共同失语的局面,迫切需要营造适于他们表达自己、阐述自己观点的机会和空间,尤其是大学生。在自我意识和利益动机方面,德育课堂教学的主流期待与大学生现实的思想和言行之间存在着跨代性的距离。大学生在德育课堂的组织结构和话语体系中缺少表达自身的权利、参与构建德育课堂生态的权利,参与文化生成的权利,成为德育课堂的"局外人"。为打破僵局、寻求共识,这样的较量需要师生、校学双方发自内心的省思,然后为改善德育课堂生态而做出各自的精神变革,实现平等对话。诚如米德所言,"应当把孩子当作能够直接做出贡献的人,而不应当仅仅当作不起眼的学习者"。

二、后物质主义价值观时隐时现

后物质主义价值观的概念一般都用在环保、生态领域中,但不容否认的是,后物质主义价值观的先行影响实际上也已经在青年一代的思想观念中悄悄发生。无论是物质主义还是后物质主义价值观，其聚焦中心都是生活质量，分歧在于物质主义价值观的衡量标准倾向物质丰富和经济满足，而后物质主义则在已经达到物质丰富和经济满足之后更倾向于个体的自我成长和精神满足。

按照物质主义和后物质主义的定义，当下大学生面临着生存基本需求和个体发展精神满足等高级需求的双重任务，在价值观上处于物质主义和后物质主义共存的阶段。一方面，大学生对物质的需求层次较高；另一方面，在自尊意识、满足感受、自我表达、个体发展、生活质量等非物质需求方面，大学生也较父母一代更加重视。虽然物质主义价值观干扰在德育课堂生态场域中并不显见，而后物质主义价值观就在德育课堂上凸显出来了，如现代大学生特别强调自尊、自我表达、自由权利、个体感受等。

高校的德育大课堂极大地降低了对每个学生主体的关注可能性，也削弱了大学生自我表达的充分性和普遍性，德育课堂的评价又都偏向于显性的"物化参与"——出勤、发言、作业、考试、成绩。较难考察大学生隐性的思想和价值观的延展性和丰富性，因此德育课堂场域隐埋了师生、生生、大学生与学校甚至是与社会等的冲突，使德育课堂生态日趋恶化，而教师则成为大学生理解的造成冲突的首要因素，甚至是"替罪羊"。

应该肯定大学生后物质主义价值观中对环保、生态权利的发声和捍卫具有非常积极的意义，同时为争取自身的话语权也是人的主体性的觉醒和成长，但后物质主义价值观以否定为思维特征，强调消解责任、否定规则和权威，把自由宽容理解为放纵等的价值观倾向则是极端片面和无理性的，过度的话语争夺也只能加剧课堂的人际冲突和德育课堂生态的无序。

这种冲突也是社会在转型过程中价值观代际转换的脱节疏离表现。学者吴小英认为：不同代之间可以表现为三种关系形式：控制、疏离与对话，并分别对应于不同的青年话语形式：听话的"乖孩子"类型、不安分的反叛者类型以及独立的先行者类型。课堂上的代际冲突不仅是师生之间、生生之间、大学生与学校之间的地位与权力冲突，也是支撑这些冲突背后的意识形态、价值观念和文化选择上的差异和分裂。德育课堂上的代际冲突，实际上是作为权威制定者的主流社会及教育体制和作为实施者的一线教育工作者，与持有另见和自我主张的年轻大学生之间的角力，而权威者因其力量强大而占有绝对优势，"在这种氛围下，作为弱者一方的学生只有两种选择：一种是采取抵抗政策；另一种就是熟练掌握已有的权威规则，并紧随其后成为制度的宠儿，以获取更多的实惠"。

交往理论强调：对话的意义就在于人与人之间意义的同构以及相互之间的沟通、理解是可能实现的。在德育课堂生态中，大学生和教师的共存形成主体间的"共生"与"同构"，是教育内容生成的前提。德育课堂的生态系统要求双方必须放下僵持和对立，正视代沟的存在，耐心倾听各自的价值观和意见立场，双方都站在共生共构的基础上开展有效的对话，逐步让大学生释放自己的话语权，成为德育课堂文化反哺的先行者和自觉建构主流话语的新生力量，使师生成为德育课堂和谐生态的共同协作者。改善德育课堂生态应赋予教师和大学生应有的话语空间和自主权力，在平等、尊重的基础上加强对话，将彼此之间的较量关系转化为合作关系。

三、技术是"隐性第三者"

人在社会技术环境中生存，可能"被技术化"，一旦"被技术化"，人的价值观念、言行举止、生活习惯等都会发生相应变化。人一旦适应某种技术，就会产生一定的依赖性。技术特别是新媒体技术时刻更新的今天，也在影响着德育课堂生态，技术依赖取向下的大学生兴趣有限、注意力集中短暂。

而德育课堂上最便捷的就是多媒体技术和可以自由上网的智能手机。现代技术一方面给教学方式、学习方式等德育课堂教学模式变革带来了新的生机与活力，对大学生主体性的觉醒、教师地位的转变、教与学理念的变革有着巨大的积极作用，另一方面也使师生疏于记忆和思考，不能摆脱对多媒体课件、网络和手机的依赖，这就像在原有的师生关系中加入了一个"隐性的第三者"，这是考验教师教学智慧和大学生自我克制能力的一把"双刃剑"，也是关于德育课堂生态技术边界的掌控问题。

师生思维的发散、情感的交流、价值观的碰撞、灵魂的拥抱、人文关怀的蕴藉是不能通过技术直观来达成的。现代科技和教学技术的存在会影响到德育课堂教学生态的整体性，既会影响到大学生、教师、教学思维、教学内容、教学环境等不同要素，也会影响构成这些要素之不同微观要素之间的组织集合性和协同统一性。教学现代技术的应用和人手拥有的手机直接影响到大学生的认知结构、情感接受和价值判断，另一方面也直接会削弱教师在德育课堂教学整体中的作用，也就难以发挥教师本身的人格、情感优势。技术的拉扯，使得师生越离技术"那么近"，两者关系越是"那么远"，依赖于技术还会使师生不自觉地脱离共同的生活实境和个人生活体验，借用技术的虚拟需求获得话语、情感、价值观、思维判断等替代。

马克思指出，只有在集体中，个人才能获得全面发展其才能的手段，也就是说，只有在集体中个人才可能通过与其他人的相互联结和影响获得真正的自由。表面上看，因为技术的进步使得师生从德育课堂的束缚中解放出来了，具有了更自主的空间，实质上是师生都会因为技术的参与而放弃问题意识、挤压思维广深度、削弱言说的多样性、减少双方情感的交流互动，加剧人与人之间的疏离，而德育教学整体性要求的集体氛围也会弱化，所以真正的事实是教师与大学生的主体性都被束缚。而这种因为技术引发的情感抽离、主体性缺失、话语压抑的现象加剧了前述后情感主义、后物质主义价值观对德育课堂生态的负面影响。

德育课堂教学是人与人之间平等的身心交往，是主体间的互动交流而非主客体间的关系，也非个体的失落和主体间的疏离，德育课堂教学的技术异化主要体现在技术对人的替代、否定、强迫、控制和漠视上，教师过度依赖技术、大学生过度依赖智能手机技术和过度强调主体性，都会导致德育课堂生态的失衡和人际关系的失和。

对照马克思的异化理论，在技术理性的支配下，人就会被技术这种异己之力控制甚至奴役，异化为物和商品，"人的智力和体力、人的多方面的能力和兴趣的发展被压抑和被牺牲了"。人是能思想的鲜活生命体，课堂教学不是简单的技术应用的过程，而是主体间情感、体验和价值观提升的过程。因此，德育课堂教学也是享受情感体验和人文关怀的生态系统，系统内各要素具有共生性，因此改善德育课堂生态不能只靠单要素的努力，而是需各要素之间的联动，最主要的是顶层设计的理念应该确立为——为人、为人的可持续发展、为交互的可持续发展的德育课堂。

　　受社会新转型影响,后情感主义、后物质主义、技术依赖下的德育课堂生态需要师生共同的价值思考、精神建构、文化自觉,坚守德育课堂教学的人文关怀和精神引领的本真可以使课堂充盈生命与意义,也可凸显师生精神的丰富和独特,高校德育课堂必须从科学正确的价值判断、持之以恒的人文关怀的高度深入价值思想领域、观念精神领域,还原德育课堂生态的本来面目,使大学德育课堂真正成为师生、生生之间合作、交往而非突出某一方弱化另一方或挑战某一方破坏某一方的过程,奠定师生交往的"平等"基调,从而走向共生、共在的主体间性交互形态,实现从学习共同体向人生发展共同体转变——包括教师、学生、其他人员、环境、制度文化直至社会等的合力一致的共同发展。

[参考文献]

[1] 周志强.后情感时代的文化表情[J].中国社会导刊,2008(19):18-20.

[2] 王一川.从情感主义到后情感主义[J].创作与评论,2004(2):6-9.

[3] 马越.从物质主义到后物质主义[J].阴山学刊,2016(1):16-20.

[4] 米德.代沟[M].曾胡,译.北京:光明日报出版社,1988:101-102.

[5] 吴小英.代际冲突与青年话语的变迁[J].青年研究,2006(8):1-8.

[6] 华东师范大学教育系.马克思恩格斯论教育[M].北京:人民教育出版社,1996:72.

[7] 李森.课堂教学中的异化现象[EB/OL].(2013-8-23)[2017-12-11].http://www.pep.com.cn/xgjy/jyyj/jyts/jysk/hysj_1/mgxx/201308/t20130823_1163176.html.

"互联网十"时代给高职院校德育教育带来的机遇和挑战

江苏工程职业技术学院　张禧嘉

摘　要：为进一步推进高职院校立德树人，积极践行社会主义核心价值观，高职院校德育教育的重要性尤为突出，同时也应当顺应时代发展，抓住互联网时代的新契机，为国家和社会培育德才兼备的社会主义接班人。随着网络的普及，"互联网十"的推进，高职院校的德育教育工作也面临着一系列的挑战，利用网络便捷、快速、信息量大等特点，针对高职院校学生特点，结合德育教育的特色，分析当下环境，寻求适应新时期大学生的创新发展，做到取其精华去其糟粕，在"互联网十"的时代背景下深化德育教育，贯穿学生成长，为社会培养全面发展的实用人才。

关键词：互联网十　德育教育　高职院校　大学生

作者简介：张禧嘉，女，1991年出生，辅导员，思政助教，硕士研究生，研究方向：思想政治教育与学生管理。

百年大计，教育为本；教育强则国强，教育弱则国弱。教育是立国之本，民族兴旺之基，尤其是高等教育已经日益成为衡量一个国家发展水平和发展潜力的重要标准，其中，德育教育更是当今我国重点关注、重点发展的教育理念，把立德树人作为教育的根本任务，高职院校不仅要培养人才，更要为国家培养德智体全面发展的合格建设者和可靠接班人。

目前，我国正全力打造"互联网十"的新时代，互联网的普及与发展深入大学生的学习、生活，潜移默化中改变他们的生活方式、价值取向、思维模式等，在"互联网十"的大环境下，高职院校德育教育工作也与时俱进，逐渐通过网络平台以及大数据分析等方式将德育教育工作渗透到学生学习生活的方方面面。面对"互联网十"的时代，高职院校的德育教育面临一系列的考验，攻坚克难，稳步提升，将德育教育贯穿学生的成长，真正落到实处，以适应大环境为强国战略服务。

一、"互联网十"与高职院校德育教育的内涵认识

（一）"互联网十"概念的阐述

2015年3月，李克强总理在第十二届全国人民代表大会第三次会议所做的《政府工作报告》中，首次提出了"互联网十"的概念，其含义就是把互联网的创新成果与经济社会各领域深度融合，推动技术进步、效率提升和组织变革，提升实体经济创新力和生产力，形成更广泛的以互联网为基础设施和创新要素的经济发展新形态。[1]"互联网十"实际上是创新2.0下的互联网发展新形态、新业态，是知识社会创新2.0推动下的互联网形态演进。顾名思义就是建立在网络的基础上将各个行业联系起来，是互联网与传统产业之间的深度融合。

（二）高职院校德育教育的重要意义

高职院校德育教育是集思想、政治、道德、法律、心理于一体的教育，注重人的发展，德育教育是意识形态领域的社会实践，是学生走上社会的第一个台阶，是步入社会后意识形态形

成的重要铺垫。高职院校将德育教育摆在首要位置,重点提升学生基本素质,培养道德素养,加强民族观念,从而成为对社会有贡献的有为青年。所以无论从党中央、社会各界还是高校自身,对德育教育都非常重视。

二、"互联网+"时代给高职院校德育教育带来的机遇

(一)有利于德育教育的便捷性

"互联网+"时代将建立的是一个立足于分享的广阔大数据时代,打破数据壁垒,纵深化的分享时代。通过一部手机甚至一个 App,接收到的数据信息量将达到空前的规模。高校学生可以通过不同的渠道接收到视频、文字、音频等各式各样的信息,将由传统的书本课堂式的被动接受信息转变为线上多种形式的主动接受信息。并且"互联网+"时代所缔造的是一个免费的数据共享时代,国家致力于提高的移动数据改革,提高移动终端和固定终端的带宽提高以及降低流量费用,都将大大降低获得数据的成本,这就会使得高校思想政治工作者能够更加便捷、低成本地向高校学生传递德育教育知识,锻造其政治意识形态并且能够随时随地与学生进行互动,切实地提高了高职院校德育教育的便捷性。

(二)有利于提高德育教育的有效性

在"互联网+"背景下,传统的书本教育已经不足以吸引学生主动式地吸取知识。"互联网+"时代下,从过去的 QQ 到现在的微博、微信,高校教育工作者在工作中也一直参与着、使用着新媒体与学生进行交流与互动,从而也推动了微课堂、慕课等形式的发展。现阶段,以微信公众号及官方微博为代表的新媒体正在广大学生中发挥着重要作用,替代了过去公告栏,学院报刊等旧媒体的宣传作用。学生更乐于以新媒体的方式主动接受信息,更乐于以他们愿意看到的形式特征来接受知识。这些都是"互联网+"时代的产物,并且这只是大数据、云计算的一些基础实效,将"互联网+"所带来的时代改变更好地融入高校思想政治教育中,有利于高效地对学生进行德育教育,使高校思想政治教育工作者和学生同时成为受益者。

(三)有利于提高德育教育的进步性

随着大数据建设的不断进行,学生和高校思想政治工作者得以接触到更加广阔的世界。"互联网+"时代背景下,信息的传递突破时间空间的局限,使对相同知识技能有需求的人得以在线上进行聚集,由此出现的分享格局给高校德育教育带来的是一种进步。从前学生局限于学校图书馆获取知识的时代已经告别,如今,他们能够通过互联网获得跨区域以及不同时代的相关知识。高校教育工作者在"互联网+"时代背景下能够接触到更加丰富的德育工作教育经验及工作方法,取长补短,总结提炼后付诸实践再进行分享。在这样的情况下,高校德育教育工作将加快步伐向前进,对此项工作的进步性是一次极大的提高。

三、"互联网+"时代给高职院校德育教育带来的挑战

(一)负面信息传递无屏蔽性带来的挑战

"互联网+"时代带来信息爆炸的同时也带来了信息双刃剑的问题,高校学生能够接触到大量正面的信息是其有利的一方面,另一方面,负面信息的传递也变得更加疯狂。所以,对高职院校德育教育不利的信息大量传递给高校学生所带来的影响是不可估量的。大学生们处于思想波动的时期,更是处于其价值观取向形成的关键时期,接触大量负面信息的同

时,大学生是否能够抵御住负面信息的攻击,对其自身不造成负面的影响,还是要打个问号。与社会主义价值观背道而驰,和社会主旋律唱反调的信息,会使得高校德育教育工作者的工作付之东流,如何利用好"互联网+"这把双刃剑,值得我们去思考。"互联网+"时代的到来固然是一件好事,但是我们必须要正视其所具备的两面性,如何抵制其负面信息的传播是一个巨大的挑战。

（二）多元文化背景下价值观选择的挑战

"互联网+"时代使得文化趋于多元化的发展,与负面信息传递所不同的是,多元文化是多种文化价值取向下的一种挑战,是无法辨别对错的选择。然而,如何引导学生的德育教育与社会主义核心价值观一致,符合社会的主旋律成为一大挑战。在"互联网+"背景下,高校学生可以通过社交软件、新媒体等多种途径被灌输价值观取向。大学生们可以通过社交软件,与跨省市的人交流,甚至是与国外另一种文化价值体系下的人进行交流,在任何交流中都有可能形成另一种价值观取向,也或许通过某个新媒体上的一篇文章,改变其对很多事物的看法。这种多元文化的产生,对我国所倡导的德育教育主题的推行,是一种巨大的冲击。举例来说,大多数大学生目前是非常看重个人发展的,这个观点并没有错,但是趋于功利化的价值取向,如何在高校学生强调将个人发展的同时,将其与社会发展的渴望性相结合起来,就成为一大难题。

（三）教师主体性及权威性削弱的挑战

与曾经我们对教师所说的话坚信不疑的时代所不同的是,"互联网+"时代中高校学生会通过多种途径来验证他们所汲取到的知识和观念,这一方面会提高学生对知识的印象以及对老师所传递的观念的认可,但也会对老师的权威性带来挑战。当然,我们认可学生与老师进行互动交流,但是一旦老师与学生的主体客体位置进行了互换,会令教师工作难以开展。"互联网+"时代中,老师会超出传统意义上的教师概念,高校学生会自主地去选择他们汲取知识和观念的渠道,这会导致教育的主体不再单纯是教师,甚至达到无法控制的地步,就好比现在许多人所信奉的心灵鸡汤,当这些心灵鸡汤加入"老师"的行列的时候,这对教师的主体性是一个巨大的挑战。我们应当接受多种老师加入德育教育的行列以增加教育的丰富多彩性,但是教师对德育教育大方向的把握是不可动摇的,所以,在"互联网+"时代,如何继续保持教师在德育教育方面的主体性、权威性在是值得德育教育工作者值得思考的。

四、关于高职院校如何应对"互联网+"时代德育教育的思考

（一）知己知彼,与时俱进

从20世纪90年代开始,互联网进入飞速发展时代,时至今日,"互联网+"时代到来,其发展的时间和当下高校学生的成长年龄相同,所以说,高校学生成了互联网阵地的最初组建者和参与者,他们是这个群体中最有发言权的一部分。但是与此同时,教师队伍却不如高校学生了解互联网,所以通过互联网这个平台对学生进行教育需要教师队伍对互联网有更深刻的理解和认识才能更好地开展工作。所以学习互联网,理解"互联网+"时代的意义不仅是国家方针政策的必然要求,也是做好当下互联网德育教育工作的基本技能。教师队伍能够与时俱进地融入社会发展,不仅能够利用更加先进的方式开展教学活动,而且能够更好地融入学生队伍,因为在有共同语言的基础上的交流,会拉近教师和学生的距离,使双方能够

建立在同一基础上的交流。学习互联网也能够使得教师更加容易理解学生的想法，了解学生通过互联网在干些什么，渴望着什么，通过知己知彼的方式开展工作，将会获得事半功倍的效果。

（二）依托平台，健全体制

脱离实体运行的互联网工作是不现实也是空谈的，所以在"互联网＋"时代下的高校德育工作需要一个实体运行的线上平台来进行实际操作，然而我们这里所说的线上平台已经不能够局限于当下比较流行的微信公众号和官方微博这般简单了。每个高校需要建立属于自己的线上 App，这个 App 需要具备即时聊天、发布通知，收集学生数据，学校日常管理等众多功能。通过这个线上的 App 才能真正实现大数据云计算等功能。通过每天使用 App，学校和老师能够用数据分析获取信息，大数据云计算技术更能够帮助老师们获取更多、更个性化的数据。通过数据，教师更有针对性、更加便捷地开展线上的德育教育工作。线上的德育教育工作在平台的支撑下有着线下所不能达到的效果，其方式的多种多样性以及随时随地性，打破了传统的工作方式，所以建立一个平台是最基础的工作。其次，体制的保障也是非常重要的一方面。对线上教育建立一套完整的长效机制，是线上教育可持续发展的根本保障。线上工作的开展，不仅需要硬件软件的不断更新换代，而且需要教师队伍的不断参与学习。因为一个成功的平台不仅需要研发人员不断因地制宜地改进，更需要作为平台管理端的教师不断地反馈及学习，才能使得平台朝着实用、高效方向发展。所以建立平台、健全机制是"互联网＋"时代高校德育工作的最为关键的工作。

（三）整合资源，齐抓共管

"互联网＋"时代的便利性让更多的资源参与到高校的德育教育中来成为可能。高职院校的德育教育不仅仅是高校需要完成的工作，从广义上说，它是一种社会责任。在责任和实施条件都允许的情况下，可以让家长、文化部门、媒体行业共同参与到高校的德育教育中来，通过"互联网＋"时代的便捷性，整合这些资源能够实现覆盖面更加广，更适应家长、学生、社会所需求的德育教育。也正是"互联网＋"时代的出现，才能够使得这些资源得到整合，正如我国推行的"互联网＋"政务，德育教育工作也将会以同样的方式向"互联网＋"时代推进，所以需要各高校进行先期的推进，整合资源，开发平台，建立机制，只有这样才能诞生出真正意义上的"互联网＋"德育教育。

[参考文献]

[1] 新华社.国务院关于积极推进"互联网＋"行动的指导意见[EB/OL].(2015-7-4)[2017-12-20].http://www.xinhuanet.com/politics/2015-07/04/c_1115815944.html.

[2] 潘曦."互联网＋"背景下大学生思想政治教育的应对机制[J].高校辅导员周刊,2016(8).

[3] 吴庆."互联网 ＋ 高校思想政治教育"实现分析与对策[J].高等农业教育,2017(3).

[4] 李金."互联网＋"背景下高校思想政治教育有效路径选择[J].学术论坛,2016(2).

[5] 陈功力."互联网＋"时代背景下高校思想政治教育创新研究[D].西宁:青海大学,2016.

SWOT 视角下的大学生思想政治教育策略探析

南京交通职业技术学院　王雪琴①

摘　要: 近年来,随新媒体的不断发展,大学生的思想政治教育面临着新挑战。本文运用 SWOT 分析法,全面、客观、系统地分析了新媒体背景下的思想政治教育的现状。并在 SWOT 分析的基础上从优势、劣势、机会和威胁等四个方面进一步探讨了新媒体背景下大学生思想政治教育的策略与措施,以期能为发展和推动大学生的思想政治教育工作提供有益的参考。

关键词: 新媒体　SWOT 分析　思想政治教育　策略

作者简介: 王雪琴,女,1980 年出生,讲师,学工办主任,团总支书记,硕士研究生,研究方向:大学生思想政治教育。

对大学生思想的正确引导,不仅关系到学校的长远发展而且对学生个人发展有着重要的意义。日前,高校招生日益多元化、新媒体环境纷繁复杂的背景下,更需要在全面认识大学生思想政治教育的基础上发挥新媒体对大学生思想政治教育的正导向力。[1] 本文以 SWOT 分析入手,简要分析新媒体对大学生思想政治教育存在的优势、不足、机遇及挑战,并提出相应的对策,以期能为大学生思想政治教育工作提供有益的参考。

一、SWOT 视角下的新媒体大学生思想政治教育现状

随着国家教育改革的深入,高校思想政治教育水平得到进一步提高,学生的综合素养也紧跟时代的要求。在互联网和信息技术飞速发展的当下,多元的社会结构和信息的丰富给大学生的思想政治教育工作带来了新的机遇,但同时也带来了新的挑战。

（一）优势分析

互联网不断发展,具有开放性、自由性、符号性特点的新媒体出现,深受新时代大学生的欢迎。这为高校的思想政治教育提供了新的教育教学模式和教学工具。在新媒体技术发展的今天,"90 后"的大学生们可以畅所欲言,自由表达自己观点,吸收新的知识。[2] 对于向老师求助解决棘手问题的途径更加便捷,加强了师生间的交流和互动。同时,新媒体的出现也让思想政治教育教学更加生活化、生动化。传统的思想政治教育主要通过课堂教学、黑板墙报纸、专家讲座等说教形式来实现大学生思想政治教育,虽然有一定的影响,但其效果不显著,主要原因在于他们对说教不感兴趣,而在新媒体环境下的今天,结合学生的实际,实现了内容生活化、网络化,使得学生在寓教于乐中学习。

① 江苏省高校品牌专业建设工程一期项目"汽车运用技术"专业建设成果之一（项目号 PPZY2015B175）;南京交通职业技术学院高职教育基金研究项目:新媒体环境下大学生思想政治教育研究（项目号:16JY109）阶段性成果。

（二）劣势分析

长期以来，大学生思想政治教育的教学手段落后，教学内容单调，造成难以激发学生学习的兴趣，教学实效性不佳成为传统教育的一大弊病。在新媒体时代，因新媒体技术具有开放、自由的特点，形成了教师与学生之间独特的树状对话结构。这对教师提出了较高的要求，需要教师、辅导员、班主任具备专业的思想政治教育背景、敏锐的信息判断能力和熟练的信息应用技术。而从事思想政治教育的老师年龄偏大，在信息技术方面专业性不够。这也严重影响着新媒体技术在高校思想政治教育中的应用，影响了思想政治教育的实效性。学生方面，新媒体的开放性和自由性，冲击着传统的文化和观念。难以控制虚假、错误信息，由于目前还缺乏相应的监管配套机制，大学生网上行为管理较为困难，对学生上网行为的监管难度加大。同时，网络语言和符号的广泛应用，书写困难症、电脑失写症等问题的普遍存在，也给高校思想政治教育带来了巨大的挑战。

（三）机遇分析

大数据时代，技术发展更加多元化，"互联网＋"技术也突飞猛进。新媒体环境下，大学生思想政治教育的方式和手段也更加多元和生动。新媒体给大学生思维的拓展提供了新的媒介渠道，学生可以借助新媒体主动了解社会热点、时事政治、前沿知识等，并在一定程度上借助网络沟通平台表现自己的价值观、世界观和人生观。这些都提高了学生群体的社会化，提高学生学习的兴趣。同时，新媒体的发展为教师与学生提供了良好的沟通平台，增强了师生间的交流，让高校思想政治教育工作者了解学生的思想动态，对其存在的问题能够及时采取措施解决。此外，新媒体环境中，高校党委也能通过网络掌握学生的思想政治教育的效果，更加重视学生的思想政治教育，重视对思想政治教育教师队伍的建设和人才的培养，推进常态化的学校课程绩效评价机制，提高教师团队对新媒体教育的接受程度，激发教学的热情。

（四）风险分析

新媒体的多元化虽然极大丰富了学生获取信息和知识的渠道，世界的信息通过互联网、信息技术打开了学生走向社会的大门。但由于网络信息的开放性和复杂化，不同国家、不同民族、不同信仰的价值观念和思维习惯都在影响着接触网络、新媒体较多的大学生。"90后"大学生由于对世界了解不够深刻，对社会认识不够充分容易形成错误的人生观、世界观和价值观，也削弱了思想政治教育的正向引导的影响力。此外，新媒体使用的便捷性和信息的虚拟化，也容易让学生上网成瘾。这对从事大学生思想政治教育的老师提出更高要求。

二、加强新媒体背景下的大学生思想政治教育的策略分析

新媒体环境下，新媒体技术已经走进了大学生的日常生活和学习中。它对大学生的思想政治教育既有推动力，又在某些方面存在一定的阻力。发挥新媒体的优势抓住机遇，深入分析存在的问题，改革高校思想政治教育教学需要做好以下几个方面的工作。

（一）利用新媒体的优势，发挥教育作用

新媒体的出现为教师与学生搭建了微博、微信等轻松愉悦的交流平台，形成了开放性、自由性的交流空间，建立了和谐的师生关系。[3]思想政治教育应充分发挥交流媒体的先锋领袖作用，抓住热点、难点问题。培养和教育好学生干部使用新媒体的信息素养，进行定期培

训,提升学生干部在交流信息的吸引力和正确的引导作用。另一方面把握时代的特征,与时俱进,创新学生工作方法,牢牢把握网络思想政治教育主动权,切实做到学生在哪里,我们的工作在哪里。积极建设学校官方微博、微信、PU平台等新媒体,通过网络弘扬主旋律,加强校园信息资源共享和联动协作,以规模效应正确引导,放大思想政治教育的积极作用。[4]

(二)积极贯彻党的十九大精神,抓住发展新机遇

党的十九大对意识形态工作做出了重要的战略部署,给高校思想政治教育工作指明了方向。[5]高校思想政治工作者肩负着宣传马克思主义、培养中国特色社会主义接班人的重要使命。因此,高校应积极全面贯彻党的十九大精神,要以习近平主席新时代中国特色社会主义思想为指引,做好高校意识形态工作。完善大学基层党建、党校的工作以及学生工作的综合考评体系,落实教育任务和责任,进一步确立"党建＋人才"的理念,以党支部书记示范工作室和大学生青年马克思主义者培养工程为载体,加强基层党支部工作和大学生党员培养。在巩固既有教育成果的基础上,以"课程思政"建设为目标,进一步深化教育教学改革,发展思政教育,传递社会正能量。

(三)提升教育队伍素质,保障思政教育良好运行

高校思想政治教育工作者依旧是达成教育目标的关键所在。新媒体时代,高校思政工作的核心是帮助大学生树立正确的世界观、价值观、人生观,帮助他们构建健康积极的精神世界,因此,首要更新思想观念,把握学生思想动态,创新教育内容和手段。真正做到"以人为本",以学生为主体,理解并尊重学生,推动激发学生的学习兴趣,提升其积极性。[6]其次,高校思想政治教育工作者跟随时代脚步,变革知识结构,提升互联网、信息技术应用水平逐步适应"互联网＋"环境,才能为提高大学生思想政治教育质量提供有力保证。

(四)与时俱进创新管理,抵制不良威胁

高校思想政治教育应从大学生思想政治教育的实际出发,鼓励并大力支持从事学生工作的老师研究网络思想政治教育,从而努力与实际相结合,勇于实践,取得成效。要加强制度创新,调整、淘汰不适应大学生思想政治教育的管理体制,从战略高度构建高校思想政治教育课程体系。[7]强化业绩考评机制,对取得成效比较明显的单位和个人进行奖励,提高思想政治教育工作者的积极性。同时,强化学校党委的领导,打造互动监管机制。加大学校主管部门对网络思想政治教育的实效性监控力度。通过技术上的优势来过滤网络上不良信息的传播,从而规范学生的上网行为,提高学生的媒介素养。[8]

[参考文献]

[1] 何碧如,何坚茹,叶柏霜,等.微时代高校网络思想政治教育的探索与思考[J].中国成人教育,2012(20):85-87.

[2] 秦文佳."90后"大学生网络应用的多面向分析[J].思想理论教育,2013(1):66-70.

[3] 邓怡.基于微博平台高校增强网络公信力的探究[J].思想理论教育导刊,2013(2):117-119.

[4] 左鹏.Web2.0时代高校思想政治教育专题网站的建设和发展[J].思想理论教育,2013(3):72-76.

[5] 方世南,徐雪闪.提升思想政治教育亲和力和针对性研究[J].思想政治课研究,2017(1):

13-18.

［6］高德毅,宗爱东.从思政课程到课程思政:从战略高度构建高校思想政治教育课程体系［J］.中国高等教育,2017（1）:43-46.

［7］刘秋艳.新媒体环境下大学生思想政治教育实践研究［J］.重庆科技学院学报（社会科学版）,2017（9）:106-107.

大学生社会支持与心理健康发展研究

——基于辅导员工作案例的分析

嘉兴南洋职业技术学院 钱婧婧

摘　要：国内外对大学生社会支持做了大量研究并取得了显著成果。大量研究表明，社会支持与大学生心理健康有着密切的关系，本文通过对高校辅导员工作中的典型案例（高校学生心智不成熟伴随社交恐惧典型案例及高校学生失去亲人的典型案例）进行分析，研究大学生群体中的同伴支持、教师的工作支持以及家庭亲属的家庭支持对大学生心理健康发展的影响，以便为高校开展大学生心理健康教育提供资料。

关键词：大学生　社会支持　心理健康

作者简介：钱婧婧，女，1986年8月出生，辅导员，硕士研究生，研究方向：大学生心理健康教育。

一、引言

大学生群体作为一个特殊的青年群体，处在一个特定的发展阶段，有其自身独特而鲜明的特点。在面对来自社会、生活、心理环境的压力时，他们往往容易出现情绪不稳定、适应能力差、人际交往能力欠缺、自卑、多疑、压抑等不健康的表现，严重的甚至造成自杀或他杀。大学生心理健康教育工作越来越被关注。社会支持作为影响人们社会生活的重要因素，早在20世纪60年代起就引起了研究者的浓厚兴趣。大量研究结果表明，社会支持与心理健康有着显著的相关性，对心理健康有着积极的调节和促进作用，缺少社会支持不利于健康人格的塑造，容易导致不良行为的产生。因此，研究大学生的社会支持与心理健康的关系具有重要意义。

大学生社会支持系统是在一定的环境因素下，由大学生个体（被支持者）及其周围与之相接触的人们（支持者），以及大学生个体与这些支持者之间的交往活动（支持性的活动）所构成的系统。大学生的社会支持系统具体由学校、国家的制度化支持，社会各界非制度化支持，大学生群体中的同伴支持，教师的工作支持，以及家庭亲属的家庭支持构成。大学生除了从支持者身上获得客观的、可见的实际支持，如物质上的直接援助等；还应获得主观体验到的情感支持，即大学生感到被尊重、被支持、被理解的情绪体验和满意程度。

二、典型案例分析

案例一：高校学生心智不成熟伴随社交恐惧典型案例。

小P，浙江某高校2015级学生，因父母在他小时候就离家经商，小P从小由爷爷奶奶带大，小时候性格活泼，成绩优异。直到初中时期，经常被其他同学欺负，并带有身体上的伤害，久而久之，小P内心产生了变化，成绩也一落千丈，曾高复两次。2015年入学后，定期看心理医生，医生鉴定为心智不成熟，性格上比较孤僻，建议小P待在学校或社会环境中多与其他人接触。事实上，小 P 不喜欢与其他人交流，不论做什么事都是独来独往。据其室友反馈，他经常一个人在寝室看球赛，偶尔还自言自语，生活自理能力和卫生状况极差。辅导员找其谈心，小 P 每次都站在两米开外，一副恐慌的样子，也从来不正视老师的眼神。此外，性格比较暴躁，遇到不开心的事情经常摔东西并且敲打自己、责怪自己。

小 P 的问题来源于多方面，一是家庭环境，从小父母不在身边，长期缺乏正常的完整的来自家庭的关爱，心理容易发生种种扭曲，与人交流困难，自我封闭。二是曾经被同学欺负的经历，一定程度上造成了心理创伤，性格叛逆、情感脆弱，不愿意与其他人接触，产生了社交恐惧。像小 P 这样的学生不论在学习上还是生活上，都容易产生障碍。但他又排斥师生沟通，学校的心理辅导对他来说也形同虚设。因此对待此类学生，必须采用"特别"的方法和途径，以"特殊"的心理教育来引导他，让他懂得自我管理、自我教育、自我服务，进而达到自我控制、自我调整、自我提高的目标。

案例二：高校学生失去亲人的典型案例。

小 W，浙江某高校 2015 级学生，2016 年 2 月某日，其父亲突然去世，葬礼现场，小 W 给辅导员打电话，泣不成声。开学后，小 W 变得有些沉默，但很多时候又看到她和同学说说笑笑的样子，她似乎更加认真努力地在学习，只是偶尔还能看到她的微信朋友圈里思念父亲的只言片语。

学生亲人突然去世，事后容易变得敏感、内向、孤独，不论在学业还是人际交往方面都有一些令人担忧的变化。他们习惯了父母亲人的呵护，对亲人有较强的依赖心理，一旦亲人去世，他们外在的支撑力量会严重弱化甚至消失，内心就会产生恐慌和无助。但在老师和同学面前，他们又认为自己已经成熟，必须在别人面前显得坚强，往往表现得若无其事。内外对立的强烈反差加剧了他们心理的煎熬，对他们以后的学习和生活会产生较大影响。作为辅导员，必须重视偶遇重大变故，需要心理援助的学生，不能被学生表面的坚强所迷惑，而忽视他们内心的脆弱。从心理健康教育的角度入手，做好学生的心理疏导工作。

三、社会支持在大学生心理健康发展中的作用

从本研究的两个案例可见，由于突然遭受严重灾难、重大生活事件或精神压力，使生活状况发生明显的变化，尤其是出现了用现有的生活条件和经验难以克服的困难，容易导致当事人陷于痛苦、不安状态，常伴有绝望、麻木不仁、焦虑，以及自主神经症状和行为障碍，这便是心理危机。除了必要的心理危机援助，还应发挥社会支持对心理健康发展的积极作用。

（一）同伴支持

同伴支持是一种社会情感支持，属于互助性行为，是社会支持系统的重要组成部分，也是心理健康服务的重要补充，对于心理健康服务形式的拓展有着重要意义。同伴间有共同的话题，为平等、开放式的交流提供了一个很好的平台，可以作为心理治疗的辅助措施。

对于高校大学生来说，良好的寝室及班级氛围对学生个人的情绪调整非常重要。对于性格孤僻、情绪容易失控的学生，一定要多加理解和关注，他们的人际关系一般都不好，加上容易冲动的性格很容易有一些过激的行为。教师应唤起更多的学生对此类学生进行关心，引导班级同学宽容对待每一位同学，尽可能带动每一位同学参与团队活动，让他们深深地体会到自己生活在一个充满真情友爱的班集体里，感到生活充满阳光。

上述案例中小P的奇怪举动着实影响到他身边的人，入学时的室友对他颇有抵触，班里同学对他颇有微词，为此，辅导员找来班里的几位班干部及当兵退伍回来的同学协商，希望他们能接受这个有点"特别"的同学，和他成为室友，并尽可能给予照顾；引导班级同学宽容对待每一位同学，尽可能带动小P参与课程中的团队练习等活动。而对于小W，其室友和同学都主动在生活和学习上给予了关心。

（二）教师工作支持

习近平总书记在全国高校思想政治工作会议上强调：思想政治工作从根本上说是做人的工作，必须围绕学生、关照学生、服务学生，不断提高学生思想水平。加强与问题学生的情感交流，以情化人，让他们感知到善意和温暖，有利于将其情感引向正确的轨道，在此基础上注重对学生的品德教育，注意把学生的认识引向正确的方向，加强他们的纪律意识，发展培养他们分辨是非的能力。同时坚持以人为本的柔性管理，善于挖掘他们身上的闪光点，必要时可以有针对性地优先提供便捷的信息和机会，帮助他们获取成功的体验，力求将教育的要求转化为个体的自我要求，并且进行重点培养，以期在班级中树立优秀典型。

高校教师在学生管理过程中，会遇到形形色色、各具特色的学生，每个孩子的家庭背景、生活经历都存在差异。陶行知先生也说过：老师不能只爱几个好学生，而应该爱满天下。在实际的工作中，教师应在和谐、自然的氛围下，以朋友的身份与学生沟通，了解他们的想法，以平等的心态对待每一位学生，密切关注每个学生的发展。对于有特殊问题的学生，可以采取党员教师结对等方式，安排专门的老师关心他们的生活与学习各方面的情况，让他们在学校多感受一份温暖。

同时，要全面了解与考察学生的特点，挖掘他们的闪光点，鼓励学生多参加学校的各种活动，让他们展现自身的优势和才能，并给予及时的肯定。要创设活动环境，积极鼓励学生参加班集体组织的各项活动和社会活动，培养学生的自信心和责任感，增进与其他同学的友谊及社会交往能力。

（三）家庭亲属支持

在大学生的各种社会支持中，家庭是大学生成长过程中的重要生活空间和文化环境，对其言行与心理的形成都有着直接或间接的影响。从血缘上来看，家庭是大学生最基本和亲密支持的源泉。人的幼年成长阶段是个体人格塑造和心理机制发展的关键时期，在这个阶段，家庭教育方式，家庭教育者的思想行为、意识习惯、情感态度等对人的个性的导向作用是十分明显的。

案例中的小P父亲认为自己对儿子的亏欠较多，因此在小P的生活方面给予了极大的照顾，如：入学初每周来学校给小P换洗衣服。小W的母亲也是在变故之后对女儿疼爱有加，母女两人相依为命。

事实上，对于高校学生的父母来说，要学会对孩子放手，让学生学会自己做主，为自己的行为负责，提高其自我意识。把子女当作朋友，平等地进行交流、谈心。全面了解孩子的内心世界，及时察觉他们遇到的障碍，并帮助子女脱离困境，获得快乐。学生的亲属也应给予孩子较多的心理支持，使他们获得心理支撑，获取充足的心理力量。

四、总结

水满则溢,越是封堵的情感世界,在爆发时破坏力越惊人,越容易给他人和自己造成伤害。如何让学生把握和适当表达自己的情绪、情感,从而学会有效控制、调节和合理宣泄自己的消极情感,同时体察和理解别人的情绪、情感显得尤为重要。所谓为川者决使之导,即是此理。

本论文中的两个案例,经过同伴支持、教师支持及家庭亲属支持作用,都取得了一定的积极作用。至截稿前,小P的自理能力有了很大的提高,且敢于和陌生人沟通,在毕业生招聘会上主动与用人单位联系工作事宜,并且找到了自己满意的工作。小W连续两年取得奖学金及优秀学生干部等荣誉,并积极参与志愿服务,帮助他人,如今也已找到自己满意的工作,标志性的微笑时常挂在脸上。

由实际工作案例可知,社会支持给予的爱和宽容,能在一定程度上帮助有心理问题的学生正确认识亲人、师生、同学的关系,并学会处理人际交往中的技巧与原则,包括解决同学之间的冲突、合作与竞争、师生之间的互相尊重与支持,为高校心理健康教育发挥了积极的作用。

[参考文献]

[1] 刘杰.中国大学生社会支持的研究综述[J].中国校外教育,2009(7):7.
[2] 李小艳.大学生社会支持与孤独感的相关研究[J].医学与社会,2010(4):97.
[3] 严标宾,郑雪,邱林.社会支持对大学生主观幸福感的影响[J].应用心理学,2003(9):22-28.
[4] 刘晓,黄希庭.社会支持及其心理健康的作用机制[J].心理研究,2010(3):3-8.

校企融合中学生适应性教育有效途径探究

——基于我校"双元制"培养模式有序推进

嘉兴南洋职业技术学院 赵芝芝 陆丽平

摘　要：产教融合、校企合作是职业教育的基本办学模式，校企合作从校企"结合"转变为校企"融合"，学校和企业构成统一体，共同承担相应责任，也共同履行相应义务。"校企双主体育人"和"企业培训为主"的特点，决定了校企融合过程中，学生能否适应"过渡期"，关系到校企合作能否持续进行以及该培养模式能否顺利实施。基于"双元制"培养模式有序推进，探索校企深度融合"过渡期"学生适应性教育有效途径，不仅有利于促进学生的全面发展，更是培养综合性技能人才和职业教育的要求。

关键词：校企融合　过渡期　适应性　教育

作者简介：赵芝芝，女，1984年出生，研究员，硕士研究生，研究方向：思想政治教育和心理健康教育。陆丽平，女，1982年出生，研究实习员，学士，研究方向：人力资源和思想政治教育。

产教融合、校企合作是职业教育的基本办学模式，是办好职业教育的关键所在。为促进、规范、保障职业学校校企合作，发挥企业在实施职业教育中的重要办学主体作用，推动形成产教融合、校企合作、工学结合、知行合一的共同育人机制，2018年2月，教育部等六部门联合印发《职业学校校企合作促进办法》（以下简称"办法"）。"办法"指出"职业学校和企业可以结合实际在人才培养、技术创新、就业创业、社会服务、文化传承等方面，开展合作"，如"根据企业工作岗位需求，开展学徒制合作，联合招收学员，按照工学结合模式，实行校企双主体育人"。

自2016年我校与博凯机械（BHS）签署合作协议，借鉴德国"双元制"，践行"实岗双元、校企轮换"人才培养模式，第一期"博凯双元制"试点班成功运行，第二期"双元制"人数规模不断扩大，教学改革持续推进。"校企合作"向"深度融合"不断升级，形成"引进世界先进职业教育模式，践行全新人才培养方式"的人才培养体系势在必行。所谓"双元制职业教育"就是整个培训过程是在工厂企业和国家的职业学校（简称BBS）进行，并且这种教育模式又以企业培训为主，企业中的实践和在职业学校中的理论教学密切结合。"校企双主体育人"和"企业培训为主"的特点，决定了校企融合过程中，学生能否适应"过渡期"，关系到校企合作能否持续进行以及该培养模式能否顺利实施。

一、"过渡期"易导致学生适应困难的因素

（一）学校与企业之间缺乏学生综合素质信息的沟通

校企双方对于学生素养的重视程度存在一定的不平衡。有的学校重视德育工作，但缺乏企业的有效支持；有的企业亟待提高入职员工的思想道德素质，但缺乏学校的有力支持。由于缺乏有效的信息交流平台，学校向用人单位提交的学生道德表现评估缺乏准确的参考

资料,不能作为企业评估的可靠依据;而企业没有充分利用学校提供的学生综合素质信息,未能充分利用有效信息丰富人员选拔的内容,进而影响到学生在企业的培养。

(二)学校与企业就学生管理未建立统一标准

德育培养目标未能与学生的奖惩、评优相结合,对学生的言行缺乏有力的规范作用。当校企融合无法实现其教育目的,学校和企业无法在培养过程中进行细致考核,无法对学生的职业素养培养成果进行有效检验,那么从理论性人才培养到应用实践性人才培养的转变就无法实现,以社会需求为导向的、技能强、素质高的实用型技能专业人才的培养目标也无法达到。

(三)校企合作培养目标重技能轻素养

今天的就业市场和以往发生了巨大的变化,培养学生具备一技之长固然不可缺少,但要使高职毕业生具有较强的就业竞争力,还必须全面提升他们的职业素养。当一个人的职业素养与工作技能不能适合用人单位的要求时,就业难的问题就难以避免,在职业素养方面的教育缺失,使很多高学历人才并不如想象中的那么好用。大学生综合素质的整体需求不满足问题在现代社会中更为突出。

(四)没有正视学生成长中更多的时间是在学校度过的

社会生存经验缺乏。在职业教育的组成部分中,职业素养培养是必不可少的,这包含有工作中的岗位胜任能力,日常中的自我管理、终身学习、社会交往、沟通交流等能力。大学生的学习和生活基本上在学校里度过,因此对就业实际了解不多,对社会认识不全面,校企合作使他们突然走上工作岗位,并且有比较长的时间要在企业实践学习,自然会面临来自多方面的压力。如果没有学校和企业的引导和辅助,就会在"过渡期"掉队,进而退出。

(五)学生对企业文化缺乏系统认识,对自我的认识也不够明确

学生了解企业文化主要通过企业宣讲、个人网络查阅、宣传片等,存在走马观花式的欣赏,没有使学生产生切身感受,从而使学生对企业文化的了解可望而不可即,无法产生归属感和集体感。大学生是一个充满活力的群体,对新生事物好奇,接受能力强,但是,他们对自我认知不明确,在选择校企合作实践学习企业时,往往随心所欲,搞不清自己真正想要的是什么。

二、学生适应性教育可探索实践的途径

(一)构建企业文化认同感

有调查显示,96.53%的学生表示企业文化是他们在选择企业时的一个考虑因素,其中39.24%的学生表示,企业文化是他们考虑的一个重要因素。31.18%的大一学生选择未来工作企业时非常重视企业文化。提高学生对企业文化的适应力,首先要培养学生的企业文化意识,可以通过定期组织学生对不同企业进行调研、加深对企业的了解。其次,"校企融合"要求学生在学习过程中有企业的深度参与,这种参与可以在学校教学组织过程中增加企业文化的渗入,教学组织过程中的企业管理要素的融入以及以企业真实的典型工程项目为载体的项目化教学等。同时,也可以通过班级管理中团队性活动、轮流做负责人、尝试分配任务等,培养学生的团队精神、负责精神和组织能力。最后,可以通过邀请企业专家举办企业文化讲座,对学生的疑问进行解答,或者,组织学生进行社会实践,在真实的环境中体验企

业的精神文化、制度文化和物质文化,从而使学生增强对企业岗位的认识、发现自身的优缺点,不断提高自身素质,增强企业适应力。

(二)培养企业生活适应性

有些学生只关心专业理论知识的学习,缺乏对中国优秀传统文化和世界文明的了解和认识,缺乏对社会的正确认识,缺乏在复杂的社会中立身的基本能力。首先要抓住第一课堂主阵地。一方面,在专业课程教学中,在对科学成果的社会功效的态度上,要教育学生有高度的社会责任感与爱国心,培养学生正确的思维方法,坚持真理、实事求是的科学精神,以及谦虚谨慎、和而不同、相互尊重的人文精神。另一方面,发挥教师的榜样作用。教师自身的高尚的人文素质,诸如品性学识、举止言谈、性格志趣、气质修养以及人格魅力对学生从来都有着巨大的影响力,起着潜移默化的作用,同时,他们也肩负着培养学生的创新意识和创新能力的重任。其次可以聘请企业中高层人员担任职场导师,导师可在周末带学生到企业职场中感受职场氛围,在与学生的聊天过程中,通过职场导师的人格魅力感染和教导学生,树立学生正确的职业素养和良好的工作心态。

(三)增强企业工作胜任力

企业工作实际对技能需要会与学校所学知识不对接,学生实践操作能力较差,不能有效开展实践工作。有些学生不能正确衡量自己、眼高手低、不懂职场规则,工作开展困难,会使学生在"过渡期"出现职场挫败感。针对此问题,首先,我们要为学生设计职业生涯规划,帮助他们树立职业理想。其次,帮助大学生进行自我剖析,全面客观地认识主、客观因素与环境的基础上,进行自我定位,制订相应的培训、工作计划和安排,采取各种积极的行动帮助其达到目标。最后,充分发挥社会实践的重要作用。综合素质的提高,都是从实践中来,并在实践中不断完善的,只有让学生到实践中去认真领悟、体会和感受,才能养成良好的职业素养,因此要注重引导学生到社会这个真正的大课堂中去实践和锻炼。

(四)建设深度融合培养体系

在校企合作模式下构建职业素养培育体系,具体方法和形式很多。可概括包含六个方面:一是将职业素养内容落实到人才培养计划之中,以课堂形式呈现给学生。二是学校与企业合作根据实际情况,开发并推进职业道德教材的建设。三是在原有的基础上深化教学改革,让课时比例向职业素养培养的方面倾斜。四是师资培养,让学校的专任教师到基层岗位体验,同时让企业优秀员工站上讲台现身说法。五是让实训与顶岗实习成为职业素养培养的载体,让职业道德与职业精神在不同的岗位上形成模块化,以潜移默化的形式提升学生的职业素养。六是企业文化进校园,让优秀的企业文化融合在校园文化之中,双管齐下引导学生。

(五)迎接企业元素进入学校课堂

一方面,将企业文化经典、产业文化的内涵融入学校文化素质课程;将工匠精神中专注、精益求精的内涵融入专业实训课程;技能鉴定与考核增加校企互动、企业应用型对接;在保障现有教学体系的同时进行课程改革,将企业对员工的技术要求、技能水准、生产工艺引入课堂。另一方面,将技能训练的课题企业化,企业骨干技术人员走进学校实训课堂现场指导。再一方面,将技能鉴定的标准企业化,技能鉴定的考核由企业组织完成。课堂就是车间,作品就是产品,企业的要求就是技能训练的要求,优秀的学生就是优秀的员工,这样将极大地提升学生的学习兴趣,调动学生技能训练的积极性,大大缩短学生入企磨合时间,促进校企无缝对接。

(六)转变校企融合培养意识

校企合作从校企"结合"转变为校企"融合"。结合,指人或事物之间发生密切联系;融合,指的是两种或多种不同事物合成一体。因此,校企"结合"转变为校企"融合",要求我们培养者认识到,结合是融合的基础,融合是结合的深化;结合是量变,融合是质变;步入融合阶段,学校和企业构成统一体,彼此存在着千丝万缕的联系,共同承担相应责任,也共同履行相应义务,须同进退、共荣辱。双方对德育工作不能抱着得过且过的放任心态,要有求真务实的精神。应当共同建立专门的德育考核机制,制定具有针对性的德育工作内容,进行有计划的教学,适当对学生的德育成绩进行等级划分,进行常规性的考评和奖惩。

"双元制"等校企深度合作培养模式是适应现代企业单位所需人才的新型教学模式,它们可以使学生掌握解决实际问题的专业技能,使学生在校期间就能掌握本专业的先进技术,指导学生成为直接适应企业生产需要的高技能型人才,有利于学生综合素质全面提高,也有利于提升高职生就业竞争力。学生企业实践"过渡期"适应水平的提升是一项复杂而系统的工程,它不仅关系着学生本人的发展,也决定着校企合作、产教融合创新模式初创期的持续发展,是一项有着深远影响的课题。

[参考文献]

[3] 刘昌状.产教融合、校企合作办学模式下学生德育工作探讨[J].中国教育技术装备,2016(21):153.

[4] 胡利利.高职大学生职业素养培养面临的挑战及其应对策略[J].学园,2017(6):175.

[5] 谢元锡.大学生职业素养修养与就业指导[M].北京:清华大学出版社,2007.

[6] 吴友军.企业文化对大学生就业发展的影响研究[J].山西科技,2016,31(6):5-6.

[7] 边巍.高职学生职业素养和就业竞争力关系研究[J].职教平台,2013(4):50.

[8] 周秀娥.构建高职大学生人文素养培养体系的思考与实践[J].文教资料,2006(31):42.

[9] 闫福华.校企合作模式下高职学生职业素养培养体系的构建[J].职教通讯,2014(14):10.

[10] 李贞祥.基于工匠精神引领的校企多文化融合路径探析[J].职教视点,2018(2):23.

[11] 罗汝珍.市场需求导向下的职业教育校企融合机制构建[J].职教论坛,2014(30):26.

"互联网＋"背景下高职三二分段学生德育工作的探讨

广东科学技术职业学院　黄俊育

摘　要:随着互联网技术的飞速发展,以互联网为载体的技术创新日新月异,取得了良好的效果,而"3＋2"招生模式作为高职院校招生形式的创新,受到了广大学子的欢迎。近年来,"3＋2"模式形势火爆,招生人数规模逐渐扩大,面对人数众多的三二分段学生,由于他们所受教育时间与普高生的教育期限不同,导致德育工作的形式和时间随之发生了变化,由此决定了高职院校的德育工作不能一刀切,必须根据专业和学年做出相应的调整。如何在互联网＋背景下,利用现代技术做好高职院校"3＋2"分段学生的德育工作,成了高职院校德育教育改革的重点。

关键词:三二分段　高职院校　互联网＋　德育工作

作者简介:黄俊育,男,1971年出生,辅导员,助理研究员,硕士研究生,研究方向:思想政治教育、党建、大学生创新创业教育。

三二分段招生模式是我国教育体制深化改革的产物,它是除了普通高考外对招生形式的补充,即对职业高中、职业中专学生进行相关专业对口招生的一种创新方式,这也是一种人才培养模式的创新,即学生有三年在中职阶段学习,经过相关考试后有两年时间在高职学习,由此决定了该类型的学生存在着素质参差不齐的情况,他们普遍具有如下特点。

第一,知识基础薄弱。相对于普通高中而言,职业高中和职业中专的学生基础知识较差,从而造成理解能力、实行力不够完美,影响他们对新技术、新方法的掌握。

第二,自律性不足。此类中职生由于受环境、家庭等影响,自身人格发育不完整,对待学习不够积极上进,缺乏动力和兴趣,对待学校的规章制度等纪律漫不经心,不太重视。

第三,行为不规范。不太重视自己的一举一动,公德意识淡薄,待人礼仪有欠缺,言语和行为散漫,公众意识较差。

由于三二分段学生的特殊性,决定了他们在德育方面与普高生具有不同之处,所以就需要学校等教育机构做出相应的教学安排,灵活地处理好此类学生的德育问题。

一、三二分段学生德育教育的状况及存在的问题

(一)对三二分段学生的德育工作没有充分的认识

德育居于"德、智、体、美、劳"五育中的首位,其包含道德品质、政治思想、理想信念以及价值观等意识形态。三二分段学制的学生其实在校学习的时间只有一年半,最后一个学期是顶岗实习阶段,一般不会安排教学活动。因此,只有充分利用好在校每一个时间段,举办丰富多彩的德育活动,引导学生行为举止、言行,发挥正能量,促进学生身心健康,为社会输送合格人才。可是,高职院校在德育教育方面没有一个长期培养的系统工程,偶尔会举行报告、讲座、班会活动等对学生进行德育教育工作,在热闹之余,学生收获不大,"一阵风"式的活动也容易引起学生的反感、厌倦,无法培养学生良好的行为习惯。因此,高职院校应该成

立一个专门的教育部门来负责德育工作的规划和落实,形成一个系统工程,制订短期和长期活动方案,加强对学生日常生活、学习等行为的教育,打造符合自身特色的高职院校德育格局,树立良好的学风、校风[1]。

（二）缺乏因材施教,统一笼统教学

三二分段学制的学生因自身素质、意识等原因,与普高生具有很大的差距,但是在我们日常教学中,没有正视此类学生的状况,一视同仁地对待所有年级的学生,开展德育工作比较统一笼统,教学内容和方式千篇一律,缺乏系统地教学,没有制定德育教育大框架,分层次、分阶段地实施爱国主义教育、集体主义、社会主义、法制教育、"三观"教育、职业道德教育等学习、活动方案,从而达到"立德树人"的良好效果。

（三）责任单一,没有形成德育工作合力

在高职院校中,很多专业课老师认为只要传授给学生技能就行了,至于德育教育,那是思政部老师或者班主任的责任,与他们无关。这种想法是错误的,因为德育工作是一项系统较强的工程,仅依靠思政部的老师和班主任、辅导员等的教育是不够的,相关专业课老师应该利用课堂结合授课内容,因地制宜地对学生开展职业道德、辩证唯物主义、爱国主义教育,让学生在掌握技能的同时,学会做人做事,培养良好的职业操守和习惯,使他们能够顺利就业,为日后成为公司骨干夯实基础。

（四）脱离实际,没有充分利用互联网新媒体技术开展德育工作

高职院校德育工作的相关负责老师只是利用有限的教学、活动安排开展文艺活动,参观革命根据地等,内容较少,在日常的讲座中,部分学生对此类德育教育不感兴趣,总找借口不参加,或者参加了只是低头看手机,关注一些八卦新闻,没把老师的说教放在心上。这说明高职院校德育工作还没有掌握现代学生的学习、生活特点,高职院校德育工作应该注重发挥互联网新技术的作用,充分利用学生在校的有限时间,使用 QQ、微博、微信或社交网站对学生进行全方位的教育,让互联网技术发挥巨大作用,时时刻刻加强学生的纪律、诚信、时间观念等意识,提高综合素养,强化良好的行为习惯,发挥德育在实践生产中的指导作用[2]。

二、利用"互联网＋"改变三二分段学生德育教育模式

互联网是 1970 年美国夏威夷大学的诺曼·阿勃拉姆逊研制而成的,简称 ALOHANet。"互联网＋"技术的提出,对人类经济社会产生巨大、深远的影响,它可以使传统产业实现在线化、数据化,随时调用和挖掘信息价值,减少仓储,提高生产速度发挥巨大的作用。互联网是迄今为止人类所看到的信息处理成本最低的基础设施,具备全球开放、平等、透明等特性,大大降低生产成本,是社会财富增长的新动力源泉之一。为此,我们要充分利用互联网的特点,打破传统德育观念,与时俱进,切实推进德育工作的开展[3],具体做法如下。

（一）确定德育教育学习框架

三二分段学制的学生实际在校学习时间只有一年半,即三个学期的时间,平均每个学期以五个月计算,可以将德育工作压缩成五个部分来讲授,每一部分再细分成三大类,每一学期讲授一类,每一个月主讲一个主题内容,三个学期学完全部德育内容,这五个部分分别是:思想政治教育及爱国精神、法制及道德品质教育、心理健康教育、职业生涯规划、创新创业教育[4]。

三大类的内容细分如下。

1.第一学期：思想政治教育及爱国精神部分，主要传授中国革命的历史教育和理论知识，传统文化教育和时代精神；法制及道德品质教育部分，主要传授校纪、宪法和社会主义民主教育，行为规范、传统美德、毒品预防、环境保护及生命安全等案例；心理健康教育主要传授心理健康的认知及青春期的特点、培养调适对周围环境的适应能力；职业生涯规划主要传授自我认知，制订近期和长期目标，做好职业定位；创新创业教育方面主要传授冒险精神、创新精神及独立能力的培养。

2.第二学期：思想政治教育及爱国精神部分，主要传授国情、党史及中国特色社会主义理论与实践；法制及道德品质教育部分，主要传授社会主义法制、家庭美德、社会公德和个人品德的教育；心理健康教育主要传授个性心理品质的教育；职业生涯规划主要传授各种职业认知方法，制订职业生涯目标的实施方案；创新创业教育方面主要传授技术、企业管理技巧以及人际交往的沟通能力[5]。

3.第三学期：思想政治教育及爱国精神部分，主要传授国家安全和国防教育、国际关系和世界经济政治的教育；法制及道德品质教育部分，主要传授职业道德、职业纪律和职业规范教育；心理健康教育主要传授职业心理素质培养；职业生涯规划主要传授对职业生涯方案的评估和调整，制订职业预案；创新创业教育方面主要传授创业能力的培养。

（二）建立微信公众号，学习并测试

利用互联网的便利，结合当代学生的学习特点，创建微信公众号，要求学生实名注册App，并链接相关德育学习文件，在网络上进行学习，并根据每个月所学德育教育的内容进行测试，题目数量限制在10道以内，以免引起学生的厌倦情绪。学生做完测试后，系统给予评分并指明答案错误的题目，使学生对自己的选项明明白白，增强网上德育教育的效果。

（三）制定德育分值比例

德育老师对学生每一学期所学内容进行线下测试，分值占30%，对日常所举办讲座、演讲、朗诵比赛、第二课堂、文体活动、志愿者服务队等实践活动的分值设定为20%，而对线上互联网App的德育学习设定为50%，以便增加学生网上自学德育教育的自觉性，通过每天学一点、了解一点的做法，以"润物细无声"的方式引导他们形成正确的世界观、价值观和道德规范[6]。

三、小结

梅花香自苦寒来，德育教育是一项长期、艰巨的育人系统工程，高职院校应该根据三二分段学制学生在不同年龄阶段的身心特点、性格以及品德形成的规律，构建一个整体、高效的德育教育体系，细化德育的内容体系、教学活动体系和评价体系，把政治、思想、道德、法律、心理等要素的具体内容由低到高、由感性到理性地分布到各个教育阶段，同时利用网络的便利，建立德育网站、网页、微信App等，突破时空的限制，使学生以喜闻乐见的方式参与德育教育互动活动，不断学习，不断提升，实行"月月有主题，每月测不停"的学习方式，充分运用现代信息手段使德育教育工作更加生动、直观和高效，同时德育教育与实践活动紧密相结合，紧扣时代主旋律[7]，使学生早日形成健康的人生观、世界观和价值观，积极主动地面对未知的生活、困难，为社会主义建设添砖加瓦，贡献出自己的青春活力。

[参考文献]

[1] 赵书刚.浅谈学校德育工作的建设[J].理论与实践学刊,2015(10).

[2] 王伟华.中职德育课教学前策略研究[D/OL].广州:广东技术师范学院,2014[2017-10-30]. http://jour. duxiu. com/thesisDetail. jsp? dxNumber = 390104543018&d = B3C7BA1DD51957ADC3B0FEA62132B27D&fenlei=07052202.

[3] 熊红红.网络环境下中职德育课教学的探讨[D/OL].北京:北京理工大学,2015[2017-10-30]. http://jour. duxiu. com/thesisDetail. jsp? dxNumber = 390105595843&d = 5B2D7AB90BF8A1B7509E318C26029EDA&fenlei=07050404;07052202.

[4] 王渊.基于科技伦理视角的大学生网络道德教育模式研究[D/OL].武汉:中国地质大学, 2013 [2017-10-30]. http://jour. duxiu. com/thesisDetail. jsp? dxNumber = 390104299042&d=6AFAE595057B3FB4BCD67F09F998964D&fenlei=07051902.

[5] 张丽梅.浅谈如何构建中职德育课多元评价体系[J].职业,2016(30):101-102.

[6] 杨正珠.浅谈学校怎样开展学校德育工作[J].教育学文摘,2013(10):36-39.

[7] 梁绿琦.高等教育教学评估研究[M].上海交通大学出版社,2015:209-210.

第二编 立德树人案例

以"明理学院"为平台的高职一年级学生思想政治教育的十年建设与实践

浙江金融职业学院 王 琴 叶 星 施技文 杜 娟

浙江金融职业学院以"立德树人"为根本,以"五明理(明法理、明德理、明学理、明事理、明情理)"为目标,以明理学院为平台,深入开展一年级学生思想政治教育。自2009年3月成立以来,明理学院以习近平的中国特色社会主义思想为指导,深入践行社会主义核心价值观,聚焦学生的思想政治素质,通过完善课程体系建设,创新一年级学生课外活动载体。

一、案例实施宗旨

明理学院以促进一二三课堂有效融通,稳步推进"五明理"教育,以培育"守法纪、懂做人、爱学习、能做事、会生活"的优质学子为目标。在推进一年级思政教育的过程中,在时间维度上,坚持强基重始,每年新生录取后,提前邮寄明理教育材料供新生学习,入学后,以新生第一课、军训等形式加强学生始业教育。军训结束,以"准军事化管理"方式加强早锻炼和寝室内务卫生整理、明理大讲堂等形式强化学生素质培育;在过程维度上,以明理课程体系建设与"1+1+X"的明理实践活动设计为抓手,促进学生知行合一;在组织维度上,与学生处、教务处、团委等职能部门及各系(院)形成教育合力,全面促进思政教育与专业教育的深度融合。

二、案例实施方法与过程

(一)以三个指导中心为载体,完善思想政治教育课程体系

明理学院下设学习生活指导中心、心理健康指导中心和职业生涯指导中心,三个中心分别承担《学习生活指导》《诚信文化理论与实践》《心理健康教育》和《职业生涯规划》课程。根据本校学生的特点编写具有学校特色的教材,课程重点根据学生身心发展的各阶段的特点,以"五明理"为目标,从不同层面帮助学生适应大学生活、明确学业规划、树立职业理想和提升职业能力。

(二)一二三课堂有机融合,深化明理教育

一是开展明理大讲堂活动。明理学院每月定期举行专题明理讲座,精心选取主题,择优聘请主讲教师,将明理讲座作为日常教育的一部分。每学期开设明理讲座4—6场。二是开

展心理素质提升活动。通过心理健康月和心理素质拓展大赛等系列活动让学生挖掘自身潜能,有效促进学生果敢、顽强、自信、团结等优良职业品格的形成。三是开展学业规划与职业规划大赛。以赛促学,引导学生全面分析自我条件和外部因素,做出科学合理的学业和职业发展定位,设计符合自身实际的学业和职业生涯规划,树立正确的职业观。四是开展明理实践。利用寒暑假社会实践,引导大学生深入社会和基层以及红色革命基地,广泛开展政策宣讲、教育帮扶、文化宣传、专业调研、创业创新等主题活动,注重明理教育的实践转化。办好"千名学生写万封书信、千名学生评万象风云,千名学生读万卷书、千名学生行万里路,千名学生传万句箴言、千名学生访万名校友"等六个"千万"活动,践行知行合一的育人理念。

图1   图2

（三）以货币博览馆为基地,加强思想政治教育

学院货币博览馆通过实物货币、金属铸币、信用货币、电子货币等货币类型,生动形象地展示出我国货币历史和钱币文化的发展脉络,揭示出从钱庄、储蓄所到电子银行这一系列金融机构的演进历程,同时也蕴含了金融文化、诚信文化等职业素养。货币博览馆现已成为杭州乃至浙江的传统文化教育与金融文化教育基地,于2010年10月和2012年12月,先后获评"浙江省社会科学普及示范基地"与"浙江省非物质文化遗产传承教学基地"称号。学校以货币博览馆为基地,对学生开展思想政治教育。

图3

（四）全方位互动，整合思想政治教育的资源

一是整合教师资源。在学生思想政治教育的教学与实践中，明理学院整合了马克思主义学院、人文艺术学院、学生处、各分院分管学生工作书记、团委、全校辅导员、班主任等与学生素质教育工作相关的教师资源，统一协调全校学生的职业信念教育工作。在目标统一和工作紧密协作的基础上，全体教师群策群力形成了教育的合力。

二是整合物资资源。为了更好地满足开展各项思政教育工作的需要，学院每年都会划拨用于课程建设、学生心理健康教育、思政与第二课堂等方面的专项经费。自 2013 年以来，学校每年投入 100 万元专项经费，专门用于品牌项目培育。作为学院示范性建设的特色项目，学院投入 200 余万元高标准建成了金融职业素质养成基地，育人实效更加明显。同时在省内外还建立了近 20 个学生志愿服务和社会实践基地，每年都会派出 1000 余人的学生团队分赴各基地开展实践和志愿服务工作。

三、案例取得的成效及经验

（一）多年探索，形成了思想政治教育系列教学与研究成果

自 2009 年 3 月明理学院成立以来，在全体师生的共同努力下，明理教育取得了一定的阶段性成绩。先后荣获浙江省 2009 年度教学成果评选二等奖、浙江省 2014 年度教学成果评选二等奖、教育部职业院校文化素质教育指导委员会教学成果一等奖，2016 年中国职业技术教育学会人文素质教育研究会特等奖；2016 年 1 月，明理学院入选首批国家职业院校文化素质教育基地建设单位；获 2009 年浙江省新世纪教改项目立项 1 项；先后主持省哲社课题 3 项，主持厅局级课题 8 项。公开出版专著 5 本；在《中国高教研究》《学校党建与思想教育》等核心刊物发表素质教育类论文近 20 篇；近 5 年来，编写出版《学习生活指导》《职业生涯规划与发展》《大学生心理健康教程》《诚信文化理论与实践》教材 4 部。

图 4

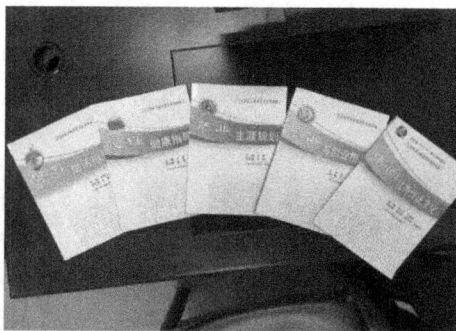

图 5

（二）受益学生面不断扩大

自明理学院成立以来，通过明理学院教育和考核合格的学生已累计近 3 万人，其影响辐射的学生已达到 5 万人。学生的职业素养逐年提升，目前，学生良好的行为习惯已逐渐养成，优良的学风已逐渐形成。学生素质类竞赛的参与面和获奖面逐年扩大，获奖层次逐年提高。自 2012—2014 年，学院学生参与各类校外素质类竞赛的项目数以及获得省级一等奖以上的奖项数均以每年 50% 的速度递增，近 3 年以近 20% 的速度递增。

（三）学生教育质量和各方满意度不断提高

根据第三方人才培养质量评估机构麦可思公司对学校毕业生连续多年的调查报告，学校毕业生半年后的就业率一直保持在 97.0% 以上、学生对母校的满意度始终保持在 95% 左右，学生的职业责任感、职业忠诚度在全国示范性高职院校中名列前茅，高于全国示范性高职院校平均水平约 5%。

案例点评：

该案例聚焦一年级学生思想政治素质培养，将第一、二、三课堂有机衔接，形成了全校"浸润式"思想政治教育生态。坚持以社会主义核心价值观的引领，通过教学计划的设置、教学内容和课程体系以及教学方法的改革，以及通过教学过程和校园文化活动的整体优化，提升学生的思想素质和多方面能力。该案例遵循施教和受教规律，深化思想政治教育的教学模式改革。从注重教师传递知识转向突出学生主体地位，灵活运用多种教学方法和手段，创新素质教育的实践和活动，创设情境，增加体验，探索规律，切实把培养人文知识厚实、能力强、素质高，具有人文精神、创新精神和实践能力的学子作为教育目标，贯彻知行合一理念，开展有针对性的社会实践和活动。

"扬帆筑梦——目标导航"大学生目标教育的实践与探索

浙江经贸职业技术学院 张 珏

一、案例实施宗旨

随着大多数"90后"乃至"00后"学生踏入大学校园,这些在高科技化、高信息化社会环境中成长的独生子女,从小到大以依赖父母、用物质奖励激发学习兴趣为主,尤其是在高中阶段,许多人均以"上大学"作为自己的最大目标。进入大学后,他们失去了长辈和老师的督促,出现了各种不适应:一是部分学生有厌学情绪,意志力薄弱;二是学生的心理健康问题越来越突出,因不能正确面对学习和就业压力、经济贫困、情感挫折等问题,心理容易存在自卑、焦虑、抑郁等问题;三是存在违纪现象,部分学生目标缺失,网络成瘾,出现迟到、旷课、早退、抽烟酗酒、考试作弊等情况。

针对这一现象,浙江经贸职业技术学院应用工程系根据专业特色,实施"扬帆筑梦——目标导航"工程,以《大学目标规划导航手册》为载体,以不同年级段学生发展需求为依据,以"立德、立能、立学、立身"的四立教育为工作主线,将大学生的思想政治教育、创新创业活动、校园文化活动、学风建设、文明修身、社会实践活动和青年志愿者活动等融入其中,培养学生成为思想政治成熟、专业素质过硬、品格优良、生活自主,具有创新精神和实践能力的全面发展型人才。

二、案例实施方法与过程

"扬帆筑梦——目标导航"工程建设以《大学目标规划导航手册》(以下简称《导航手册》)为载体,大学三年时间轴为纵向,"四立教育"主旨为横向,全方位立体化地开展实践育人工作。

（一）创新编印《大学目标规划导航手册》

浙江经贸职业技术学院应用工程系根据各专业人才培养方案,按照学校要求,编写《导航手册》,内容包含了大学各个阶段的专业课程设置、校园文化活动、素质拓展项目、专业考证信息、大学生涯规划等多项内容,在新生入学期间由班主任指导学生学习并制订计划,让学生对大学生活有全面了解和规划。

（二）根据学年特点制订分年级纵向实施规划

以大学三年时间轴为纵向,根据各年级不同特点,沿着"价值目标导向、学业目标导向、生活目标导向、职业能力目标导向"递进,分阶段、有层次地开展大学生思想政治教育,全力服务大学生成长成才。

1.一年级以适应性教育为主。落实《导航手册》填写,让学生有明确的大学生活规划,以校园环境适应、学习环境适应、人际关系适应为主线,明确大学对人才培养的要求,确定学习目标,准确把握大学教育模式、学习方法,化被动学习为主动学习。

2.二年级以专业技能培养为主。引导学生结合专业,设计适合自己的职业生涯规划,并根据规划有意识地完善自身的能力,鼓励他们参与各种竞赛和课外活动,参与专业考证。

3.三年级以就业实践指导为主。做好实习与就业指导工作,拓宽学生的就业思路,邀请已毕业的校友或相关行业、企业从业人员与在校学生座谈,分享他们成功求职的经验,打开学生的求职视野,提高就业率。

（三）根据"四立"教育主线制订各年级横向实施规划

在横向上每个年级阶段深化推进"四立"教育,形成了以班集体文化建设为载体,以思想政治教育为抓手,以学生成长成才为目标的育人体系。

1.坚持用先进理论"立德",突出思想教育,弘扬社会主义核心价值观。

注重党建工作,让党员队伍更纯洁。深入学习贯彻十九大精神,举办初级党校培训班、主题党日活动、组织生活会,学生党员发展认真落实学校的党员发展流程和管理办法,确保党员发展质量。

注重团建创新,让青年学生更聚力。以理想信念教育为核心,开展主题团支部活动50余场,以"班级团干部培养工程"为主要阵地,开展专题讲座与实践锻炼,培养学生高尚的思想品德、良好的文明修养、健康的行为方式。

2.坚持用刻苦品质"立学",强化榜样力量,发挥先进模范的引领作用。

注重分类引导,开展团日活动评比、班级风采大赛,不断培育典型、宣传典型、学习典型,引导学生向身边人、身边事学习;召开总结表彰大会,号召学生向各类奖学金获得者学习;开展"优秀学子交流会",让优秀的高年级学生向新生讲述自己的奋斗故事,为新生在学习、实践、就业等方面打下基础。通过橱窗宣传、媒体报道扩大宣传覆盖面,营造浓郁的"学典型、创先进、争优秀"氛围。

3.坚持用实践锻炼"立能",拓展第二课堂,全方位提升学生综合素质。

注重综合素质培养,打造"自我管理"等主题情商教育;组织学生参加创新创业大赛,成立创新工程示范班,开展创业知识竞赛、创业校友讲座、创业企业走访等活动;开展多项常规型志愿服务,打造本系特色的专业型志愿服务品牌,足迹遍布各地,受到了社会各界广泛好评。

4.坚持用道德修养"立身",关爱困难学生,多举措激发学生学习潜能。

注重学生心理素质教育,成立心理加油站微信公众号,开展新生团辅、朋辈互助工程等;关注各类困难学生,将辅导员一对一谈心谈话常态化;以励志成才为主线,多种形式加强困难学生的感恩教育与诚信教育,抓典型,抓励志,抓先进,积极引导贫困生树立自强自立的信念。

三、案例取得的成效及经验

（一）学生受益成绩斐然

通过"扬帆筑梦——目标导航"工程的实施,我系积极营造浓厚的学习氛围和积极上进的良好风气,培养出一批具有扎实的专业知识、良好的专业技能和明礼诚信、乐学、勤学、会学的优秀学生,取得成绩突出。如表1所示。

表 1　获各类奖项及证书学生人数统计表

国家级	全国职业院校技能大赛高职组农产品质量安全检测竞赛	一等奖 1 人
		二等奖 1 人
		三等奖 1 人
	国家奖学金	1 人
省级	浙江省新苗项目	立项 5 项
	浙江省挑战杯大赛	二等奖 1 项
	浙江省高职高专院校技能大赛各项目类别总计	一等奖 3 人
		二等奖 4 人
		三等奖 3 人
	浙江省"茶奥会"大赛	一等奖 3 人
		二等奖 2 人
		团体二等奖 1 项
	浙江省政府奖学金	24 人
获得专业相关的资格证书人数		占全系人数 27% 以上

（二）服务社会贡献力量

通过品牌化推进、长期化运行、基地化建设、项目化管理完善志愿服务项目建设。本年度,参与开展志愿服务 100 余次,参与人数 450 余人,服务时间达 11655 小时以上;成立 2 支社会实践小分队开展社会调研,组织三个年级 1400 余人开展个人分散实践活动,获得文海小学、文清小学志愿服务感谢信 2 封。我系的"食品安全进社区"志愿服务荣获浙江省优秀志愿服务项目,杭州市"哥哥姐姐"服务队获全国志愿服务银奖,我系志愿者大队是其组成队伍之一。

（三）学风建设稳步推进

从"扬帆筑梦——目标导航"工程开展一年以来的数据分析,学生的学习态度、专业能力、个人综合素质都有所提高。如表 2 所示。

表 2　学生奖惩分布表

评价	考试违纪率	考试补考率	留级率	英语 B 级通过率	英语三级通过率	职业资格证书获取率
2015—2016 学年	2 人 0.14%	338 人 24.07%	3 人 0.21%	69.4%	23.8%	310 人 22.08%
2016—2017 学年	2 人 0.13%	308 人 22.33%	1 人 0.07%	64.8%	31%	377 人 27.34%

学校校园文化比赛中获得荣誉			
序号	活动名称	活动开展时间	奖项名称和等级
1	大学生合唱节	5月2日	八年连续获学校一等奖
2	班团风采展	5月18日	汽服161院三等奖 茶叶161院二等奖
3	"星辰杯"辩论赛	12月10日	第二名
4	时政评论员大赛	4月	团体二等奖
5	排球赛	5月	第三名
6	学院男子篮球联赛	5月	第三名
7	系级迎新晚会节目		参与6个节目

（四）毕业生综合能力显著

2017届毕业生就业率在97%以上，签约率在92%以上，3人自主创业，进入本科院校学习的学生占总数的11%。根据浙江省教育评估院的调查数据，2016届毕业跟踪调查全校总体满意度最高的5个专业中，有4个为我系专业；2014届起3届毕业生，全校总体满意度最高的5个专业中，有2个为我系专业。

通过这一阶段的实践，这项工作之所以能够长久坚持做下去，并发挥了一定的作用，我们总结以下三条经验：借助了《导航手册》这一载体，夯实了工作基础；构建了分年级分块面纵横交错的立体培养实施模式，有力推进了工作的开展；融入了专业人才培养的需求点，有效推动了教书育人的联动发展。

四、下一步加强和改进的计划

就此项"扬帆筑梦——目标导航"工程的情况来看，还存在以下几个需要改善的方面。

1.《目标规划导航手册》修订和编排要与时俱进，根据学生实际情况及时修改和完善。

2.在注重学生个人三阶段的目标教育同时，要加强班级的集体目标建设，让每位学生意识到自己的行为与集体的荣誉紧紧联系在一起，在实现集体目标的过程中，实现自己的个人目标。

3.目标导航工程注重前期的目标确立和中期的执行建设，但是后期的成果评价和改善相对薄弱，在目标教育建设过程中，对尚未完成目标的学生和相对不足的集体，应帮助其分析原因，并引导其及时调整目标。

4.要重视职业能力的目标导向，不同专业的就业率不一样，注重学生的就业指导、心理调适和专业培养，对于就业率相对高的专业，引导他们成为优秀的毕业生，去竞争更好的、更高层次的职位。

案例点评：

目标教育是大学教育的重要组成部分，是素质教育的有力抓手。"扬帆筑梦——目标导航"学生目标教育工程建立了双向立体的全方位育人体系,由单一的德育教育转变为以"四立"教育为核心的多元化育人模式,坚持全员、全过程、全方位育人,实现了以局部带动整体的效果,紧密联系德育工作实际,高度契合了"以生为本"的教育理念,实现了学生综合素质提升,有效帮助学生成长成才。本项目的实施将学生的实际需求融入立德树人教育活动中,形成了大学生德育工作的有效机制。

传承红色基因　培育铁军精神

——陕西铁路工程职业技术学院红色育人工程探索与实践

陕西铁路工程职业技术学院　李昌锋　刘明学

一、案例实施宗旨

党的十九大报告提出"传承红色基因、担当强军重任"。一直以来,中国铁路始终保持半军事化管理的传统。铁路建设企业也将"政治过硬、品德高尚"作为用人的重要标准。陕西铁路工程职业技术学院在校园文化建设中,大力开展红色育人工程建设,旗帜鲜明讲政治。以"3·2·1党员教育工程"为主线,通过做好顶层设计,绘就红色育人工程蓝图;依托红色文化,培育红色辅导员队伍;做实红色教育活动,全面提升学生政治素质。形成全面、系统的红色育人体系,培育了学生政治素质、道德素质,铸就了以"吃苦奉献 拼搏争先"为核心内涵的学院精神,为培养铁路工程建设所需的厚德强技人才创造了良好的育人环境。

二、案例内容

陕西铁路工程职业技术学院毕业生的职业岗位根植于铁路、公路等国有企业施工建设和管理企业,肩负着"高铁走出去""一带一路"基础设施建设等国家战略的重要历史使命。用人企业把"厚德强技"作为选人用人的重要标准,工作性质决定了毕业生必须具备良好的政治素质和道德修养。据此,我院在校园文化建设中,深入开展红色育人工程,通过出台一批制度、挖掘一批教育资源,营造出浓郁的红色育人氛围;通过精心组织七项红色教育活动,培育出一批优秀青年学子。形成全面、系统的红色育人体系,引导学生树立了正确的世界观、人生观、价值观,营造了浓重而独具特色的红色文化氛围。

三、案例实施方法与过程

（一）做好顶层设计,绘就红色育人工程蓝图

从红色教育制度和资源建设入手,充分发挥道德教化和文化引领作用,出台了一批红色教育制度、建设了一批红色教育资源,让学生在浓郁的红色文化氛围中长见识、受教育,使红色教育制度化、规范化、长期化。

1.注重红色教育制度建设。成立师生红色育人工作领导小组,出台了《关于开展3·2·1党员教育工程的通知》《学生党建公寓管理办法》《主题团日活动开展办法》等红色育人工程相关制度,将红色教育写入党建工作计划。统筹部署年度师生红色育人工作规划,按照时间节点有条不紊地开展各项红色教育活动。

2.深挖红色文化教育资源。一是围绕校内红色教育场馆挖掘教育资源。利用学院红色文化长廊、窦铁成事迹展览馆、铁路发展史馆等红色教育场馆,开展各类主题教育活动。二是围绕省内爱国主义教育基地挖掘教育资源。利用习仲勋陵园、习仲勋事迹纪念馆、渭华起义纪念馆等红色教育基地开展现场教学活动。三是在微信公众号上开辟红色教育专栏,定

期发布习近平总书记讲话、党章党规、先进人物优秀事迹等教育资源。

（二）依托红色文化，培育红色辅导员队伍

学习红色文化是培育辅导员理想信念的重要途径，也是激发斗志、获得启示的有效方法。

1.认真研读红色文化著作。辅导员坚持研读马克思主义及其中国化理论成果，研读习近平讲话精神。在原著及有关权威解读的学习中不断提高自己。同时，也可以根据研读的需要，建设相关的辅导员工作室，设立德育项目，鼓励辅导员申报相关的课题，形成精品项目等。

2.加强实践教育。每年组织新进辅导员赴延安开展政治学习班教育活动和暑期"三走进"活动。通过参观、考察革命旧址、革命历史纪念馆、爱国主义教育基地等，实地感受红色文化的魅力，激发辅导员的爱党爱国之情，不断提升思想政治素质，做好广大学生的引路人。

（三）做实红色教育活动，全面提升学生政治素质

以"3·2·1党员教育工程"为主线，以入学军训、主题团日活动、红色运动会等活动为支点，创设了一系列以学生为主体的红色教育活动，实现了红色教育全覆盖，塑造了红色教育品牌活动，提升了学生的政治素质。

1."3·2·1"党员教育工程。具体内容为三个研读、两个实践、一个带动，即研读党章党规、研读习近平总书记系列讲话、研读红色经典书籍，践行社会主义核心价值观、实践志愿帮扶他人，带动一个宿舍进步，有效契合了"两学一做"学习教育活动的精神实质和教育内涵。形成了学生群体中的红色主体，带动了全体学生认真学习红色文化、积极践行红色精神。

2.入学军训教育。高度重视每年的新生军训工作，由系党总支书记带队深入军训一线动员、指导学生参加军训，接受爱国教育，培养和锻炼了学生过硬的身体素质、纪律规范、集体荣誉、崇高品格和"爱党爱军"的特殊感情。

3.红色运动会。每年举行一次"永葆爱国初心 谱写青春华章"一二·九红色趣味运动会，将红色文化元素融入体育等竞赛中，创造性地将德育与体育、红色体育项目与全民健身运动有效地结合起来，学生在轻松、愉悦的气氛中接受红色教育、增强爱国意识和团队协作能力。

4.校歌、红歌会。每年在新生中组织开展一次"爱国爱校，崇德向善"暨纪念红军长征胜利的合唱比赛，强化红色记忆，加强革命传统教育。全体同学以班级为单位齐唱校歌，畅谈自己的学唱体会，加深对歌曲理解，提高学生对党、国家、学校的深厚感情，凝聚全系同心共筑中国梦的强大合力。

5.红色经典诵读。每年举办一次红色经典诵读比赛，鼓励学生进行红色文学与文艺创作。学生或以支部为单位，或以班级为单位积极参与其中，将自己对红色文化的所学、所闻、所想、所感通过诵读的形式表达出来，对红色文化理念在学生中普及起到了极大的推动作用。

6.红色教育讲坛。在开展"筑路讲坛"中单独设立红色教育分坛，邀请校内外红色文化研究专家、德育教育专家开展社会主义核心价值观、党史国情等爱国主义教育，挖掘红色文化的深刻内涵和重要的育人价值，完善了红色文化育人工程体系。

7.主题团日活动。积极开展三类主题团日活动。一是理论学习类。开展理论教育、形

势政策教育、爱国主义和革命传统教育等在内的各种思想教育。二是现场教学类。带领学生赴渭华起义纪念馆、习仲勋纪念馆等革命遗址或红色教育基地开展现场教学。三是公益实践类。学生努力提高为人民服务的奉献意识和良好的社会责任感,将红色文化及其精神落实到具体的行动中去。

四、案例取得的成效及经验

(一)工作成效

1.学生德育工作成效显著,培育了厚德强技的铁路建设人才。学生党员坚定了理想信念,积极发扬不怕吃苦、乐于奉献的红色革命精神,在日常学习和班级、系部、学院的和各类二课活动中处处发挥了模范带头作用,涌现出以救火少年刘德辉等代表的优秀学生。全体学生能积极学习、安心铁路建设事业,形成了积极上进、追求卓越的氛围。以道桥工程系为例,2017年学生参加全国、浙江省级及行业技能大赛获国家一等奖5项、国家二等奖7项,省级和行业奖励56项。

2.党建、团建工作成效显著,形成了一系列物化成果。各党支部、团支部在党总支的引领下,积极开展创新争优活动,形成了一系列红色教育制度和红色教育品牌活动。涌现出陕西省五四红旗团支部铁成3142班团支部为代表的优秀集体。先后获全国"四进四信"活动基层优秀项目、全国活力团支部等荣誉称号。

(二)基本经验

1.抓好顶层设计。学院成立德育工作领导小组,系部成立师生红色教育工程领导小组,对教育工程进行系统而全面地策划和指导,保证了教育工程的高规格、高质量和高效率。

2.注重活动宣传。在各项细化的红色教育活动当中,领导小组对于前期动员、过程指导、活动总结三个环节,始终坚持全方位和多角度的宣传,设计宣传横幅、宣传板、印制宣传册,极大地调动了全体师生的积极性,提高了活动的参与率,保证了活动效果。

3.强调师生共育。师生红色教育工程强调教师和学生共同接受红色教育,教师在积极参与各项红色教育活动中努力锤炼自己的高尚品德与职业操守,为全体学生树立了良好的榜样。学生在各项活动中,以教师为榜样,虚心学习,努力提高自己的综合素养。

案例点评:

学习贯彻党的十九大精神,实现高校立德树人根本任务,既是当前高校思想政治工作的重点,又是一项长期工作。陕西铁路工程职业技术学院传承红色基因,培育铁军精神,探索与实践红色育人工程,旨在提升学生的思想政治素质,以适应铁路行业对人才的需求,为中国特色社会主义事业培养合格建设者和可靠接班人。以"3·2·1党员教育工程"为主线,依托7项活动,创造性地开展大学生思想政治教育工作。把红色文化传承融入人才培养全过程。可谓匠心独具,别具一格。该案例立足实际,充分利用可掌握的资源开展教育活动,可操作性强,易于借鉴。

建立"六统一、五助力" 家校合力育人长效机制

石家庄铁路职业技术学院 陈凤平 李振涛 于 原 宓荣三

一、案例实施宗旨

建立家校合力育人长效机制是当今高校亟待破解的难题之一。自2015年暑期至今,学院实施"六统一"入户家访,"五助力"家校合力育人,在家校共促学生成长成才方面进行了改革实践,推进了大学生思想政治教育工作入户、入心,达到了送关爱助困推进助学,助学推进助心,助心推进助志,助志推进助就业的效果,得到了师生、家长及社会的高度认可,形成了家校合力育人长效机制。

二、案例实施方法与过程

(一)精心设计"六统一"入户家访方案

学院高度重视暑期"大家访"活动,提出了入户家访的要求并进行了统筹安排。成立了党委书记、院长为组长的领导小组,设立了学生工作处处长任主任的办公室,精心设计了"六统一"入户家访活动方案,即统一确定入户家访名单,统一划分入户家访区域,统一安排入户家访小组,统一培训入户家访人员,统一部署入户家访要求,统一协调经费报销。"六统一"入户家访活动方案的制定,为家访活动务实高效开展奠定了基础。

(二)精准确定"四大类"入户家访重点

在组织全体辅导员以电话、短信、QQ、电子邮件、微信以及书信沟通等方式落实好家访活动基础上,实施班、系、院三级入户家访活动机制,逐级精准确定入户家访的"四大类"重点学生,即家庭经济困难学生,学习困难学生,心理问题严重或思想行为偏激的学生,孤儿或单亲家庭学生。进行入户家访。每班依据学生平时表现及贫困生档案,核实确定2—3名学生为学院入户家访的学生。

(三)精细做好入户家访准备工作

1. 划分区域,组建小分队。学院家访活动办公室根据各系核实确定上报的入户家访学生的具体情况,按地域划分若干入户家访区域,按区域组建若干入户家访工作小分队,每支小分队负责走访一个区域内的"四大类"重点学生。2017年暑期,学院按"四大类"重点学生的地域划分了14个区域,组建了14支小分队进行了入户家访,基本遍及河北省各个市县。

2. 培训动员,部署要求。学院专门召开入户家访培训动员会议,统一认识。明确学院入户家访活动的意义、目的和要求,学习国家助学贷款等相关的政策,强调入户家访须遵守的原则及注意的事项,严格入户家访廉洁纪律。

图1

3.备足功课，了解学生。入户家访的辅导员认真做好准备，了解学生及其家庭状况，分析学生问题产生的根源，确定与学生和家长沟通的内容和方式，规划时间和路线，做好了应对各种情况的心理准备，增强了入户家访的针对性和有效性。

（四）精力投入入户家访学生家庭

辅导员入户家访的"四大类"重点学生家庭大多在交通欠发达地区或远离城市或深山农村，交通、餐饮、住宿极不方便。各小分队的辅导员投入极大的精力，不畏交通不便，不惧路途遥远，顶着烈日，耐着酷暑，冒着风雨，逐一入户家访"四大类"重点学生家庭，他们的足迹遍布河北省 11 个市、96 个县，为每名学生送去学院 500 元资助金，掌握学生及其家庭具体情况，有的放矢开展思想政治教育。3 年来，入户家访的"四大类"重点学生家庭共计 345户，送去学院资助金总计 23.7 万元。

近三年入户家访家庭数和资助金额

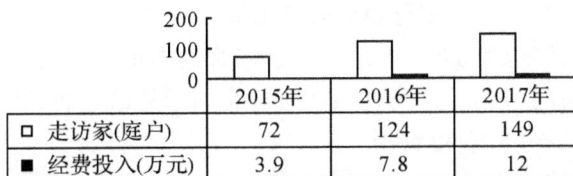

	2015年	2016年	2017年
□ 走访家（庭户）	72	124	149
■ 经费投入（万元）	3.9	7.8	12

图 2

图 3

图 4

（五）经费保障入户家访落到实处

根据辅导员入户家访的实际情况，针对大多数家庭在交通欠发达地区或远离城市或深山农村难于提供正式的车票、住宿票等问题，学院专门制定了辅导员入户家访任务和经费包干报销政策，解决了入户家访费用报销的难题，切实保障了入户家访落到实处。

三、"五助力"家校育人，提升思政教育质量

入户家访活动的开展加强了学校和学生家长的沟通与联系，拓宽了学生思想政治教育渠道，增强了大学生思想政治教育工作的针对性、实效性，提高了辅导员工作水平，提升了学院大学生思想政治教育质量，促进了大学生健康成长成才，形成了"五助力"效果。

（一）助力发挥家校教育的合力

入户家访过程中，辅导员针对学生所面临的问题与家长进行有效的沟通交流，形成共同

的教育思路和方法,得到家长的支持和信任。助推家校教育合力的发挥,提高了思想政治教育的质量,有效促进了学生的健康成长。

(二)助力学生树立正确的三观

辅导员将"四大类"重点学生的心理健康教育融入入户家访过程中,有效教育学生正视困难和问题,形成健康的心理和健全的人格,助推学生树立正确的世界观、人生观、价值观。

(三)助力辅导员工作能力提高

辅导员走进学生家庭,拉近了辅导员与家长之间的距离。与家长沟通学生在思想、学习和生活等方面的表现,准确了解到学生及其家庭存在的实际问题,了解到"四大类"重点学生的思想动态,及时发现不稳定因素,推动了辅导员做好特殊群体学生工作能力的提升。

(四)助力学院人文关怀的落实

"四大类"重点学生渴望得到学院的关怀、别人的关心、家人的爱护、家庭的温暖,他们需要辅导员倾注更多的心血和爱。辅导员满怀着真诚入户家访,在学生和家长接到500元资助金的那一刻,感激之情油然而生。三年来,学院帮助"四大类"重点学生顺利就业达296人,他们切实感受到了社会主义制度的优越性,感受到了党的温暖,感受到了学院的关爱。

(五)助力学院社会声誉的提升

三年来,学院创新的入户家访活动方式,感动鼓舞了"四大类"重点学生,得到了家长的赞誉,得到了全院师生的认可,产生了较大的社会反响,受到了上级的表彰,为学院赢得了良好的社会声誉。

四、案例取得的成效及经验

建立的"六统一""五助力"家校合力育人长效机制,破解了高校学生家庭居住地域分散、家访入户难、家校合力育人效果不佳的难题。

该案例得到了中共河北省教育工委、河北省教育厅的褒奖,并在全省高校进行了推广,引领全省高校"大家访"活动取得了实效。2016年、2017年连续两年学院获得中共河北省教育工委、河北省教育厅暑期"大家访"活动先进单位荣誉,学院李振涛、宓荣三、于原、王洪军、张燕五名辅导员分别获得中共河北省教育工委、河北省教育厅2016年、2017年暑期"大家访"活动先进个人。该案例于2017年11月获中共河北省教育工委、河北省教育厅2017年度河北省高校思想政治工作创新案例一等奖。

案例点评:

建立"六统一""五助力"家校合力育人长效机制案例,立足资助育人,破解了高校学生家庭居住地域分散、家访入户难、家校合力育人效果不佳的难题,得到了中共河北省教育工委、河北省教育厅的褒奖,并在全省高校进行了推广,引领了全省高校"大家访"活动取得了实效。案例针对性强、实效性强、示范性强、经验典型,具有较强的推广价值。

中华优秀传统文化在大学生思想政治教育中的实践与运用

——以浙江金融职业学院国学诵读协会育人活动为例

浙江金融职业学院　王春花

一、案例背景

党的十九大报告指出,"深入挖掘中华优秀传统文化蕴含的思想观念、人文精神、道德规范,结合时代要求继承创新,让中华文化展现出永久魅力和时代风采"。高校是文化建设的重要阵地之一,在滋养学生心灵、德行涵育上发挥着重要作用。

浙江金融职业学院国学诵读协会成立于 2013 年,每年注册人数平均达 200 名,以国学诵读为主要载体推进多样化国学经典教育,组织开展回归传统文化,弘扬国学经典等特色主题活动,努力打造弘扬优秀传统文化育人品牌项目。经过五年培育,协会会员在朗诵、演讲、辩论等省级竞赛中屡获奖项,连续四届夺得浙江省大学生中华经典诵读竞赛一等奖。2017年,协会获"全国优秀大学生国学社团"荣誉称号,第二课堂教育广泛辐射。

二、问题本质和解决思路

优秀传统文化活动是校园文化活动的重要内容,是学生第二课堂教育的重要组成部分。

通过协会活动不断丰富学生第二课堂教育,将中国优秀传统文化与大学生思想政治教育相融合;不断创新活动形式和内容,充分挖掘和发挥学生特长;不断发挥文化育人功能,努力提升大学生的人文修养和职业内涵。

三、案例实施方法与过程

（一）策划"国学经典晨读朝阳行动",夯实优秀传统文化根基

长期以来,协会组织学员于周一至周四清晨在校园尚德池畔、明理亭旁开展特色早自修——学经典晨读朝阳行动。推行学长学姐领读、朗读者展示读等"多样诵读"方式,激发学生的诵读兴趣,让学生在诵读中感受经典国学的形态美、意态美、节奏美和韵律美,撷取精华,陶冶情操。

（二）组织中华经典诗文诵读大赛浙江省汉语口语大赛校内选拔赛,以赛促文,强化学生表达能力,提升人文素养

协会连续多年举办中华经典诗文诵读大赛暨浙江省汉语口语大赛校内选拔赛,大赛分初赛、决赛,后期由教师团队指导备战决赛,旨在弘扬中华优秀传统文化,提升大学生的口语表达能力,进一步增强大学生的文化自信和民族自豪感。2013 年以来,共有 2000 人次参与和观摩选拔赛,近 20 人参与省赛并取得佳绩。

（三）实施国学诵读等级证书考核制度,培育学生诵读国学的持久兴趣,提升综合素养

为培育具有较深文学底蕴的人文学子,协会对全体会员进行国学诵读等级证书考核。

考核每学期举行一次，采用笔试加面试的形式，分低级、中级、高级，并对通过等级考试的学生酌情给予智育加分。协会邀请专业教师专门编印《书香苑国学经典诵读读本》，还制定《国学诵读等级证书考核办法》《国学诵读等级鉴定标准》。

（四）采用体验式教育，举行大型古代拜师礼活动，发挥实践育人功能

协会每年于新生始业教育期间，组织开展大型古代拜师礼活动。拜师礼上师生身着汉服，生动精彩演绎等古代师生之礼。学生执弟子礼，向老师鞠躬敬礼，呈上拜师帖缔结师生关系，并亲手向老师敬茶和献上六礼束修，以表尊重和爱戴。通过古代拜师礼，不仅弘扬中华传统美德，而且让学生在实践体验中将尊师重教的意识做到外化于形，内化于心。

四、案例取得的成效及经验

（一）抓住时代脉搏，创新教育形式

国学教育是弘扬中华优秀传统文化，进行民族精神教育的核心内容，也是大学生思想政治教育的有效途径。国学诵读协会集中采用诵读、赛制、体验、考核等方式，将中华优秀传统文化与大学生思想政治教育相融合，有助于大学生思想政治教育工作有序高效开展。

（二）继承和发扬中华优秀传统文化，凸显教育成效

中华优秀传统文化蕴含着丰富的人文精神和道德伦理，是涵养社会主义核心价值观的思想源泉，也是当代大学生人文素质教育的重要内容。国学诵读协会系列活动有利于促进大学生对国学经典的高度认同、内化和自觉践行，并且可操作性强，将全面提升学生的人文素养。

（三）进行系统设计，形成长效机制

国学诵读协会在校团委和分院党总支的领导下，注重顶层设计的完整和系统性，紧紧围绕一读本、一大赛、一古礼，不断丰富浙江金融职业学院"千日成长工程"内容，着力提升大学生综合素养，有力夯实学生素质教育培养模式。

（四）发挥辅导员老师专业特长，助力第二课堂教育

在从事大学生思想政治教育工作中，辅导员老师应该充分发挥自身专业优势和特长，积极指导各类社团、协会活动。从所在学校、分院学生特点和兴趣爱好，结合自身专业特长来定位社团活动内容和形式，努力将第二课堂教育效能最大化。

案例点评：

本案例很好地结合十九大精神，将中华优秀传统文化，通过育人载体设计，融合到实际的大学生思想政治教育活动中去，并且内容丰富、形式多样，依托国学诵读协会，努力打造第二课堂育人品牌，取得良好育人成效。

高职护生"新三好"素质教育案例

重庆医药高等专科学校 刘 影 张云杰 刘 钰 张津宁

作为社会发展的中坚力量,大学生是时代最灵敏的"晴雨表",是社会主义核心价值观建设的一支重要力量,同时也是价值观教育的重要目标群体。当代大学生思想活跃、价值多元、主导价值观缺失现象普遍存在,所以在大学生中培育和践行社会主义核心价值观必须创新理念与路径。本文选取重庆医药高等专科学校培养"好学生、好护士、好女性"的"新三好"素质教育体系作为践行社会主义核心价值观的典型案例,此案例具有深入的理论研究基础,也经过了实践的验证,具有坚实的实践基础,根据护理专业人才培养方案与目标,基本形成了"新三好"护生素质教育的基本概念、定义、内容和目标等理论及实践体系,为在新形势下如何弘扬和践行社会主义核心价值观奠定了理论基础,也提供了思路和方法。

一、案例实施宗旨

近年来,护理专业在全国各个中职、高职院校中大量开办。护士专业水平有所下降,不仅护理专业技能掌握得不扎实,护士本应具备的人文关怀、心理疏导、健康宣教能力更是缺失,这也成为医患矛盾上升的原因之一。同时,护士的流失量很大,护士的职业认同感偏低、职业倦怠水平较高、缺乏奉献精神、心理素质以及自我调节能力较差。

在新形势下,如何培养出优秀的护士就成了护理专业人才培养的重要课题。根据国家卫计委对护士职业能力的要求以及高等职业教育对学生的培养目标,重庆医药高等专科学校率先提出了"新三好"护生素质教育体系。旨在将护生培养成为"好学生、好护士、好女性"的"新三好"人才,真正实现学生全面平衡的人格发展,真正实现素质教育与课堂教育紧密结合,素质教育与人才培养方案高度契合,形成全方位、多角度的教育教学模式。该体系着眼于护生终身发展与终身成长,成为良好的社会人、家庭人、职业人。营造课堂育人、活动育人、管理育人、环境育人四种育人氛围,以各项素质教育子项目活动为载体,形成了"新三好"育人品牌,不断深化"新三好"素质教育体系的内涵,扩展"新三好"素质教育的深度、高度和广度。

二、案例内容

"新三好"素质教育体系的核心是"好学生、好护士、好女性",是把学生放在学校、社会、家庭这一社会链条、生活链条中,以可持续的发展眼光来构建,并在实际运用中形成的。"新三好"素质教育体系是在以学校为主导,以家庭为基础,以社会为依托,系统构建立体教育的基础上,强调学生主体作用的发挥,强调面向全体学生,注意教育起点和目标的现实性和规范性,注重教育过程的系统性和开放性的一种素质教育体系。帮助学生在校成为好学生,即培养学生具备良好的道德修养、良好的学习能力、良好的自我管理能力;在工作岗位成为好护士,即培养学生具备专业的护理职业技能、良好的护士人文修养、高度的职业认知认同感;在家庭中成为好女性,即培养学生具备完善的人格、正确的爱情与性观念、健康的发展观。

三、案例实施方法与过程

（一）"新三好"护生素质教育体系理论研究基础

从调研"新三好"护生素质教育建设标准来看,好学生的核心特质有乐学尽责、守纪循礼、诚信感恩、好思喜创、自信独立、助人合作。好护士的核心特质是胜任岗位、博专多能、社会认同、热情自信、执着进取、创造思考。好女性的内涵包括循礼守法、健全人格、家庭认可等。未来的好护士和好女性为现在的好学生评价提供目标,现在的好学生为将来的好女性和好护士建立基础。起点是好学生,终点是好护士、好女性,这将伴随学生的一生成长发展。

（二）设计与实施

在研究如何培养好学生方面:学校以学风建设为抓手,通过开展学风建设活动月、无人监考考试、无纸化考试等活动,研究如何使学生学会学习、学会自律、学会慎独,做一个合格的学校人。

在研究如何培养好护士方面:学校从2009年开始,以庆祝"5·12"国际护士节为契机开展一系列的职业技能比赛,旨在提高护生的专业水平、职业认同感。例如护理技能大赛、护理礼仪大赛、"我心中的好护士"演讲比赛、护生微课大赛、护生创新创业大赛等。通过开展一系列活动,营造护理事业的崇高氛围,能够提升学生的职业荣誉感、职业忠诚度,以及对护理事业的热爱程度。以行业专家进课堂活动为载体,邀请临床一线护士、南丁格尔奖获得者、行业老前辈等专家,进入课堂为学生授课,以自己的亲身经历和大量的案例,为护生树立心中的标杆。通过这一路径,促使学生以行业专家为榜样,找到努力的台阶和方向。以志愿服务在医院活动为品牌活动,组建天使义诊服务队、开展暑期三下乡、志愿服务活动、带薪实习活动等,深入乡镇、学校、社区,引导学生通过专业知识实践服务社会、奉献社会,提高护生的服务意识和人文关怀能力,通过这一路径,对学生学习生活时间的全覆盖,提高学生的博爱精神、奉献精神。从多年的实践结果来看,通过开展"5·12"系列活动与志愿服务在医院等活动,培养了护生专业方面的各种能力和素质,学生的整体职业能力与个人修养有了较大的提升。最终使学生学会工作,成为一个合格的职业人。

在研究好女性方面:以家长会为载体,通过家校联合,对学生进行全方位孝顺教育、感恩教育、生命教育,通过这一路径引导学生建立正确的家庭观、生活观。以青爱小屋为平台,开展心理卫生教育、婚恋教育、性健康教育等,通过这一路径使学生具备健康、良好的心态,树立正确的婚恋观、性观念。培养护生在个人发展、人格完善、爱情与性观念、心理发展等方面的能力和素质。以女性综合素质课程为契机,开展琴、棋、书、画、手工、针线等培训,通过这一路径,树立学生女性特有的气质、神韵等。最终旨在使学生学会生活,成为一个合格的社会人。

在研究"新三好"考核评价机制方面:针对培养好学生、好护士、好女性的不同指标,在不同阶段开展的不同活动,检验其是否起到应有的作用,制定"新三好"护生素质教育建设标准,建立起相应的考核评价机制,分模块、从时间维度上,有针对性地进行综合评价。科学设计争创"新三好"素质教育模式的评价体系:好学生(学习能力＋道德修养)40％,好护士(职业技能＋人文修养)30％,好女性(完善人格＋责任意识)30％。在此基础上,我们建立了"新三好"评价方案和量化考核表,在评价方法上,坚持定性评价与定量评价相结合,形成性评价与终结性评价相结合。"新三好"评价体系是关注过程的形成性评价,也是面向"未来",重在发展的评价。是对学生的可持续性发展和提高有效指导的评价体系,是适应学生长远发展服务的全面的评价体系。

（三）工作实效与经验

近年来,"新三好"护生素质教育体系已经形成了一定的理论研究和实践成果,有一定的理论基础与实践准备,已成熟开展过系列学生素质教育活动。在"新三好"素质教育体系的引领下,学生综合素质得到显著提升,围绕"新三好"教育的各项子活动也开展得有特色、有内涵、有成效,学生多次在全国及重庆市级各类比赛中斩获佳绩,护理专业人才培养质量得到社会的广泛认可,连续多年呈现招生、就业两旺的良好局面。连续数年新生报到率达到93.5%以上、就业率达到97%以上、对口就业率大于86%、护士执业考试通过率在96%以上,近年来本专业学生在重庆市护理技能大赛中屡创佳绩,多次荣获一、二等奖。毕业生满意度调查均高于全国平均15%—38%（麦可思数据公司评估报告）。培养了大批高素质技能型的护理人才,充分展现了当代大学生的风采和护理专业学生良好的职业品德和职业素养。涌现出一批优秀学生典型,中央电视台新闻频道专题报道的"路边救人好护士"黄晓秘、杨莉同学等护理岗位的骨干力量;新华网专题报道的献血爱心使者曹卜月等同学,西南医院"南丁格尔奖"获得者刘薇等优秀职业人。他们无私奉献的敬业精神和高超的护理技术得到了社会的高度赞誉。他们是学校"救死扶伤、精益求精"的职业精神和"甘于奉献、勇于担当"的敬业精神的传承者,也是护理学院"新三好"素质教育体系培养下的具有良好道德品质的好学生、良好职业素养的好护士和良好传统美德的好女性的典型代表。

四、案例取得的成效及经验

我校的"新三好"护生素质教育模式尚处于不断加强和深化阶段。运行三年多来,虽然也取得了一定的成绩,但仍须进行全面的总结和提炼。对于"好学生、好护士、好女性"三个培养目标的定位还需进一步明确,以及"新三好"概念的外延和内涵还需进一步提升,进行更深入的阐述,进一步量化和细化相关评价标准,完善评价体系。"新三好"素质教育应与专业人才培养契合,素质教育与课堂教育在形式和内容上还需实现高度统一。同时在素质教育培养形式要继续创新,要运用新媒体和大学生喜闻乐见的方式大力弘扬社会主义核心价值观,要以党的十八届六中全会精神和习近平总书记在全国思想政治工作会议中提出继续把思想政治工作贯穿高校教育教学全过程为指导,在继续提高教师自身素质的同时,不断改进和完善"新三好"护生素质教育体系,以全面推进素质教育,并发挥教育的最大效益,发展学生的最大潜能,全面提高学生的素质,通过培养适应社会发展的好学生、好护士、好女性,大力弘扬和践行社会主义核心价值观。

案例点评:

此案例着眼于建立高职护生全面发展的素质教育体系,以就业为导向,与职业标准接轨,将系统化、科学化、标准化的素质教育体系融入人才培养方案,不仅针对护生的学校教育阶段,更立足于建立长效机制,探究护生在社会、家庭不同角色扮演阶段的可持续发展,以达到引导学生终身学习和成长的目标。打破高职院校素质教育和课堂教育"两张皮"的局面,将"新三好"素质教育融入护理专业设置、课程体系、课程标准制定的全过程,建构适应护生素质教育要求的教学内容、教学方法和教学手段,将教学效果作为素质教育评价和检验的重要组成部分,提升教育教学的契合度,增强教育教学合力。构建的素质教育体系及相应的素质教育活动在时间和空间维度上具有较强的可操作性和实践性,具有一定的推广价值。

构建"3＋3＋3"青年马克思主义者工程培训体系　引领青年学生成长成才

——重庆电子工程职业学院 2017 年德育工作优秀案例

重庆电子工程职业学院　何光明　蒋　斌　雷欢欢　江　兵

一、案例实施宗旨

党的十九大首次提出习近平新时代中国特色社会主义思想,并写入党章和国家宪法。习近平新时代中国特色社会主义思想是马克思主义中国化最新成果,是推进教育事业新发展的行动指南。切实学懂弄通做实党的十九大精神,进一步把习近平新时代中国特色社会主义思想深入贯彻到教育改革发展全过程、体现到学校建设各方面,是落实立德树人这一根本任务的需要,是完善职业教育和培训体系的需要,也是培养德智体美全面发展的社会主义建设者和接班人的需要。

重庆电子工程职业学院全面推进习近平新时代中国特色社会主义思想"进校园""进课堂""进网络""进社团""进师生头脑",创新性打造了"3＋3＋3"青年马克思主义者工程培训体系,即"三级联动""三个协同""三个凸显",实现习近平新时代中国特色社会主义思想宣传学习全覆盖,全校上下形成了拥抱新时代、践行新思想、实现新作为的良好氛围。

二、案例实施方法与过程

学校以宣传、学习、贯彻习近平新时代中国特色社会主义思想为主要任务,结合高职院校实际,把社会主义核心价值观、中华优秀传统文化、现代企业优秀文化理念等融入人才培养全过程,以"3＋3＋3"青年马克思主义者工程培训体系为依托,提升习近平新时代中国特色社会主义思想的育人效力。

（一）培训层次三联动

学校分校、院、班三级,对习近平新时代中国特色社会主义理论分层分类进行宣讲和培训,不同层级以不同形式为载体,达到不同培养目标。校级层面理论教育,内容涵盖党的知识学习、时事政治解析、共青团基础知识培训、中国传统文化普及等,引导青年树立马克思主义和共产主义信念,帮助学生坚定中国特色社会主义道路自信、理论自信、制度自信、文化自信。院级层面开展主题活动,涉及团队素质训练、典型案例分析、志愿者服务等,通过活动组织、思想引导、制度规范,让学生自觉约束,提升学生的政治意识、大局意识、核心意识、看齐意识。班级层面召开班团会、党团课,开展中国梦宣传教育和社会主义核心价值观教育,让核心价值观体系进头脑、入灵魂,在学生的日常生活中真正得以践行和落实。

表1　三级培训层次联动

层次	形式载体	培养目标
校级	十九大精神宣讲会、思想政治理论课、青年马克思主义工程培训班、"重电大讲堂"等	四个自信

续 表

层次	形式载体	培养目标
院级	志愿服务活动、"三下乡"社会实践、知识竞赛、演讲比赛、讨论座谈会、心得分享会等	四个意识
班级	主题班团会、团课、党日活动等	社会主义核心价值观

(二)培训过程三协同

在校、院、班三级联动基础上,学校着力推进培训体系三协同,实现"青马"学生培养的良性循环。

实现校级专家库建设、校级活动平台搭建、校级学生骨干培养相协同。校级层面组建"党的十九大精神"宣讲队、举办"重电大讲堂"、开办青马工程培训班。

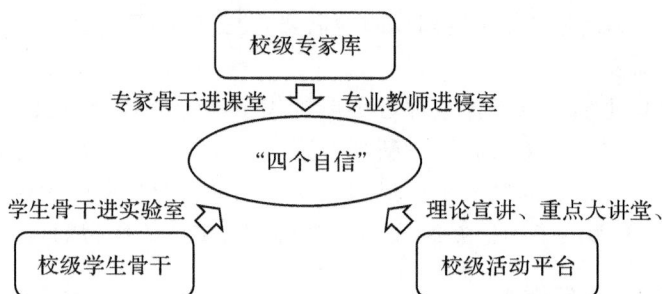

图1 校级三协同体系

实现院级专业课教师课程与活动指导、院级学生骨干培养相协同。在专业课程中发掘思政功能,坚持正向引导、传播正能量。开设以"网络＋课堂＋实践"为特色的思想政治理论课程,提升学生思政理论素质。开展以十九大精神、习近平新时代中国特色社会主义思想为内容的主题活动,如知识竞赛、演讲比赛、讨论会、座谈会、心得分享会等。

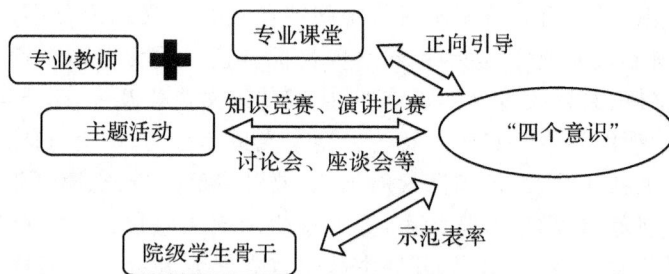

图2 院级三协同体系

实现班团干部建设、支部活动开展与大学生自我教育相协同。在学生群体中积极培育和践行社会主义核心价值观,充分发挥大学生骨干的示范表率作用,鼓励、发掘、引导优秀班团干部现身说法、行为示范,用学生优异的表现、典型的案例来鼓舞、教育学生。通过日常团组织生活、活力团支部建设,优秀团支部建设、团支书大比武等活动,为青年学生展示才能、锻炼发展提供平台。

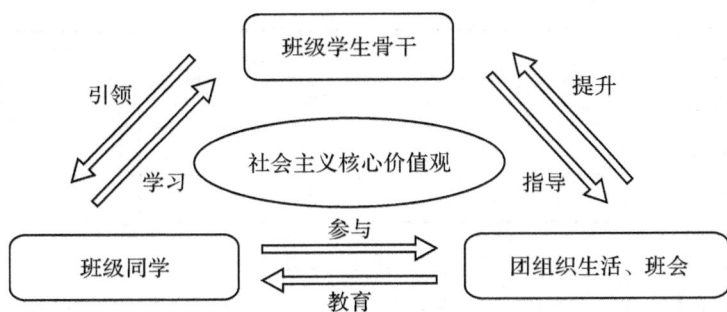

图3 班级三协同体系

三、案例取得的成效及经验

(一)主要成效三凸显

自我校"青马工程"实施以来,学校坚持以提升学生思想政治理论素养和提高学生能力素质为中心,已打造出一支"懂理论、讲技能、能奉献"的优秀青年马克思主义学生队伍。

1.夯实基础懂理论,成长为有理想的马克思主义信仰者。

经过校、院、班三级联动实施,截至目前累计开展以"十九大精神"为主题的活动344场,使十九大精神入耳、入脑、入心;开展以"马克思主义理论学习"为主题的大讲堂100余场;举办青马工程专题培训班104期;围绕青年学生成长成才,累计开展各级各类活动1000余次。通过上述一系列举措,教育取得明显成效,截至目前已有841名优秀学员发展为中共党员。

表2 2014—2017年理论宣讲活动成果表

活动形式	场次	影响人次
十九大精神宣讲会	344场次	21739人次
重电大讲堂	100场	30000人次
青马工程培训班	104期	5000余人次
主题教育活动	1000余次	100000人次

2.扎根专业讲技能,成长为有本领的大国工匠追梦者。

学校在培养中坚持"理论素养+专业技能"协同推进的培养方式,既致力于培养青年学生的马克思主义理想信念,也要求青年学生具备扎实的专业技能。经过"青马工程"培训的学员,专业学业成绩进步明显,充分彰显了榜样带头作用。学校对四届"青马工程"学员进行了调查统计,数据显示78%的学员专业成绩进步明显,占据全校获得各级奖学金总人数的65%。我校学生在各级各类技能竞赛中,累计摘得全国一等奖18项、二等奖8项、三等奖12项,获重庆市特等奖3项、一等奖49项、二等奖23项、三等奖32项。

表3 "青马工程"培训学员专业技能培育成果表

奖项等级	国家级技能竞赛	重庆市级技能竞赛
特等奖	—	3项

续　表

奖项等级	国家级技能竞赛	重庆市级技能竞赛
一等奖	18 项	49 项
二等奖	8 项	23 项
三等奖	12 项	32 项

3. 积极锻炼做贡献,成长为有担当的民族复兴践行者。

学校坚持理论与实践相结合,致力于拓展学生骨干的社会视野,引导学生关注民生、关注社会动态,在服务社会上成效显著。截至目前,依托学校思想政治教育研究会,组建大学生学习习近平新时代中国特色社会主义思想研究会,组建寒暑假"三下乡"等社会实践,开展青年志愿者活动等。经过上述一系列举措,学校形象得到推广,学校学生得到成长锻炼,受到社会各界的良好评价,2017 年度学校有关活动被人民网、新华网、重庆日报、华龙网等国内外媒体报道达 85 次。

表 4　社会实践服务成果表

活动形式	活动数据	媒体报道
"三下乡"社会实践	组建实践团队 20 支、足迹遍布 15 区县、辐射 50 乡镇、参与人数 400 人次	84 次
青年志愿者进社区	40 次	
帮扶孤寡老人、留守儿童活动	60 场	

(二)案例主要推广价值

一是具有理论推广价值。我校在开展"青马"培训中所凝练出的"3＋3＋3"培养机制是在贯彻上级要求、结合我校实际的一项理论性成果,符合高职人才培养的内在规律,有助于丰富相关研究成果,给予同类别高校相关理论工作者一定的思想启迪。

二是具有实践推广价值。自该项工程开展以来,先后有桂林理工大学南宁分院等 20 余所高校来我校交流学习经验,在引导青年大学生成长成才,增强"四个意识",坚定"四个自信",在落细、落小、落实社会主义核心价值观等方面取得了较为满意的效果。

四、下一步加强和改进的计划

一是校级层面继续推进校内教育与校外社会实践活动的深度融合,在培养学生思想政治素质和专业技能的基础上,鼓励大学生更多地走出校园、发挥自身专业特长做出实践贡献。

二是院级层面深入挖掘"专业教师＋院级活动＋学生骨干"的培养路径,打造更多的院级精品活动,鼓励、吸纳更多的专业课教师参与其中,实现专业教育与活动指导的协同推进。

三是班级层面着力提升班团干部队伍素质,进一步发挥其辐射效应。提升班团干部的基本业务能力、理论素质和实践能力。

案例点评：

"青马工程"是新形势下重庆电子工程职业学院针对大学生思想政治教育的创新性举措，是落实党和国家教育方针的需要，是新时期大学生思想政治教育常态化的需要，也是深化共青团改革创新发展的需要。学校围绕校、院、班三个层级，按照宏观、中观、微观三个层面，既讲清楚国家的大政方针，也讲清楚学校的人才培养目标；既提升学生的专业技能，也提升学生的思想理论素养；既发挥教师的指导引导作用，也培养学生的自我教育能力，实现学生骨干培养的协同推进，真正让习近平新时代中国特色社会主义思想的教育、影响作用像空气一样充满校园，让教师和学生在浓厚的氛围里，与祖国和学校同呼吸、共命运。

学业 GPS 导航成才路

——目标导向式高职大学生学业规划实践模式

大连职业技术学院　刘晓燕　张　涛　刘　峥　刘　娜

《国家中长期教育改革和发展规划纲要（2010—2020 年）》进一步强调要提高人才培养质量，充分调动大学生的学习积极性和主动性，激励大学生刻苦学习。《中国学生发展核心素养》提出的六大核心素养之一就是学会学习。目标导向式高职大学生学业规划实践模式指导学生以目标导向统筹自己的学业生涯，有步骤、有规划地走好大学之路。

一、案例实施宗旨

1.以学业目标为导向，搭建三阶段学业规划平台，解决学生的学业迷茫问题，形成"勤学尊师、慎思明辨、诚实守信、德业双修"的良好学风。

2.学业指导教师全程跟踪指导，解决学业与就业衔接的困惑，从而使学生的学业生涯得到良好适应和发展。

3.通过学业规划的动态管理，解决学生毕业前期的焦虑，提高学生的职业胜任力。

二、案例内容

（一）建立学业规划三阶段平台

通过目标导向式的学业规划，让学生对学业产生兴趣。学习兴趣的产生、发展和形成，一般要经历这样的一个过程：先是有兴趣（即情境兴趣），再是乐趣（即稳定兴趣），后是志趣（即志向兴趣），因此学业规划分成三个阶段开展。见表1至表3。

表1　大一："情境兴趣"阶段

学期	阶段性目标	执行路径
第一学期 （试探期）	1. 认识专业发展的现状和前景，提高专业兴趣 2. 分析自我的优势劣势 3. 掌握大学的学习方法 4. 了解专业特点和职业方向 5. 本学期课程学习的目标定位	1. 入学教育 2. 专业介绍 3. 学业规划主题班会 4. 学业规划主题性谈心活动 5. 制订本学期的学业规划书 6. 学业规划讲座
第二学期 （定向期）	1. 培养自主学习能力 2. 拓宽学习兴趣的广度 3. 本学期课程学习的目标定位	1.学习能力提高交流会 2.开展读书季相关活动 3.开展"一对一"学业帮扶 4.学业规划设计大赛 5.班导师对班级同学学业指导 6.专业社团活动 7.制订本学期的学业规划书

表2 大二:"稳定兴趣"阶段

学期	阶段性目标	执行路径
第三学期 (提高期)	1. 学会统筹管理自己的学习时间 2. 自主学习能力进一步提升 3. 知识面的拓展以及完善知识结构的构建 4. 本学期课程学习的目标定位	1. 搭建实践平台,开展系列社会实践活动 2. 开展专业技能竞赛和讲座 3. 提供专业课外学习内容的平台 4. 学业规划主题性谈心活动 5. 专任教师课堂反馈 6. 创新创业平台搭建 7. 制订本学期的学业规划书
第四学期 (冲刺期)	1. 与专业相关的技能证书的获得 2. 专业技能的提高 3. 了解专业的前沿状况,从事相关的实践锻炼 4. 本学期课程学习的目标定位	1. 职业技能大赛 2. 专业技能证书获取的经验交流 3. 社会实践平台搭建 4. 制订本学期的学业规划书

表3 大三:"志向兴趣"阶段

学期	阶段性目标	执行路径
第五、六学期 (成长期)	1. 了解单位的工作方式、运作模式和工作流程,培养团队协作精神 2. 学会收集和关注有效就业信息 3. 清楚毕业后的选择方向 4. 客观评估学业目标执行情况,总结调整目标	1. 搭建择业就业平台 2. 辅导员、班导师、专业教师对学生进行客观评价,给出建设性意见,引导就业方向 3. 对学生进行分类指导 4. 就业信息的有效发布 5. 制订本学期的学业规划书

(二)开展全方位学业规划管理

1.目标管理。

目标管理的内容如图1所示。

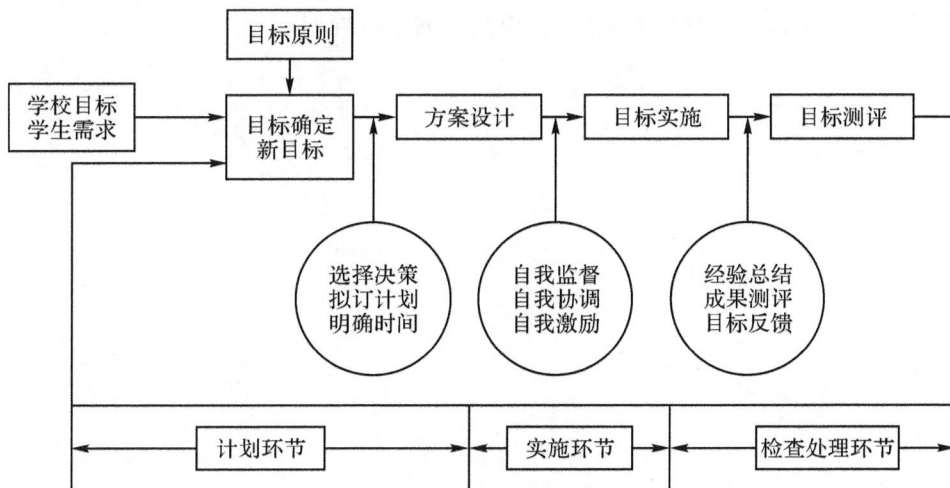

图1 目标管理过程

2.过程管理。

成立学业规划指导团队。为了更好地帮助学生完成学业规划,组建了一支由专业课教师、辅导员和优秀学生构成的咨询团队,依靠咨询团队为学生提供优质学业指导服务,主要包括制订学业发展规划,个性咨询,"面对面"指导,有针对性地解决学业问题,对学生的学业规划进行更好地管理。

创新生涯辅导的方式。通过情景模拟训练、小组讨论、角色扮演等体验式的方式,让学生亲身介入实践活动之中,并在实践活动过程中获得新的知识、技能和态度。

3.结果管理。

每年完成学业分析报告,为学业规划的针对性指导提供依据。既重视咨询的参与度,也重视对谈话效果的回访。并将这些材料进行汇总、整理与统计,制定学生学业分析报告,帮助学生及时地、有针对性地进行学业目标设置的调整,使之更适合学生的学业发展需求。

三、案例实施方法与过程

（一）实施方法

1.目标导向法。

"目标导向"是把学习结果分类,阐明每类学习结果得以出现的过程和条件,排除走向目标的障碍,使其顺利达到目标。学生在学业规划中要充分认识自我,客观分析情况,确定目标,提高学业规划的主动意识,邀请指导教师予以指导,认真拟订或调整学业规划,实现成长成才过程中的分目标,进而促进总目标的实现。见图2。

2.全程跟踪指导。

指导教师坚持"以学生为本"的理念,正确分析专业发展前景,适时介绍专业发展动态,与学生交朋友,进行真诚的沟通,建立良好的师生关系,增强彼此信任,释疑解惑,提高学业规划指导的针对性、科学性与可操作性。

3.四步训练法。

通过"目标确立—路径设计—目标实施—目标测评"四步训练法的实施,提高学生的学习效率,确保每个阶段学业目标的完成,实现三年的学业规划。

（二）实施过程

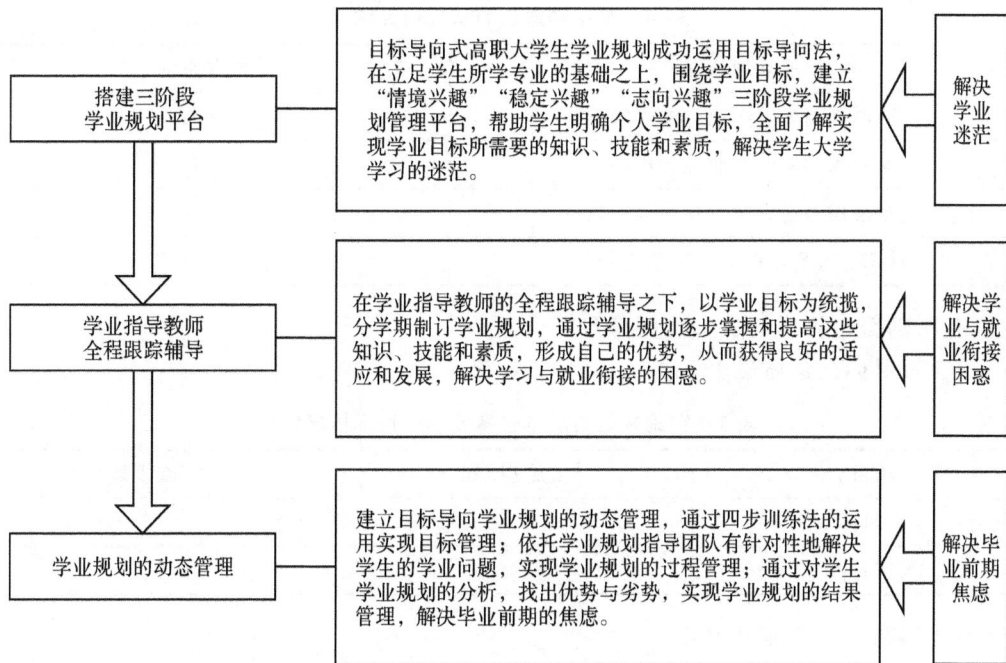

图 2 目标导向式学业规划实施过程

四、案例取得的成效及经验

（一）实施效果分析

通过对学业规划全面推行前后所做两份问卷调查的数据对比,初步认为目标导向式学业规划达到了预期的目标,取得了一定的预期效果。

1.学业规划意识明显提高。

（1）学业规划意识。具体见表4。

表 4 实施学业规划前后学生对目标导向学业规划的了解情况

项目	实施规划前	实施规划后
了解	25%	92%
不了解	75%	8%

（2）学业规划认知。具体见表5。

表 5 学生对进行大学学业规划重要性的认知情况统计

项目	非常重要	有点用	没有想象中有用	不重要
学业规划对自己的大学生活影响	49%	29%	16%	6%

(3)学业规划制订。具体见表6。

表6　学生学业规划制订情况统计

学业规划情况	所占比例
有明确清晰的学业生涯规划	28%
有较为清晰的学业生涯规划	45%
还没考虑自己大学学业生涯规划	15%
从未想过自己的学业生涯规划	12%

2.有明确努力目标的学生比例稳步上升。

(1)学习目标。具体见表7。

表7　实施规划前后学生有无学业目标情况统计

项目	实施规划前	实施规划后
有目标	42%	76%
没有目标	58%	24%

(2)规划态度。具体见表8。

表8　学生学业规划书填写情况

规划态度	非常认真地思考并填写学业规划书	没怎么思考但认真填写学业规划书	应付填写了学业规划书	开始想认真填,后来因学业规划书太复杂失去耐心随便填
比例	45%	35%	15%	5%

(3)满意程度。具体见表9。

表9　学生对制订的学业规划书满意情况统计

满意程度	非常满意	满意	基本满意	不满意
比例	22%	34%	31%	13%

(4)个人收获。具体见表10。

表10　学业规划实施效果调查统计

实施效果	明确了努力方向,感到收获很大	有收获但效果没预想的好	学业规划推行后自己没有变化	不清楚
比例	26%	45%	16%	13%

(二)学生的学习成绩显著提高

2015学年,学院获得校院两级奖学金达到239人次,获奖学生比例为40.8%;2016学年,学院获得校院两级奖学金为250人次,获奖学生比例为46.1%,2017学年获得校院两级奖学金240人次,获奖比例为47.1%。参加学业规划活动后,学生获得校院级奖学金的比例逐年提高。见图 3。

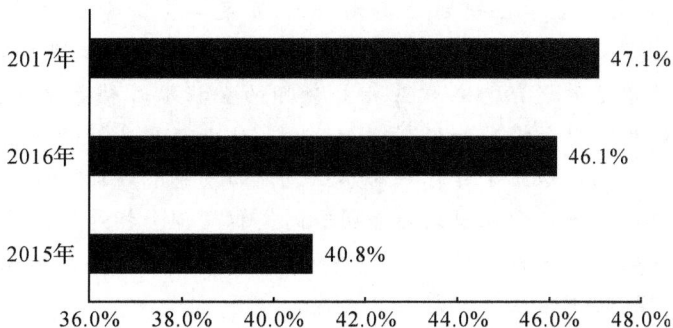

图 3　奖学金获得比例

（三）学生的创新创业能力不断增强

创新创业能力是检验学生学习能力的重要方面,两年间,我校学生在省级创新创业大赛中,"创青春"省赛中获得银奖 2 项,铜奖 4 项;在"挑战杯——彩虹人生"省赛中获得二等奖 1 项,三等奖 3 项;省挑战杯科技作品竞赛中获得三等奖 5 项;在市创业大赛中获得一等奖 1 项,二、三等奖各 4 项。2015 年 9 月—2017 年 9 月获得省市创新创业奖项的作品为 25 件,比 2013 年 9 月—2015 年 9 月的获奖作品数量增加了 23 件。见图 4。

■获奖作品数量

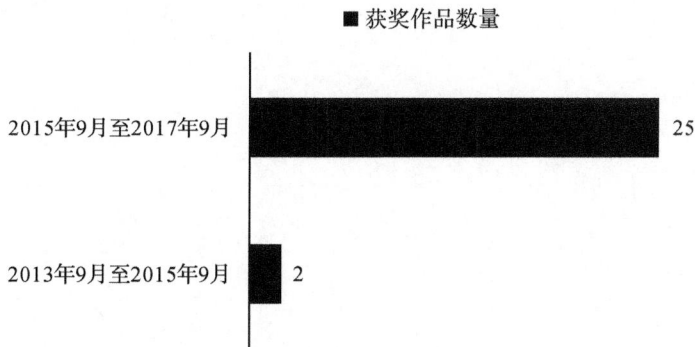

图 4　创新创业大赛获奖数量

五、下一步加强和改进的计划

（一）搭建平台,帮助学生确立终身学习的目标

学业规划的高级阶段应该是帮助学生确立终身学习的目标。将学习目标的设计同职业规划相结合,按照职业兴趣和自身条件、目前的专业倾向,来设计自己的人生学习规划;按照职业目标的大致阶段来设计自己的学习方向,构建自己的知识和能力系统。

（二）确保实效,建立目标导向学业规划评价指标体系

为确保教育实效,应从教育的实施者和教育对象两个方面建立评价指标体系,可以从组织规划、学风状况、调整机制等方面建立评价指标,使其能够反映学业规划开展的基本状况,使其成为检验此项活动开展的尺度,促进活动的良性循环和开展。

案例点评：

目标导向式高职大学生学业规划的实施模式，立足学生所学专业的基础，围绕学业目标，建立了"情境兴趣""稳定兴趣""志向兴趣"三阶段学业规划平台，帮助学生明确个人学业目标，解决学生大学学习的迷茫。在学业指导教师的全程跟踪辅导之下，以学业目标为统揽，通过学业规划逐步掌握和提高知识、技能和素质，从而获得良好的适应和发展，解决学习与就业衔接的困惑。同时，建立了目标导向学业规划的动态管理，通过四步训练法的运用实现学业规划的目标管理；依托学业规划指导团队的全程管理和指导，有针对性地解决学生的学业问题，实现学业规划的过程管理；通过对学生学业规划的分析，找出优势与劣势，实现了学业规划的结果管理，解决学生毕业前期的焦虑。

掌灯工程：点理想之灯 奏激昂之歌 照前行之路

——高职高专学生思想政治教育工作案例

台州职业技术学院 贺书伟

一、案例实施宗旨

精准做好高职学生思想政治教育工作，对办好人民满意的职业教育，培养大国工匠具有重要的意义。高职学生普遍热爱生活，盼望通过优质教育实现人生出彩。但长期的应试教育压抑了他们的积极性，导致部分学生学习自信心弱，自卑感强；相对不利的成长环境限制了人生视野，学习目标不明确，方向稳定性差；部分学生缺乏良好的行为习惯，存在自律性差，责任感不强等问题，需要学校为他们点亮理想的灯，照亮前行的路，激发砥砺前行的勇气。

台州职业技术学院机电工程学院自2015年9月起实施"掌灯工程"，围绕高职学生工作难点和学生需求，开展掌灯人讲座，探讨人生主题和创业经历、共话技术前沿和人文素养；实施摆渡行动，为新生、学困生配备互助小伙伴，树立青春榜样；推行励志行动，激发学困生自我成长的主动性，开展"书记（院长）面对面"等活动，构建学生个性化指导模型。

二、案例实施方法与过程

（一）三重维度，多管齐下俱"掌灯"

掌灯工程从三重维度设计：理想信念、专业发展与身心素质。理想信念教育围绕政治信仰、品德修养和人生价值，结合时代热点、重大会议精神等内容，在认知层面对学生进行引导；专业发展方面培养学生养成良好的学习习惯、掌握学习方法、学科精神、行业发展趋势和职业发展规划等；身心素质方面旨在促成学生全面发展，增强社会责任感、提升实践创新能力和人文素养。

（二）四类人员，多方联动同"掌灯"

学院教师、企业高管和校友等三类不同背景、不同身份的教育者围绕入学教育、专业教育、规划指导、心理引导、日常教育、学业指导等层面对学生进行教育引导；优秀在校生与问题学生结对，开展谈心、互助、讨论、集体活动等，营造良好的氛围，传递身心健康全面发展的良好品质。

（三）三个载体，点面结合齐"掌灯"

掌灯人讲座面向全院学生，砺志行动为学困生"把脉诊断"，激励优秀学生，摆渡行动点对点精准帮扶。三个载体由面到块、由块到点，由单向灌输向双向互动再到精准帮扶，由一般到特殊，让学生在讲座中收获和感悟，在座谈中碰撞思想火花，在对话、互助中提升。

（四）三个阶段，层层递进共"掌灯"

遵循"大一要抓紧、大二不放松、大三分重点"原则，解决大一学生适应性及行为习惯养成等问题；大二学生面临"大二低潮"，仍须加强专业再教育，鼓励和引导其找到职业目标和信心，拓宽视野，对于学困生要精准帮扶；大三时要对困难学生予以扶持，为优秀学生提供提升的平台。

三、工作取得的成效及经验

掌灯工程开展两年半以来,"掌灯人"讲座已举办31期,邀请教师、企业高管、校友等34人,讲座内容涉及学习方法、境外见闻、创新创业、学科竞赛和人文素养等,学院2000余名学生根据自身需求和期待自主选择参与讲座,拓宽了视野,涌现出了一批发掘自身的兴趣爱好并努力践行的学生代表,学生整体学习主动性全校最高(62%);书记(院长)面对面座谈会共计开办六期,凝聚和激励优秀学生,为问题学生会诊把脉;砺志班针对学困生,目前已开办三期,座谈交流摆事实、讲道理、平等讨论,循序渐进、潜移默化地解决了恋爱、专业认知和学习等问题,带领学生参观革命根据地和企业,浸润式引导、体验式互动实现师生互学互促;朋辈互助项目累计帮扶结对80余名学困生,除六人退学外,其余均在互助监督下有所改进并能顺利完成学业。

其中,学院全体教师在参与中对学生的了解更深入,对思政教育的认同感、责任感和使命感逐渐增强,争做学生的"四个引路人",在教育方法和教育手段上有新的认识。

掌灯工程自实施两年半以来不断探索和改进,有以下几点启示。

1.瞄准学生需求与问题,精准"滴灌",长善救失。

思政工作应关注学生的需求点,活动设置注重促进学生的全面发展,帮助青年树立远大理想,扎实专业技能,提升综合能力。同时关注学生的问题,有效引导和改进。

2.发挥全员育人、全过程育人、全方位育人作用,构建大思政格局。

推动不同背景、不同身份人员参与高职学生思政工作,多主体发力,并推动教育者教育理念、方法和手段的创新;强调分层、分阶段设置相应的教育活动,开展富有影响力的德育工作,能有效提高高职学生思想政治教育工作的实效。

3.创新思政工作方式方法,增强亲和力、说服力和感染力。

优秀学长既是受教育者,也是参与育人的主体,线上宣传与线下安排其同困难学生结对分享成长感悟、互督互助,有助于实现学生的共同进步。

案例点评:

该学院自2015年9月起实施的"掌灯工程"可谓是对习近平总书记强调的教师应该"为学生点亮理想的灯、照亮前行的路"的思政工作思路的探索与实践。

这是一个有设计的系统育人工程,囊括了高职学生工作中的入学教育、专业教育、规划指导、心理引导、日常教育、学业指导等。该项目自实施以来,针对学生的需求与问题,精准"滴灌",长善救失,帮扶了一批"后进生",提升了一批"中等生",稳住了一批"优等生",在学生思政工作方面取得了显著的成效;更值得强调的是,他们在此过程中动员学院教师、企业高管、校友和优秀学长等不同背景、不同身份教育者参与其中,利用多种载体,致力于让人人都是"掌灯人"的理念深入人心,从该项目实施的成效看来,学院教师不仅动起来了,而且参与学生思政工作的积极性、责任感和使命感增强了,并且在教育方法和教育手段上有了新的认识和新突破,争做学生的"四个引路人"。

借助"互联网+" 促进学生自我教育

秦皇岛职业技术学院 李韦璇 吴 蒙 聂媛媛

一、案例实施宗旨

2018年1月31日,中国互联网络信息中心(CNNIC)在京发布第41次《中国互联网络发展状况统计报告》。截至2017年12月,我国网民规模达7.72亿,普及率达到55.8%,超过全球平均水平(51.7%)4.1个百分点,超过亚洲平均水平(46.7%)9.1个百分点。我国网民规模继续保持平稳增长,互联网模式不断创新、线上线下服务融合加速以及公共服务线上化步伐加快,成为网民规模增长推动力。其中,具有大专及以上文凭的青年学生仍然占据网络参与者的绝大部分。

在互联网时代背景下,高校教育环境、目标、对象等均发生了巨大的改变,而当前各高校普遍存在着大学生思想政治教育和学生管理工作方法陈旧、方式单一、学生不乐于接纳的共性问题。2017年2月,中共中央国务院印发了《关于加强和改进新形势下高校思想政治工作的意见》,指出"要加强互联网思想政治工作载体建设",如何有效利用"互联网+"做好学生思想政治教育工作,创新管理方法,提高学生的自我管理、自我教育、自我服务能力,提升学生的参与热情、提高教育效果是摆在每个辅导员面前的课题。

二、案例内容

党的十九大明确指出要以创新的精神对待工作,在"互联网+"时代背景下,为了做好学生思想政治教育工作,更好地立德树人,实现高效与人性化管理,秦皇岛职业技术学院机电工程系辅导员团队全面分析当前学生管理工作面临的机遇与挑战,积极探索学生管理工作新途径与新方法,充分利用"互联网+"的优势,开通"班级QQ空间"和微信公众号,借助"爱班级""蓝墨云班课"等手机App,采取学生喜闻乐见的方式,在学生经常用的、喜欢用的网络平台下功夫。开展积极、生动的教育引领工作,促进大学生"三自教育",引导学生把自身作为教育、管理、服务的对象,充分发挥主体能动性,通过自主、自觉、自为、自律,学习知识、提升能力、提高综合素质,唤醒学生自我成长的力量,激发学生自我成长的潜能,取得良好的教育效果。

三、案例实施方法与过程

(一)借助"爱班级"手机App,搭建学生自我管理平台

"爱班级"App是一款专门为高校学生及学生工作者打造的多端沟通协同平台。我们给各班级的班长和学习委员设定"班助"权限,让他们协助辅导员通过网络开展课程考勤、活动签到、请销假管理、课程表更新、发布通知等日常工作,在这个智能管理平台上实现学生自我管理,同时可以减轻辅导员的日常工作负担。

不仅如此,基于互联网的"爱班级"App还具有记录留存的优点,不论哪位学生在请假

方面的申请、销假、未如期返校记录,在课程考勤方面的缺勤、迟到、早退记录,抑或是在日常操行方面的优秀表现、违规行为记录,都会在网络上留下永久的痕迹,还可以智能地统计分析任何时间段内的相关网络数据。

(二)借助"蓝墨云班课"手机App,搭建学生自我教育平台

"蓝墨云班课"手机App是一个适用于信息化教学的在线平台。我们将它经过灵活变通使用,使其成为一个可用于学生管理领域的,可供开展话题讨论、学习共享资源的网络平台。借助它的互动功能,可以组织同学们开展头脑风暴等话题讨论活动;借助它的全过程学习行为数据采集功能,可以通过加"经验值"等方式实现过程性激励和形成性评价。

借助"蓝墨云班课"手机App,搭建学生自我教育平台的创新想法,来源于"智汇坊"活动的实际需求。2015年11月,受到河北省辅导员"导梦坊"的启发,我们尝试着基于"家文化"理念的四个基本元素——互助、创新、坚持、自我,为学生打造了一个畅所欲言的交流平台——"智汇坊",意在引导学生自我教育、自我激励、自我成长。每1—2周举办一期,每一期都由学生自行征集精品话题,商定形式、时间与地点,还要安排拍照,将话题讨论过程和结果进行整理,制作活动图片档案,辅导员辅助审核并提示注意事项。在"智汇坊"的开办初期,由于我系学生课业安排紧凑,难于找到各班均无课的时间开展活动,曾一度受到制约。借助"蓝墨云班课"App开展话题讨论,为"智汇坊"拓宽了渠道,实现了线上、线下"双管齐下",引导大学生自我教育。

如今结合"蓝墨云班课"App的"线上+线下"互动模式的"智汇坊"活动已经举办了15期,为学生搭建了一个生动的自我教育平台。它将"辅导员讲、学生听"的传统模式,转变为"学生讲、同学们听";从"辅导员帮助解决问题"转变为"同学协助解决问题"。对于班级管理,可以审辨明理,共同成长;促进和谐,增强团结。对于学生自身,可以历练口才,表达自我;寻找差距,完善自我。

(三)借助"班级QQ空间"和微信公众号,搭建学生自我服务平台

1.借助"班级QQ空间",搭建班级展示的自我服务平台。

首先,通过组织学生们进行讨论、投票,在经过与"班级微博""班级贴吧"等网络平台的利弊对比后,最终选择了各班级开通"班级QQ空间"作为班级展示、自我服务的载体。原因是"班级QQ空间"具有使用普及、学生熟悉、操作简单、方便划分不同板块、便于查找历史记录等诸多优势。其次,选定平台后,各班级成立"班级QQ空间工作小组",负责资料收集、上传与整理工作,实现学生自我服务。再次,进行空间建设与经营,规定各班级在空间里必须创建的板块包括:第一,"星级宿舍创建成果展示"板块。其中以每个宿舍号命名需创建各宿舍的专用板块,用于每天早上8:00以前上传宿舍照片,供辅导员、班级生活委员监督卫生情况,实现了学生宿舍的共同监督、自我管理,也方便辅导员直接留言评论指导宿舍卫生整改;第二,"班级荣誉角"板块。用于及时上传、共享并展示班内个人、宿舍和班级的各种荣誉照片或扫描件;第三,"班级风采"板块。用于上传班里同学们参与的各级各类活动的照片和视频,展示班级风采。此外,还可以自愿创建其他特色板块,打造班级特色、亮点。同时,"班级QQ空间"还具备通过网络储存、提取班级重要文件、影像资料的功能,可以避免重要资料丢失问题。

2.借助"机电工程系学生会"微信公众号,搭建信息共享的自我服务平台。

通过申请、创办系学生会微信公众号,成立系新闻中心,将院系的品牌活动、"家文化"、班级与宿舍的风采以生动的形式展现出来。同时,在各班设立班级通讯员,负责新闻搜集,将班里的好人好事、宿舍特色展示、班级特色活动进行及时的整理、撰写,并推荐给系新闻中心。每学期末将根据表现情况对优秀通讯员进行表彰奖励,以便激励学生更好地自我服务。

四、案例取得的成效及经验

(一)提升了"三自教育"的感染力

借助"互联网+"工具,把学生作为"主角",使学生的主体性得到了充分发挥,切实激发了学生参与活动的热情。例如:学生们可以亲自动手,DIY 属于自己的"班级 QQ 空间",借助文字、图片来描绘他们对于班集体的热爱,无形中提升了学生们的班级荣誉感、归属感以及班级凝聚力;通过"机电工程系学生会"微信公众号平台,学生们变被动为主动,纷纷踊跃投稿,将班级风采、宿舍风采、个人风采积极展示出来,努力打造班级特色、亮点、品牌,调动了他们的积极性,在此过程中也促使"三自教育"形成良性循环。

(二)提升了"三自教育"的影响力

借助"互联网+"工具开展的"三自教育",促进了班级与班级之间、学生与学生之间的交流与了解。例如:结合"蓝墨云班课"App 的"智汇坊"活动已经举办了 15 期,参与活动的同学来自不同班级,学生们在交流的过程中视角更广阔,思维更灵活,他们非常喜欢这样的活动形式,正在一同策划下学期"智汇坊"的标识,并考虑加强宣传、扩大活动涉及学生范围,以及进一步丰富完善活动形式;"班级 QQ 空间"作为一个 QQ 号,通过加好友,并将其设置成"特别关注",不仅班内同学都能够了解班级动态,其他班级同学也可以互相关注,互相学习借鉴其他班级的好做法。

(三)提升了"三自教育"的创造力

"互联网+"工具不仅创新了"三自教育"的形式,也创新了辅导员的工作方法,减轻了辅导员的日常工作负担,优化了辅导员的工作流程,还在网上留下了永久的痕迹,供随时查询和分析统计。例如,"爱班级"手机 App 中的学生请销假历史记录、出勤历史记录、日常操行历史记录等可以随时调取或进行统计分析,作为综合测评、评奖评优的重要依据之一;其中的辅导员谈心谈话记录、宿舍走访记录可以帮助辅导员梳理近期的工作,使辅导员的日常学生管理工作更加简单化、规范化、系统化。

五、下一步加强和改进的计划

(一)整合现有资源,形成教育合力

对学生加强引导,加强现有各个网络平台的建设,将目前实践中的"爱班级"、"蓝墨云班课"手机 App、"班级 QQ 空间"以及微信公众号等网络资源进行完善与整合,使其优势互补,互相促进,形成教育合力,以便全方位满足学生多元化的成长需求。

(二)创新工作平台,形成长效机制

创立机电工程系辅导员"e 家"工作室,勇于创新,实现工作思路的彻底转变,运用"互联网思维",集全系辅导员之力形成创新工作平台。同时,逐步建立健全规章制度和工作体系,注意在丰富形式的同时,更要保证工作的实际效果。加大投入力度,进一步利用"互联网+"

的强大优势,开辟更多贴近学生生活的、生动的网络渠道,促进学生"三自教育",提升学生管理水平。

案例点评:

该项目立足时代背景,紧跟时代发展,有效利用"互联网＋"平台创新学生管理方法,结合工作实际开展实践探索。采取学生喜闻乐见的方式,在学生经常用的、喜欢用的网络平台下功夫。开展积极、生动的教育引领工作,提高学生的自我管理、自我教育、自我服务能力,引导学生把自身作为教育、管理、服务的对象,充分发挥主体能动性,通过自主、自觉、自为、自律,学习知识、提升能力、提高综合素质,唤醒学生自我成长的力量,激发学生自我成长的潜能,达成良好的教育效果。该项目已取得阶段性成效,富有针对性、时效性,形成了一定的典型性经验,并逐步完善工作平台并探索长效机制,可示范、可引领、可辐射、可推广。

十年磨剑 百年树人

——温州科技职业学院农生学院食无忧志愿服务实践育人案例

温州科技职业学院 曾 剑

温州科技职业学院农生学院党总支始终坚持立德树人，立足国家绿色食品安全战略，以食品加工技术、绿色食品生产与经营专业为依托组建了一支具有志愿者精神的食无忧志愿服务队伍。经过近10年的积累积淀，形成了一以贯之的志愿服务文化，在实践育人中发挥了强有力的作用。

一、案例实施宗旨

食无忧志愿服务坚持以"维护食品安全，健康你我他"为口号，以"立足校园，发挥优势，奉献爱心，服务社会"为宗旨，本着"奉献、成长"的青年志愿者精神，积极探索引导学生走向社会，发挥专业优势，实施青年志愿服务活动。志愿服务队以食品安全为切入点，先后培养出了一批又一批具有一定专业技能和专长，较高公德意识、社会服务能力和奉献精神的青年志愿者，以点带面，辐射全系学生，形成"志愿服务是一种时尚"的良好文化氛围。在食品安全问题受到人们日益重视的今天，食无忧志愿服务活动受到社会各界广泛好评。

二、案例内容

食无忧志愿服务活动是以食品检测为基础的活动，在食品专业老师指导下，以食品快速检测、食品安全宣传为传统项目，在发展的过程中不断开拓创新，提出了"食无忧活动——从舌尖上品味传统佳节"系列活动，在传统食无忧食品检测活动上的创新。

通过活动把我国传统农历节日、一些特殊的节日与食品结合起来，根据每个节日特点，有针对性地向社区居民、小学、老年人三类人群开展食品DIY、食品检测、食品加工培训班、家庭小厨房等多种形式活动，让市民不仅了解传统节日特色食物的做法，也认识在这背后的意义，向市民宣传我们传统文化中丰富的饮食文化。例如，在中秋节，开展"品月饼，庆中秋"月饼DIY活动；在重阳节，开展"敬老情系你我他，食品安全进万家"活动，志愿者制作重阳糕与小朋友一起学习敬老爱老，走进社区，向老人宣传食品知识；在冬至，开展"包饺子，制布丁"亲子活动；在清明节，与温州日报瓯网联合开展"遇清明，品亲情"亲子活动；与温州新闻网合作开展新青年进社区"清明粿义卖"活动，与红日亭合作，开展送清明粿活动；在母亲节，到新桥小学开展"妈妈的味道"活动；在端午节，开展端午"端午情，粽叶香"庆端午活动。

与此同时，学院坚持利用每年"3·5"学雷锋日、"3·15"消费者维权日、重阳节、"12·5"世界志愿者日等节日，在定点的各农贸市场、合作社区，以"便民检测，服务大众""检测临门，安全到家"等形式为社区居民、老年人等社会群体提供志愿服务。特别是在7月红色月，食无忧社会实践队开展"追随红军足迹，体验先辈餐饮"红军餐活动，得到市民认可。自2008年10月以来，累计开展有关食品检测的活动百余次，服务人数达6500余次，服务时间有800多个小时。

三、案例实施方法与过程

（一）利用传统节日，深化活动主题

自成立以来，食无忧志愿服务活动坚持利用每年"3·5"学雷锋日、"3·15"消费者维权日、重阳节、"12·5"世界志愿者日等节日，在定点的农贸市场、合作社区，以"便民检测，服务大众""检测临门，安全到家"等形式为社区居民、老年人等社会群体提供志愿服务几十次。

（二）依托暑期实践，拓宽服务空间

依托学校暑期社会实践开展服务活动。特别是2013—2014学年暑假期间，参加浙江省大学生暑期社会实践——食无忧实践服务团，得到温州市食品安全办、温州市食品安全办的支持。活动期间，食无忧服务团队深入温州鹿城区、龙湾区、瓯海区各大农贸市场、沃尔玛超市等。

（三）吸收新鲜血液，形成长效机制

食无忧志愿服务活动作为人文素质的品牌活动，以我院农类特色专业为依托，聘请我系食品专业的教师作为专业指导老师，以强大的师资资源作为支撑。志愿服务团队每年都有新鲜血液加入团队，团队的主要负责人都为党员（预备党员）形成朋辈传帮带的效果。在发展过程中，积极开展志愿服务制度化、常态化，健全志愿服务规范、志愿服务时间计量制度，有效促进活动的可持续开展。

（四）整合多方资源，产生服务效益

"食无忧"志愿服务队在九山公园进行便民服务点的挂牌，定期在九山公园为市民提供食品检测服务。作为温州市慈善义工总会下的一支义工队，多次参加由共青团温州市委会、温州市慈善总会、温州广播电视传媒集团发起的"惠民大行动"志愿活动；与温州市瓯海区工商局多次开展"安全五比"、食品速测活动；与温州市新桥社区结对开展"食品安全知识宣传"等主题活动；与温州市食品安全办合作，开展暑期食品安全活动。

四、案例取得的成效及经验

食无忧志愿活动积极整合资源，扩大活动影响力。作为温州市慈善义工总会下的一支义工队，"食无忧"服务队多次参加由共青团温州市委会、温州市慈善总会、温州广播电视传媒集团发起的"惠民大行动"志愿活动；与温州市瓯海区工商局多次开展"安全五比"、食品速测活动；与温州市新桥社区、新城社区结对开展"食品安全知识宣传"等主题活动，扩大活动在社会上的影响力。2013年开始，连续作为浙江省大学生暑期社会实践——食无忧实践服务团，得到温州市食品安全办的支持，2014—2015食无忧暑期社会实践队获得"浙江省优秀实践团队称号"、获得温州市青年社团创意项目大赛十佳项目、温州市青年社会组织志愿服务项目大赛实践挑战赛入围奖、温州市瓯海区新青年下乡优秀队伍等荣誉。与温州日报、温州新闻网等合作开展活动，在九山公园进行便民服务点的挂牌，定期在温州市九山公园为市民提供食品检测服务。活动也多次受到温州日报、温州商报、搜狐网的报道。

食无忧志愿服务队作为专业服务队伍，利用学生专业技能学以致用，有利于培养学生的专业技术能力和职业素养的培养，进一步激发大学生的学习热情。作为一项面向社会的志愿服务，在与市民的接触过程中，食无忧活动能加深学生对社会生活的了解，体现其作为一个社会公民的价值与义务。在食无忧志愿服务的过程中,会出现很多意外的状况,也能磨炼学生的意志,提升学生的心理素养与应急事件的处理能力。

五、下一步加强和改进的计划

下一步食无忧志愿服务队将创新开展"安心传递""放心速测""暖心分享""舒心细答""静心追赶"五心服务模式。一是"安心传递"。突出食品安全、饮食搭配主题,推出"食无忧"特色食品安全知识手册。二是"放心速测"。以五大类食品的安全检测为主题,进行食品速测活动。三是"暖心分享"。依托我院农产品特色,与市民进行分享。四是"舒心细答"。针对市民关心的热点问题进行收集,为他们答疑解惑。五是"静心追赶"。坚持志愿服务无止境的理念,将多与合作单位交流,开拓目标农贸市场。

案例点评:

食无忧志愿服务活动是该院立足专业,创新大学生思政育人工作的一次有力探索,该活动体现了两大特色:一是发挥农类专业优势。发挥该院农类专业的特色优势,突出食品安全、饮食搭配主题,推出"食无忧"特色的食品安全知识手册,食品安全检测,分享该院农产品特色等为主要内容开展活动。二是构建实践育人模式。充分发挥党建和社会服务对立德树人工作的助推作用,引导教师关注学生成长、服务社会,培养学生社会责任意识和服务意识,促进学生将个人发展与社会发展紧密结合起来,强化学生学农、爱农、事农、专农、兴农的意识和本领。

培育热爱劳动的品质 夯实职业素养的根基

——顺德职业技术学院"向劳动者致敬"系列活动案例

顺德职业技术学院 陈春艳

党的十九大报告中提出:"建设知识型、技能型、创新型劳动者大军,弘扬劳模精神和工匠精神,营造劳动光荣的社会风尚和精益求精的敬业风气。"作为培育支撑中国制造、中国创造的高技能人才主要阵地。高职院校要认真贯彻落实十九大精神,走在时代的前列,积极营造劳动光荣的氛围和精益求精的敬业风气。

随着"95后"成为高职在校生的主力,理工类招生困难的局面在各高职院校普遍存在。其主要原因就在于相当一部分学生怕脏、怕累,只愿意选择轻松自由的职业,不愿意工作在生产一线。究其根本主要是长期以来传统文化中"劳心者治人,劳力者治于人"糟粕思想的影响、社会上一些不负责任的网络媒体对扭曲的价值观的炒作,以及家庭劳动观念教育软化、高中劳动观念教育弱化,如此种种使得"劳动光荣、技能宝贵、创造伟大"的时代风尚得不到真正弘扬。

但是作为职业教育工作者,我们必须清醒地认识到:劳动观教育关系到个人的成长、民族的希望、国家的未来。如果广大教育工作者,尤其是职业教育工作者对大学生劳动观的负面认知不加以控制和疏导,就会使学生将错误的劳动观内化为自己的思想,高等教育就难以为实现"两个一百年"奋斗目标和中华民族伟大复兴的中国梦提供坚实的人才保障,就会使中华民族丧失安身立命之本。可见,培养学生崇尚劳动的精神,既不可或缺,又非常迫切。

《教育部关于深化职业教育教学改革全面提高人才培养质量的若干意见》指出,积极探索有效的方式和途径,形成常态化、长效化的职业精神培育机制,重视崇尚劳动、敬业守信、创新务实等精神的培养。这也从侧面说明了职业教育不仅要着力加强学生职业素养的养成,敬业守信优良品质的培养,还内在地包含了要重视学生崇尚劳动的精神的养成。因此,崇尚劳动的精神的培育是职业教育的应有之义,而且是一切职业素养要素中最为根本的要素,没有对热爱劳动的品质的培育而只去谈职业素养培育,只能说是舍本逐末。

早在2014年,顺德职业技术学院就在夏伟校长的倡议下,以"五一"劳动节为契机,在全校师生中开展"向劳动者致敬"系列活动。

一、案例实施宗旨

以社会主义核心价值观为指导,将劳动教育视为技能人才培养的奠基教育。倡导崇尚劳动、敬畏劳动,弘扬工匠精神,培育高职学生热爱劳动的优秀品质。

二、案例内容

通过广泛宣传劳动者先进事迹,弘扬"劳模精神";通过学生慰问劳动者活动,倡导崇尚、敬畏劳动;通过工装、工具交接仪式,传承工匠精神;通过义务劳动,体会劳动艰辛,培养吃苦耐劳的精神和热爱劳动的品质。

二、案例实施方法与过程

（一）广泛宣传，弘扬"劳模精神"

每年4月中旬开始，全校就会掀起"向劳动者致敬"宣传高潮。学工部、后勤管理处、宣传部精选宣传内容，策划宣传工作。实现网络、报纸、宣传栏、广播全媒体覆盖。尤其是校内各公众号，更以学生喜闻乐见的形式，宣传先进人物事迹。

（二）开展慰问、表彰，倡导崇尚、敬畏劳动

"五一"前后学校都会组织大型表彰、致敬活动，不仅夏伟校长给先进工作者代表佩戴绶带，给予崇高敬意与荣誉，学校还组织学生以各种形式，向劳动者表示敬意。有的学生送上自己制作的卡片，送上一片敬意；有的学生送上一条毛巾，以表谢意。并且由校"大学生自我服务中心"向全校学生发出倡议。

（三）举行工装、工具交接仪式，传承工匠精神

学校重视仪式的教育功能，在表彰慰问活动中，一般都会安排一个环节，就是由先进个人代表将劳动工具交到学生代表手中、给学生穿戴工作服装，这看似简单的一个仪式，却象征着先进劳动者将他们身上专注、求精、奉献的工匠精神传承给学生。当学生从他们手中接过工具、接过工作服时，也接过了他们的敬业诚信精神、精益求精的工匠精神，接过了崇尚劳动的优秀品质。

（四）开展义务劳动，培养吃苦耐劳精神

每年5月份，学校都会组织全校开展义务劳动，各二级学院对接相关后勤、保卫、义务部门，开展全校性义务劳动。通过劳动，体会辛苦，教育学生珍惜劳动成果，培养吃苦耐劳的精神和热爱劳动的优秀品质。

三、案例取得的成效及经验

（一）案例特色

1.找准了时间节点展开。

习近平总书记说："无论时代条件如何变化，我们始终都要崇尚劳动、尊重劳动者，始终重视发挥工人阶级和广大劳动群众的主力军作用。这就是我们今天纪念'五一'国际劳动节的重大意义。"因此，在"五一"劳动节开展崇尚劳动的教育，时间点恰到好处。

2.找准了内容的契合点着力。

习近平总书记指出，"爱岗敬业、争创一流，艰苦奋斗、勇于创新，淡泊名利、甘于奉献"的劳模精神，生动诠释了社会主义核心价值观，是我们的宝贵精神财富和强大精神力量。因此，劳模事迹体现出来的劳模精神、工匠精神是对学生进行教育的生动教材，有强大的说服力、感染力。

3.找准了宣传的"痛点"设问。

针对学生不爱惜教室环境卫生、乱扔垃圾现象，我们专门摄制了清洁阿姨吃力地清理教室垃圾的画面；针对学生不爱惜走廊环境的现象，我们专门摄制了清洁阿姨拖地时"汗水湿透衣背"的画面，以及保安深夜站岗、厨工满脸汗水炒菜、校医为同学心肺复苏跪破膝盖的报道等，我们会针对这些进行设问"如果这是你的父母亲人，你还会不珍惜他们的劳动吗？"正是因为这样一些有温度的宣传,让学生觉得可信、可亲、可敬,让学生伸手可触,眼见可感,心动可思。

4.找准了学生的弱点发力。

通过全校性义务劳动,让那些"两手不沾阳春水"的学生,深刻体验、感受劳动的艰辛。通过劳动磨炼学生意志,教育他们珍惜劳动、尊重劳动、崇尚劳动、热爱劳动。

(二)案例成效

截至2017年,该活动已经持续开展了4年,在学校营造出了崇尚劳动、劳动光荣的浓厚氛围。从一开始由学工部组织的一个义务劳动,到全校性的表彰、教育活动,其影响形成了学校全覆盖,成了学校与开学典礼、毕业典礼、学风颁奖并列的四大活动之一。受教育学生覆盖面广。

自活动开展以来,全校形成了浓厚的尊重劳动、崇尚劳动、敬畏劳动成果、热爱劳动的氛围。不仅教室里没有乱丢垃圾的现象,就是在实践教学中,同学们也能随手捡拾好工具,也能在机器轰鸣的实践一线刻苦提高技能技术。学校也培养出了一大批像全国技能大赛一等奖获得者陈伟健、毕业就进入研究所做工程师的黄佳生一样,通过劳动实践实现"学以致用""学以修身"的"读书"本原追求的优秀大学生代表;为区域经济贡献了一大批具有良好劳动态度、高尚的职业追求、坚实的知识储备的高技能技术人才,赢得了用人单位的好评,用人单位满意度连续三年超过90%。

四、下一步加强和改进的计划

任何一项活动都贵在坚持,一项活动只有持续开展,才能有积淀,才能使活动所培育出来的氛围成为学校的一个优良传统,才能够传承下去。所以,下一步我校仍须坚持开展活动,而且在活动载体、活动方式方面还要有突破、有创新,还要扩大教师的参与面,不仅仅是学工队伍教师参加,还应有更多的专业教师以班主任的身份、导师的身份加入到该项活动中,力求将这一活动的影响延续至专业教育之中,贯穿于学生学习生活的全过程。

案例点评:

马克思把劳动称为社会围绕之旋转的太阳,认为"劳动是人类生存的本质""人类发展史就是人类劳动发展史"。习近平总书记说:"必须牢固树立劳动最光荣、劳动最崇高、劳动最伟大、劳动最美丽的观念。""人世间的美好梦想,只有通过诚实劳动才能实现;发展中的各种难题,只有通过诚实劳动才能破解;生命里的一切辉煌,只有通过诚实劳动才能铸就。"劳动对于民族、国家和个人来说都是非常重要。因此劳动观教育关系到民族的希望、国家的未来、个人的成长。

"培育热爱劳动的品质 夯实职业素养的根基——顺德职业技术学院'向劳动者致敬'系列活动案例",紧扣时代的最强音,找准了高职人才培养的基点。项目不仅通过全媒体宣传"劳模"事迹,还开展了义务劳动,让学生体验劳动的艰辛;以制作卡片的形式向劳动者表示慰问,营造了崇尚劳动、劳动光荣的氛围;同时注重仪式感,进行了工具、工装交接仪式,传承劳动意识和工匠精神,切实"找准了时间节点""找准了宣传的'痛点'""找准了学生的弱点"

"找准了内容的契合点"，而且能够连续开展四年，取得了一定的教育成果，形成了一定的影响与经验，难能可贵。

该项目好操作、能辐射、易推广，对高职院校进行职业素质培养具有示范作用，值得借鉴。

创新基层党建新模式 践行立德树人新风尚

浙江金融职业学院 王立成 熊秀兰 钱利安

基层党建工作是巩固党的领导地位的重要保证,而高校是培养人才的重要阵地,加强高校基层党建工作,是决定高校培养什么样的人的关键所在。浙江金融职业学院金融管理学院党总支立足当前,坚持立德树人、以生为本的育人理念,紧紧抓住基层党组织的育人功能,结合现阶段学生特点,不断创新二级党组织活动形式和内容,重视对学生的教育和引导,不断增强党组织在青年学生中的影响力、凝聚力和号召力,开展了丰富多彩、形式多样的活动,以实际行动践行社会主义核心价值观和党的宗旨。

一、案例实施宗旨

金融管理学院党总支坚持以朋辈党性教育为平台,围绕"党建与学生成长同在、教育与学生成才同行"主题,开展"系总支联系班级、深化朋辈育人工程"的一系列活动,充分发挥党总支在大学生思想政治教育中的引导作用,积极营造"三全育人"的良好氛围,传播正能量,弘扬正气,彰显党组织的先进性。

党总支建设以"一二三四五"为特色载体,即"上好一门党课、建好两基地,开好三会、党员四亮牌和党员五带头"系列活动,助推学生党员的示范作用。在活动中不断加强学生的党性教育,通过支部讨论和党小组的学习和实践,提高学生党员的党员意识和宗旨意识,扩大党组织在学生中的影响力。

二、案例实施方法与过程

(一)立足支部,创新党总支的教育模式

为了充分发挥党总支的战斗堡垒作用,充分发挥教师党员的影响力和感召力。金融管理学院党总支施行"党总支联系班级"制度,系总支书记深入各联系班级,与学生共同探讨大学生活中遇到的各种问题,引导我系大学生把精力集中到学习和提高综合素质上来,同时利用课余时间不定期开设形势与政策专题讲座,引导学生树立正确的理想信念和价值观。结合我院支部在专业上的特点,支部书记深入教学第一线,重点听联系班级的专业课,掌握学生专业学习第一手资料,对学生的专业学习情况进行有效分析,保证教学的质量和改进教学当中的问题。辅导员通过参加所联系班级的班团活动、走访学生宿舍更深入了解学生思想、学习、生活动态,指导班级改进工作。激发了教师党员的宗旨意识,提升了学生党员的服务意识,将党总支的各项工作有效串联起来。

(二)深入校园,开展志愿服务活动

金融管理学院党总支在学生当中开展"四亮牌"和"五带头"活动,突出"为学校发展服务、为学校师生服务"的理念,广泛开展各项校园志愿服务活动,由系党总支开展的"我为同学做示范""我为老师做奉献""我为学校献计策""我为师弟师妹做榜样"四亮牌活动,发挥学生党员的先锋模范作用,成为学校发展、同学进步、个人提升的积极参与者,开展"志愿服务我带头、知识比拼我带

头、师生共创我带头、关爱社会我带头、诚信自律我带头"的四带头活动,充分发挥学生党员的示范和引领作用,让学生党员做学生的榜样、做老师的助手、做学校的主人。

（三）走向社会,拓展公益服务平台

金融管理学院党总支带领师生党员和入党积极分子走出校园,不断扩大服务领域。金融管理学院党总支以留守儿童、空巢老人、新生代农民工、残疾人等社会弱势群体为主要扶助对象,近三年来组建三十多支慰问队和实践队,利用课外时间和假期开展社会实践活动,将服务领域扩展到支教助学、社区建设、环境保护等领域。既有师生党员远赴红色老区和偏远山区,开展义务支教活动,也有入党积极分子深入社会,进行专业调研,利用所学知识进行专业讲解和公益服务,为困难群众提供实实在在的帮助,服务于地方。

三、案例取得的成效及经验

（一）党建工作取得的优异成绩

2012 年金融管理学院党总支获得浙江省教育系统"三育人"先进集体,2012、2015 年获得浙江金融职业学院先进基层党组织;2013 年金融管理学院党总支、团总支组织的赴上海庙镇社会实践队获浙江省大中专学生暑期"三下乡"社会实践百优团队;2014 年党总支组织开展的"农发杯"社会实践社会调研活动荣获"优秀组织奖",并撰写 9 篇优秀社会实践调研报告。2016 年,本党建工作案例入选"浙江省高校党建特色服务品牌案例"。

（二）党员示范形成良好学风

金融管理学院党总支自开展学生党员"四亮牌"和"五带头"活动以来,产生了良好的影响力和带动效应。通过朋辈互助成长工程,发挥学生党员的示范作用,学生和学生之间言传身教,使学院学风正、班风好,学生思想积极向上,文体活动蓬勃开展,技能水平不断提高。95％以上的同学向党组织递交了入党申请书,学生就业能力不断提升,多次在全国银行职业能力大赛、浙江省大学生艺术展演、"挑战杯"创业计划大赛等比赛中获奖,成效显著。

（三）社会影响力不断提升

金融管理学院党总支立足自身,服务社会,社会影响力不断提升,在开展走进丽水松阳、遂昌的公益助学活动中,得到了两地政府的充分肯定和媒体的广泛报道,在当地的影响力不断扩大。师生党员社会实践队走进农村,走进红色山区,开展支教活动,受到了当地村民和政府的热烈欢迎,实践效果非常明显。党总支连续五年开展"爱心衣加一"捐款活动,与各义工组织建立了长期的合作模式,受到了省市义工协会和公益协会的充分肯定和高度赞扬。

案例点评:

党的十九大报告中明确提出,要加强基层党组织建设,确保党的路线方针政策和决策得到贯彻和落实,推进党的基层组织设置和活动方式创新。高校承担着培养社会主义事业合格建设者和可靠接班人的重大使命,坚持立德树人,以生为本。浙江金融职业学院金融管理学院党总支基于金融管理学院朋辈党性教育平台,围绕"党建与学生成长同在、教育与学生成才同行"主题,开展"系总支联系班级、深化朋辈育人工程"系列活动,充分发挥了系党总支在加强学生党性教育、深化学生思想政治教育中的引导作用,营造了"三全育人"的良好氛围,有效扩大党组织在学生中的影响力。

善作善成　久久为功

——温州科技职业学院"五精奖助"模式探索与实践

温州科技职业学院　潘杨福

资助育人是高校立德树人工作的重要组成部分,党的十九大报告和习近平总书记重要讲话精神对高校资助工作提出了更高的要求。温州科技职业学院围绕"立德树人"总要求,坚持奖、助融合,创新"五精"奖助模式,实现了物质帮扶、道德浸润、能力拓展、精神激励、社会服务的有机统一。

一、案例实施宗旨

温州科技职业学院学工部在奖助工作中坚持问题导向,围绕"扶贫、扶德、扶志、扶智"的工作要求,形成"解困—育人—成才—回馈"的工作思路,融合"授鱼＋授渔"的工作方法,创新"五精"奖助模式,破解奖助工作中存在的"不平衡和不充分"问题,助推学生成长成才,努力开创学生奖助工作新局面。

二、案例实施方法与过程

(一)精设奖助标准

2017学年,学校学工部牵头,校院协同,创新制定具有标志性、引领性的奖助改革方案——《温州科技职业学院学生奖助学金管理办法》。一方面,坚持奖励与育人相结合,改革奖学金评选奖励办法,构建"国家—省—校—院"四级奖助体系,重设"校—院"奖学金评选奖励标准,涵盖"德、智、体、美、劳"五类奖助内容,共计31类专项奖学金,满足全体学生多样发展需要。另一方面,坚持扶贫与扶志相结合,创新助学金资助办法,除划档资助、临时困难补助等予以直接方法的助学金外,其余全部以勤工助学、自强之星奖励金等形式发放给经济困难学生,破除困难学生当中存在的"等、靠、要"思想,激励困难学生励志磨炼,努力成才。

(二)精选奖助学生

为了将奖助工作真正做到"好事办好,实事办实",学校在精选奖助学生中创新"3＋3"方法。一方面,围绕"让每一位学生得到充分的发展",坚持精选奖励学生三步走:一是问卷调查(选取大一至大三10个班级共500名学生进行),二是深入走访,三是研讨分析。通过了解学生对增设奖学金的意见和需要,最终面向全体学生的分众化发展需要,增设31类专项奖学金,使奖学金覆盖率高达40.5％;另一方面,围绕"让每一位学生受到公平而有质量的教育",坚持精选资助学生三步走:一是深入学生家庭走访,二是深入身边同学了解,三是依托学生校园"一卡通"分析。通过走访了解、同学评议和大数据分析等,建立家庭经济困难学生识别机制,同时打造经济困难学生、学习后进学生、生活管理困难学生、心理困扰学生、就业困难学生五大类帮助学生数据库,针对不同学生的不同问题分门别类精准帮扶。

(三)精简工作流程

在奖助工作中,学工部坚持借"势"化事,将奖助流程从"线下"走向"线上"。利用"互联网＋"思维,创建学生教育管理系统,整合并规范学生奖、勤、助、贷、补、班级管理、归寝考勤、实践活动、困难学生帮扶等服务事项,实现"网上""一站式"奖助。同时,奖助流程精简,奖助育人不打折扣,在奖助育人工作中,学工部坚持借"式"化事,将奖助育人工作从"案头"走向"手头",将解决学生思想问题和解决学生实际问题相结合,通过党政干部、党员教师结对困难学生,走进班级、走进寝室、走进学生"三走进"活动,实现扶贫与扶德、扶志、扶智相结合。

（四）精准帮扶工作

学工部根据经济困难学生、学习后进学生、生活管理困难学生、心理困扰学生、就业困难学生五大类学生动态数据库,建立"一生一档"教育帮扶档案,坚持"一生一措"教育帮扶原则,如针对经济困难学生开设"励志学堂",提供勤工俭学岗位,开展励志教育等;针对学习困难学生开设"证能量学堂",教育引导学习困难学生抱团学习、抱团考证、抱团提升等。创新"你好行动"精准帮扶文化品牌,鼓励学生勇敢面对青春中遇到的各种困难,敢于绽放自己、成就自己,通过"你好行动"精准帮扶、教育学生累计1万余人次。

（五）精培育人文化

学工部在"坚守资助底线不打折"的前提下,同时聚焦思想道德素质教育高线,坚持精培育人文化。一是培育梦想文化,坚持梦想育人。以"中国梦—我的梦"为主题,在各类困难学生当中开展主题演讲比赛,围绕社会主义核心价值观展开社会实践活动等,激发学生树立梦想、践行梦想;二是培育典礼文化,坚持典礼育人。以奖助学金颁奖典礼、烟草资助典礼、励志学堂开班典礼等,在学生当中树立典型,引导困难学生学习典型、成为典型。三是培育服务文化,坚持服务育人。创新帮贫活动,为各类困难学生特别是经济困难学生提供学生服务岗位100多个,鼓励学生服务他人、成就自己。创新"一封家书、一个电话、一个微信、一声问候、一声感谢"。四是培育感恩文化,坚持感恩教育。"五个一"感恩教育活动,培养学生的感恩意识。

三、案例取得的成效及经验

（一）创新一套奖助方案

通过创新奖助标准,逐步搭建起奖助体制的"四梁八柱"。出台了《温州科技职业学院奖助学金评选办法（修订）》（温科职院〔2017〕41号）并编入学生手册,通过重设奖助标准,对学生奖助工作进行分众化开展,助推学生"德、智、体、美"等全面发展,助推扶贫与扶志、扶德、扶智深度融合,使学生奖助覆盖率提高了9.5%。

（二）创设一个奖助系统

依托互联网,建立建成奖助系统,统筹一站式规范管理学生奖、勤、助、贷、补、免工作,同时,建立完善"五困生"动态数据库,精准掌握奖助学生基本情况。

（三）推行一套育人方法

学工部在"一生一措"的基础上,创新"你好行动",党政干部、党员教师"三走进","梦想育人、典礼育人、服务育人、感恩育人""四育人"活动,这些奖助育人方法均能够将解决学生的实际问题和思想问题结合起来,助推学生成人成才。

（四）培养一批优秀师生

"五精"奖助模式实施以来,学工一线教师、辅导员也在育人中不断成长,逐渐成长为奖助育人名师。5人荣获省优秀辅导员相关荣誉,14人荣获温州市资助先进工作者,20人在资助育人研究工作中不断深入,成为学校资助育人工作的先进典型。

同时,奖助与教育深度融合,使学生自我成长意识大大增强,学生在全国各类舞台获奖率较上学年同比增长5%;如家庭经济困难学生陈某某、代某某、夏某某获得第九届浙江省大学生职业生涯规划与创业大赛一等奖、二等奖;家庭经济困难学生张某某获得浙江省第十五届挑战杯·富阳大学生课外学术科技作品竞赛三等奖;家庭经济困难学生吴某某、章某、吕某某三位同学获得国家奖学金,占国家奖学金获得者的100%;齐某某等129位同学获得省政府奖学金;170人次获得国家励志奖学金。

(五)涵育一批育人文化

"为了每一个学生得到公平而有质量的教育"理念落细落小落实,创新举办人文运动会,鼓励各类困难学生积极参加,在各自擅长的领域中找到自信,学生发展呈百花齐放状态;学校因此成为中国高等教育学会大学素质教育研究会分会会员单位,受邀在第二届全国高职院校"立德树人"等5个平台做典型发言;创新360生活管理模式,学生自我管理能力提升,"创新360模式,打造宜居乐居学生公寓"创新项目获全国高校学生公寓工作创新成果三等奖;邀请心理专家入驻学校,成立3个名师工作室,教育帮助心理困扰学生384名;为帮助就业困难学生,创新"生涯教练制""就业导师制""朋辈引领制",学校就业工作再上新台阶,2016届毕业生就业率在全省高职院校排第8名,就业率97.63%,创业率6.40%,均高于全省平均水平。

四、下一步加强和改进的计划

(一)进一步完善奖助育人评价体系

下一步,学工部打算推行"政—校—家—生—企""五位一体"评价系统,开展奖助育人督导和评价工作,确保"五精"奖助模式不断优化完善。

(二)进一步加强奖助工作的理论研究

下一步,学工部将启动"专家引领计划",通过邀请校内外专家,引领学工一线教师立足学生奖助工作实际,开展立地式奖助育人工作研究,提升学生一线教师的奖助育人研究能力和指导实践能力。

案例点评:

成果的学术价值:针对高校资助工作中长期存在的问题,率先在理论和实践层面探索"五精"奖助模式,是深入贯彻落实十九大报告和习近平总书记系列讲话精神的具体体现,不断丰富高校思想政治教育工作方式方法,引领高校奖助工作进一步走向深入。

成果的应用价值:通过"五精"奖助模式使"因人设奖""因人帮扶""因人施教"得以可能、可行,使"为了每一个学生得到公平而有质量的教育"理念进一步落细落小落实。通过"五精"奖助模式的探索和实践,真正实现了"物质帮扶、道德浸润、能力拓展、精神激励、社会服务"的有机统一。

学生党员实境课堂：为学生管理与服务体系建设赋能

南京交通职业技术学院 朱素阳 徐 青

南京交通职业技术学院运输管理学院依托交通运输行业背景，立足区域交通运输管理人才需求，设置会计、物流管理、报关与国际货运、城市轨道交通运营管理、空中乘务等 5 个专业，42 个班级，1900 余名在校学生，其中女生人数近 1300 人，生源涉及普通高考、高职提前单招、中职对口高考、高职本科 3＋2 分段招生、海外本科直通车、公铁水三校游学生等 6 个类别，学生管理与服务工作具有"学生人数多、生源类别广、工作难度大"的特点。为了发挥学生党员在学生中的先锋模范作用，推动学生党员在管理中的助手纽带作用，发挥学生党员在企业中的中流砥柱作用，运输管理学院提出并实施了"学生党员交通志愿服务实境课堂"建设工程，该工程实施三年来，成效显著，成绩斐然。

一、案例实施宗旨

中共中央组织部、中共中央宣传部、中共教育部党组《关于进一步加强高校学生党员发展和教育管理服务工作的若干意见》（教党〔2013〕22 号）文件指出，"要以提高发展学生党员质量为核心，以加强教育培养为重点，以完善管理服务为基础，努力建设一支信念坚定、素质优良、规模适度、结构合理、纪律严明、作用突出的高校学生党员队伍"。大学生党员作为高职院校大学生群体的先进代表，必然成为大学生进步思想和政治方向的引领者，是高职院校大学生思想政治工作和学生管理工作的核心力量。南京交通职业技术学院运输管理学院以"先锋·核心·堡垒"为建设目标，立足学生党员发展和学生管理服务实际，坚持"一体化设计、规范化管理、项目化推进、品牌化建设、绩效化考核"工作思路，贯彻"服务党员教育、服务学生成长、服务学院发展、服务交通行业、服务支部建设"工作理念，建设"学生党员交通志愿服务实境课堂"，破解高职院校学生党员的教育培养中培养主体与评价体系缺乏统筹、培养目标与内容要求缺乏协同、培养载体与教育手段缺乏活力等现实困境，着力提升新形势下高职院校基层党建和育人工作的实效性。

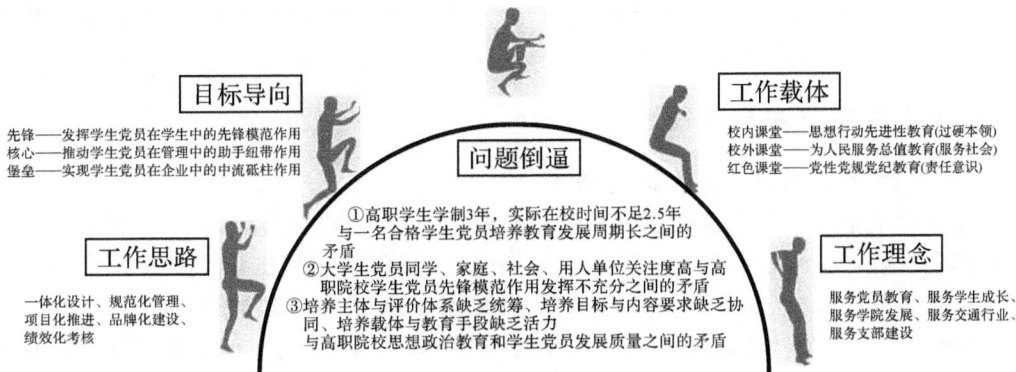

目标导向
先锋——发挥学生党员在学生中的先锋模范作用
核心——推动学生党员在管理中的助手纽带作用
堡垒——实现学生党员在企业中的中流砥柱作用

工作载体
校内课堂——思想行动先进性教育(过硬本领)
校外课堂——为人民服务总值教育(服务社会)
红色课堂——党性党规党纪教育(责任意识)

问题倒逼
①高职学生学制3年，实际在校时间不足2.5年与一名合格学生党员培养教育发展周期长之间的矛盾
②大学生党员同学、家庭、社会、用人单位关注度高与高职院校学生党员先锋模范作用发挥不充分之间的矛盾
③培养主体与评价体系缺乏统筹、培养目标与内容要求缺乏协同、培养载体与教育手段缺乏活力与高职院校思想政治教育和学生党员发展质量之间的矛盾

工作思路
一体化设计、规范化管理、项目化推进、品牌化建设、绩效化考核

工作理念
服务党员教育、服务学生成长、服务学院发展、服务交通行业、服务支部建设

图 1

图2

二、案例内容

"学生党员交通志愿服务实境课堂"以解决高校学生党员缺乏常态教育体系、过程考察体系、分层分段教育体系、融合专业发展体系等现实问题为目标,由校内课堂、校外课堂、红色课堂三个部分构成,重点进行思想行动先进性教育、为人民服务宗旨教育、党性党规党纪教育,确保学生党员教育的目标、内容、要求、手段、考核等方面有效对接学生党员发展特点、对接学生党员专业特长、对接学生党员教育特征、对接学生党员职业特质,让每名学生入党积极分子联系历史有教育、联系群众有要求、联系专业有舞台、联系发展有动力、联系社会有距离,永葆学生党员在高校学生中先进性、纯洁性和创造性。

三、案例实施方法与过程

(一)挖掘资源内涵,变素材为教材

开展学生思想政治教育和学生党员党性教育,必须立足资源实际,必须拥有常态工作体系,高等职业院校每个院系、每个专业都有实训中心(实训室),并建有与专业人才培养相互通的校企合作单位,每个院系的团学组织均与学校所在地的多个敬老院、幼儿园建立了共建关系,每个院校所在地或周边均有影响的红色教育素材。例如,南京拥有侵华日军南京大屠杀遇难同胞纪念馆等44处革命遗迹,这些均是开展学生思想政治教育和学生党员党性教育的活水源和资源库。南京交通职业技术学院运输管理学院把"教学实践素材"转化为"思政

实境教材",形成了"校内课堂、校外课堂、红色课堂"组成的常态化教育体系。校内课堂的建立有效衔接了入党积极分子培训班学习前后的"脱节"问题,一方面通过实验室志愿服务,对不按时、不按要求完成志愿服务的学生实行过程预警和淘汰机制,保持了入党积极分子的先进性和纯洁性;另一方面通过一周3小时学习活动,为党内吸收先进积极分子提供了"蓄能池",确保学生思想先入党成为可能。建立实验室、创客空间全年开放日机制,将实验室从教学8小时延伸至课余6小时,发挥入党积极分子"先行军"的作用,明确每人一个项目带到实验室进行科学孵化,既能激活课余闲置的实验室,又能在全院形成创新创业的浓烈氛围。

高校学生党员的"后劲"更多的是锤炼一股好的作风、练就一身好的本领为党和人民的事业贡献专业本领,我院根据对用人单位毕业生党员的实地调查发现,对在校学生党员的培养和教育不能只停留在党的理论教育和学业标准的硬性指标上,必须从其专业优势出发,考察其在具体的生产实践中的模范带头作用。因此,2015年起对经过入党积极分子培训班培训合格并在校内课堂志愿服务优秀等次的学员,定期和不定期安排到南京禄口国际机场、火车南站、汽车客运站、南京地铁、江宁区沐春园护理院、紫金山风景区、南京师范大学森森幼儿园等我院共建单位开展志愿服务和公益劳动,促使共建的各类合作基地不再是一纸合作协议、一次共建仪式、一年一度年会、一年一度就业,将学生的职业技能和职业素养始终放在"共建池"中"冲刷打磨"。

(二)营造教育氛围,变现场为课堂

实境课堂结合现场环境和教学需求,通过多种方式进行课堂环境打造和氛围营造,把文章的起、承、转、合结构植入"实境课堂",红色课堂理论教学和校内外课堂实践教学过程是一个完整的闭合回路,促进学生党员以内心融入,激发自我教育、自我实践的内生动力,使先进性教育真正入脑入心。一是起。把红色课堂理论教学作为实境课堂教学的铺陈和烘托,以相关教学音乐、短片做精理论教学,营造浓厚氛围,帮助学生入境。二是承。课堂设高年级先锋助理,通过志愿服务、创新创业、用人单位顶岗服务和文艺演出等项目导入,引导学生党员带着问题,在自我锤炼和主动实践中找到答案。三是转。在每个项目点,通过具体工作任务在真工作台练就真本领,通过历史见证人、先进典型在真现场讲真故事,让学生党员在现场找不足,现场获真知。四是合。在项目点实践教育结束时,高年级先锋助理进行针对性总结,帮助学生加深对实践教育过程的理解和感悟。同时,针对不同学生党员所处不同发展阶段制订了项目内容各异的多套培养方案,形成了不同阶段、不同对象的绩效量化办法,确保教学氛围和教育效果。

(三)多层参与机制,变被动为主动

学院成立了以党总支副书记为组长,共建企事业单位联络人、学工办主任、实训中心主任、教研室主任、关工委常务副主任、专业负责人、党建组织员、辅导员为成员的课堂管理中心,强化对实境课堂建设的合力管理。党总支负责课堂顶层设计,编制三个课堂运行管理与绩效考核方案:学工办、实训中心负责校内外课堂工作任务布置、学生考勤管理、素质学分系统填报;各教研室主任、专业负责人、关工委常务副主任校外课堂资源建设与维护;学工办主任、党建组织员负责红色基地建设与维护、审核管理班级红色基地教育活动。三个课堂活动推动了学院学生管理与服务工作由原来的学生工作条线"单枪匹马"变为教学实训条线"主动融入",共建基地开始有计划、有组织地向学院主动"列出需求清单"和"汇报学生情况",在各级各类学生创新创业大赛中,学生开始主动提交项目、主动寻找指导老师,经验丰富的指导老师成了学生们眼中的"香饽饽",专业课堂的教学氛围慢慢被实境课堂所"感化"。

四、案例取得的成效及经验

(一)以点促面,学生的政治成长与全面发展成果丰硕

实境课堂实施三年来,班级学生形势政策学习每周有主题、有教员;学生党员发展考察贯穿365天,有载体、有要求、有考核;学生的全面发展,有平台、有标杆、有动力、有创新。学生党支部先后荣获江苏省高校最佳党日活动、江苏省关心下一代工作先进集体;实境课堂被列为江苏省教育工委100个实境课堂建设示范点;连续三年,国家奖学金、校长奖学金,江苏省优秀学生干部、江苏省高校优秀团支部书记、江苏省三好学生等省部级以上荣誉均出自实境课堂学员;153033团支部获全国"活力团支部"和江苏省"人气团支部"。近三年,实境课堂学员代表学校参加全国智能交通创意大赛、全国大学生市场调查分析大赛、江苏省大学生职业规划大赛、挑战杯江苏省职业院校创新创业大赛、一带一路全国青年创新创业大赛、江苏省大学生资助微电影大赛等6个一等奖,也成为学校参加这6项赛事以来的最好成绩。在实境课堂学生先锋作用的引领下,学院学生在国家、省、校专业、文体、社会实践以及素质教育类获奖数和项目立项数均稳居学校各二级学院前列,1名学生荣获全国大学生轮滑大赛第一名,1名学生荣获江苏省"校园青春榜样"。

(二)知难而进,学院的学生管理与服务工作体系彰显特色

实境课堂结合本院实际与工作传统,充分发挥专业学科优势,尊重学生党员主体地位和先锋地位,落实、落细、落小学生党建工作细节,形成了高校学生党建工作的长效机制。实境课堂已成为学院学生管理与服务工作的特色品牌和重要抓手。学院1900余名学生中有近1300名是女生,女生易多发宿舍人际关系问题、情感问题、心理健康问题等,这类问题虽看似小,但若不及时有效处理极易发生重大安全事故,通过实境课堂每个班集体中先锋学员作用发挥,每次的学生情况波动,学院总能第一时间知晓并共同处置。近三年学院在校内学生工作、就业工作、关心下一代工作绩效考核中均处于学校第一方阵,学生党建、创新创业等工作多次进行交流发言,1名辅导员荣获全国交通职业院校辅导员职业能力大赛特等奖。

案例点评:

"一名党员就是一面旗帜,使学生入党积极分子平常时候看得出来、关键时刻站得出来、危急关头豁得出来,充分发挥先锋模范作用。"高校学生入党这一话题一直备受社会、家长、学生关注,如何从近万名学生中把先进分子吸收并培养教育成为一名合格的中共党员,必须有一套可行性好的教育载体和教育体系。"学生党员交通志愿服务实境课堂"把学生、学校、用人单位、社会多方需求和发展要求有机地合成在一起,形成了富有自身专业特色、学生管理特色、党员发展特色的教育体系和方法论,以"全面从严治党"的生动实践将大学生素质教育落到实处,促进了高职院校思政育人工作的常态化、品牌化、制度化。

弘扬中华优秀传统文化 剪纸艺术铸造中华魂

——以陕西铁路工程职业技术学院"剪纸艺术进校园"为例

陕西铁路工程职业技术学院 雷 波 刘 喆 姜东亮

一、案例实施宗旨

中华优秀传统文化非遗剪纸艺术,蕴含了丰富的文化信息,表达了广大民众的道德观念、实践经验,具有认知、教化、表意、娱乐等重要社会价值。多年来,学院在校园文化建设中,重点支持剪纸协会深入开展"剪纸艺术进校园"活动,进一步补好学生精神之魂。

二、案例内容

学院紧紧围绕"弘扬中华优秀传统文化,剪纸艺术铸造中华魂"这一主题,着力通过剪纸艺术载体培养和践行社会主义核心价值观。

三、案例实施方法与过程

加强中华优秀传统文化教育,是培育和践行社会主义核心价值观,落实立德树人根本任务的有效途径。基于此,学院成立了一个以传承中华优秀传统文化为宗旨的学生社团,来加强大学生传统文化教育,以及依托这个平台培育大学生创新创业理念。

(一)精心制作扣主题,培育核心价值观

剪纸社团在校园开展了"培育社会主义核心价值观,剪纸艺术进校园"主题活动。本次活动以弘扬社会主义核心价值观、传承我国传统文化为主题,以独具特色的民间艺术形式展示了社会主义核心价值观的丰富内涵,让同学们感受到了传统文化的魅力。自社团成立以来,连续3年开展了一系列社会主义核心价值观教育活动。在校园、市信达广场、老街文化城、大荔县及多个社区都能看到剪纸社团精美的核心价值观剪纸,受到广大师生及市民的一致好评。

(二)剪纸作品募资金,志愿服务常态化

剪纸社团在校园开展了"弘扬雷锋精神 剪纸义卖传递爱心"主题活动,吸引了许多同学前来围观、购买。社团将义卖所得款项,捐给了"陕西省第四届道德模范(孝老敬亲)"李建民老人,让他能够帮助更多的孤寡老人。基于本次义卖的成功,我们萌发了建立大学生剪纸创新创业基地的想法,为他们的成长成才搭建平台。

(三)专家指导提技能,剪纸作品出国门

社团邀请非遗剪纸传承人闫媛媛在临渭校区做了"非遗剪纸技艺历史与现状"的主题讲座。闫老师从非遗剪纸文化内涵、剪纸流派、现阶段非遗剪纸传承现状及剪纸技艺等方面做了精彩讲解,把剪纸艺术的内涵、精髓传授给了同学们。同时社团聘请闫老师为社团指导老师,成立大师工作室,专门指导同学们剪纸技艺。依托技能大师工作室,社团邀请了多位民间剪纸艺人走进校园,为同学们传经送宝,教授剪纸技艺。日前,剪纸社团精美剪纸作品已随我院师生代表团远赴英国、俄罗斯、韩国、新加坡及肯尼亚等国家进行国际文化交流。

(四)专家搭线市剪协,社团发展上台阶

社团邀请渭南市剪纸学会在校园开展"弘扬优秀传统文化,传承剪纸技艺"的主题教育活动。一幅幅作品在剪纸艺人们的讲解下,各种人物故事活灵活现,艺术气息弥漫了整个校园。在今后的省市剪纸展览上,渭南市剪纸社团邀请社团一起参加,同时有多位社团会员在省市大赛中获奖!

(五)社团开办义福馨,创业能力提升快

社团经过两年多发展,剪纸社团队伍稳定,剪纸技艺高超,剪纸作品深受师生及广大市民喜爱,社团公益事业,深得大家认可。依托社团,成立了剪纸创业基地"义福馨剪纸屋"。在基地揭牌仪式上,市中小企业局负责人和市工信局负责人等嘉宾参观了"义福馨剪纸屋",并给予了高度评价。在2016年学院"互联网+"大学生创新创业大赛中,"义福馨剪纸屋"创业项目荣获金奖,陕西第三届互联网+大赛铜奖。剪纸创业基地成立一年以来,通过"互联网+"及线下销售,累积收入2万余元,同时申请外观设计专利一项。

四、案例取得的成效及经验

(一)活动成效

1.非遗剪纸文化在高校生根发芽。

在高校中,以社团为载体,固定、传承下来,是对非遗剪纸文化最好的保护。现在非遗剪纸展览较常见,但是融合剪纸文化及展览剪纸博物馆较少。剪纸协会筹备成立剪纸展览馆,让大学生们随时可以参观和学习。同时,协会参加省市各类比赛,获多项荣誉。如:在全国首届工艺性剪纸活动中获组织奖,在渭南市文化艺术中心获剪纸作品优秀奖,在陕西省电视台"达人秀"评选中获三等奖,等等。

2.剪纸创业建基地爱心奉献社会。

依托剪纸协会成立剪纸创业孵化基地,创业团队开发了以"核心价值观"为主题的留念扑克牌,以"校园风景"为主题剪纸系列作品,等等。截至目前,剪纸创业基地累计收入万余元,资金主要用于关爱空巢老人及留守儿童,同时参加学院"一对一"结对帮扶贫困大学生,资助多名品学兼优的大学生。善款回馈学生,受到大家一致好评。

3.媒体多次关注,传播社会正能量。

剪纸协会多次开展以弘扬社会主义核心价值观,传承我国优秀传统文化为主题的活动,以独具特色的民间剪纸艺术形式展示了社会主义核心价值观的内涵,丰富了大学生的校园文化生活。

协会会员参与的2018年"文化春运"活动,被中央电视台采访报道,协会主题活动多次受到《中国青年报》《陕西日报》《陕西工人报》《各界导报》(陕西省政协主办)、《陕西农村报》、《渭南日报》、新华网、光明图片、中国大学生在线、新浪网、陕西传媒网、陕西省教育厅官网、陕西大学生在线、华商网、共青团渭南市网站等多家省市主流媒体的报道。

(二)基本经验

1.以"三结合"为抓手,探索社团活动深度。

①非遗剪纸与社会主义核心价值观相结合。

培育和践行社会主义核心价值观,加强大学生德育是推进中国特色社会主义事业的必然要求。如何在高校中培养和践行社会主义核心价值观?如何以新的形式让大家乐于接受核心价值观?非遗剪纸就是好的载体!用镂空艺术在纸张上秀出"核心价值观"相关小故事、相关人物,让大家在艺术作品的即视感中,培育社会主义核心价值观!

②非遗剪纸与志愿服务、公益事业相结合。

建立健全学生志愿服务活动长效机制,深入推进学生志愿服务活动。剪纸社团的大学生们依托剪纸文化进行志愿服务,在看望留守儿童、孤寡老人的同时,为他们送去精美剪纸作品,免费教小学生们学习剪纸技艺。在冬天来临之际,社团开展剪纸义卖活动,把征集来的善款购买过冬衣物,送给那些需要的人。志愿服务及公益事业是大学生构建社团的精神内涵,懂得奉献的人,才会是对社会有意义的人。

2.非遗剪纸与大学生创新创业相结合。

为积极响应国家"大众创业、万众创新"战略的号召,把创新创业教育融入剪纸社团发展全过程,剪纸文化与大学生创新创业结合,既有利于中华优秀传统文化传承,同时也能提升大学生创新创业能力。剪纸创业基地为大学生提供了一个创业实践的平台、一条争取风险投资的途径、一个与全国创新创业大学生相互交流学习的机会。

五、下一步加强和改进的计划

(一)与传统文化相关组织及国外高校建立交流平台

对口组织有渭南市非遗中心、市剪纸社团及市汉服社团。剪纸社团定期邀请市剪纸社团及汉服社团来院交流展览,搭建了更大的交流平台,让优秀传统文化多元化亮相;与国外高校进行联合,让剪纸技艺走出去,让国际友人了解中华优秀传统文化,增强文化自信。

(二)与民间剪纸艺人共建学习平台

社团特聘剪纸专家为社团指导老师,搭建学习平台。社团成员利用课余时间来到渭南市图书馆闫老师工作室,进行剪纸技艺学习。同时,定期邀请渭南市剪纸社团主席简俊峰来院进行现场指导,给同学们与专家搭建学习平台!

(三)在大学生思想政治教育中,要形式上创新

将现阶段社会主流价值观与中华优秀传统文化相结合,在形式上创新,全面提升大学生的综合素质,争做合格的社会主义接班人。

(四)在中华优秀剪纸文化传承中,要内涵上创新

剪纸文化内涵,将现阶段国家大事、大学生身边感悟融入剪纸作品中,在内容上创新,让青年大学生体味到剪纸艺术的与时俱进。

案例点评:

该案例已经实施三年,从个人爱好发展为品牌活动,从校园推广到社会,是大学生传承剪纸文化、弘扬社会主要核心价值观的非常有意义的活动。

广大同学对中华传统剪纸技艺有了直观、深刻的感知,是践行文化自信的有益尝试。通过剪纸技艺的练习,可以锻炼同学们沉稳、细致的性格和品质,在剪纸的构思和篆刻中,感受中华传统文化的精髓,用剪纸技艺"讲好"中国故事。

　　该校老师和同学还把剪纸作品带到很多国家，赠送给国外朋友，也是对中国文化和中国剪纸很好的宣传和推广，受到了国外朋友的高度评价。剪纸还被作为很好的创业项目被推广，赋予了剪纸更强的时代特性，在新时代绽放出更强的生命力。

　　该案例是高校德育教育的一种好方式，是增强文化自信的有益尝试，是践行社会主义核心价值观的重要载体，具有挖掘和推广的价值。

自媒体视域下高职大学生理想信念教育载体创新研究

——以大连职业技术学院"因你精彩"党建音乐坊工作模式为例

大连职业技术学院 吕 楠

一、案例实施宗旨

党的十九大明确了中国特色社会主义进入了新时代这一发展新的历史方位。新时代、新征程,理想信念教育作为高职基层党建工作的重要内容、思政教育工作的重点工程,面临着许多新问题、新挑战:大多具有零散性、阶段性的特点,缺乏持续性和实效性,教育效果不是十分明显;"00后"高职学生因受竞争日趋激烈的社会现实、实用主义和功利主义的影响,存在人生观、价值观模糊,理想信念缺失、社会责任感缺乏等现象;自媒体的广泛应用,信息的传播和交流更具开放性、即时性和互动性,带给个体强烈的体验感;学生在学习和思想上也呈现出自主选择要求增多、学习时间零散化、平等的话语权要求等新特点,导致单一的"说教式""灌输式"等理想信念教育及思想政治教育已经很难被学生接受。作为理想信念教育载体必须能够承载教育目的、任务、原则、内容等信息;必须有效联系主体、客体,并促进双方互动;必须具备承载性、可控性、中介性、目的性等。

习近平总书记在全国高校思想政治工作会议上指出,"思想政治工作从根本上说是做人的工作,必须围绕学生、关照学生、服务学生,不断提高学生思想水平、政治觉悟、道德品质、文化素养,让学生成为德才兼备、全面发展的人才","做好高校思想政治工作,要因事而化、因时而进、因势而新","要运用新媒体新技术使工作活起来,推动思想政治工作传统优势同信息技术高度融合,增强时代感和吸引力"。在自媒体视阈下,针对高职学生的新情况、新特点,通过创新多元化、人性化以及生动化的教育载体建设,占据大学生思想的主阵地,弘扬主旋律,传播正能量,提高党的知识教育的感染力、号召力与实效性是亟待解决的突出问题。而音乐所具备强大的教化功能、审美功能、愉悦功能将其与理想信念教育紧密联系,成为重要、有效的教育载体之一。

"因你精彩"党建音乐坊工作模式是针对自媒体时代高职学生思想及生活特点,以服务学生的心理需求和成长成才为出发点和落脚点,以广博的音乐资源为基础,以学校教育教学资源整合为依托,以基层党务工作者团队的专业背景与能力为保障,通过载体创新充分发挥音乐的教化、审美、愉悦功能,发挥音乐中的政治观点、思想体系、道德规范、情感美感等的思想政治教育功效,提升党知教育的感染力与实效性,使学生在讲、听、歌唱、创作等多维互动体验中成长,激荡青春梦、学子梦、中国梦。

二、案例内容

该项目属于结合音乐教育创新思想政治教育载体建设范畴,以平台、成果、活动三项融合工作模式为主要内容,力求出精品、出特色、出实效。坚持教育资源整合,根据项目育人目标建立高效、协调、合理的组织架构,建立可推广的运行机制;坚持目标导向原则,在内容与成果上求特求广,推动理想信念教育模式创作创新;坚持以学生为本,充分把握"互联网＋"视野下学生思想及生活特征,把握传媒规律,推动理想信念教育主客体互动互联,有效提升理想信念教育吸引力与感染力。

三、案例实施方法与过程

本案例在实施过程中主要采用实践法,结合文献资料法、调查研究法等,注重理论与实践相结合,调查研究与理论分析相结合,经验总结与提升推广相结合,实现教育载体创新研究与建设。

(一)坚持"贴近学生",组建团队

制定调查问卷和访谈提纲,充分调研自媒体时代高职学生的思想及生活特点;对党的知识学习、了解程度;分析、探讨理想信念教育载体建设的现状与问题;调研学生对音乐、歌曲理解的现状。在充分调研和论证的基础上,学生工作者结合自身专业学习及工作积累,依托基层党组织,引领学生工作者及学生党员建设优秀团队,成立"因你精彩"党建音乐工作坊,建立高效、协调、合理的组织架构。其中教师10人,学生15—20人。设工作坊指导团队、平台运行团队、内容(课程)创作团队、成果推广团队、原创作品制作团队。设全职指导老师3名,负责统筹规划和具体运行;设兼职指导老师4人,负责协调、指导日常及专项工作。

(二)坚持"时代主题",建设资源

充分把握自媒体时代高职学生的思想特征与专业特点,紧密围绕习近平新时代特色社会主义思想,结合马克思主义理论教育、共产主义理想信念教育、全心全意为人民服务的宗旨教育、革命传统和党风教育等理想信念教育内容,在流行音乐、民族音乐、世界名曲等作品中,从爱党爱国、爱校荣校、自爱自强、责任担当、诚实守信、匠心做事、追求卓越、感恩奉献八个维度进行收集、遴选、分类,建立主题明确、贴近学生的"'因你精彩'音乐资源库"。

(三)坚持"多媒传播",良性互动

坚持弘扬奋斗筑梦主旋律,明确让学生在听、说、歌唱、创作等多维音乐互动体验中接受党的知识教育、理想信念教育、爱国主义教育、道德规范教育、人格培养教育的工作思路,充分发挥"线上线下""圈内圈外""校内校外"渠道,开展"因你精彩"音乐坊"四个一"内容与平台建设。通过网络平台推送如《歌声里的理想信念故事》,对歌曲的创作背景、歌词深意、曲风特点等进行一一解读(每周一期);在党支部或团支部中推出"唱响青春"音乐沙龙(每半个月一期);联合微风工作室在微信公众号推送"音乐微党课"(每月一期);激发活力,挖掘潜力,引领团队在传播中结合"迎新季""运动季""毕业季""表彰季"等主题开展艺术作品创作(每季一期),包括词创作、曲创作、歌唱、MV创作及演绎全过程的艺术性与原创性,引导学生将身边故事与成长收获写出来、唱出来,传递勇气、责任、爱和正能量;积极开展原创作品展示,以互动式、体验式、引导式、渗透式的方式在学生中实现线上线下声色俱备,有效传播,入脑入心,良性互动,拓展提升。

四、案例取得的成效及经验

该项目通过建立工作坊团队,为基层理想信念教育载体建设保驾护航;通过自媒体时代有效传播方式让学生在欣赏、传唱、创作优秀歌曲的深层体验中学习党的知识,实现思想引领;通过多维沟通拉近学生工作者与学生间的距离,实现以声入脑,由脑入心;通过将党建音乐工作坊与网络思政、学生社团、主题活动、社会实践等有机结合,初步建立了理想信念教育学习平台、优秀作品创作平台、育人成果推广平台。

(一)坚持表层接受与深层体验相结合,有效提升理想信念教育吸引力、感染力

音乐是学生实现思想政治教育感性体验和情感内化的一个重要渠道。让学生在欣赏、传唱优秀歌曲的深层体验中实现了对学生思想的引领,是任何缺乏情感基础的思想教育和呆板而枯燥的说教达不到的。比如,叶佩英演唱的《我爱你,中国》能使高职生顿生爱国之情;郑绪岚演唱的《牧羊曲》可以把高职生带到苦练技能,实现自我的情境之中;蒋大为演唱的《在那桃花盛开的地方》《牡丹之歌》使人思乡、思亲、感恩;李娜演唱的《好人一生平安》体现出对亲友、生活的渴望热爱;阎维文演唱的《母亲》使人产生孝敬父母之情等。

(二)坚持单向交流与多维沟通相结合,有效推动理想信念教育主客体互动互联

音乐作品形象直观、形式自由,很好地激发了富有情感的学生。对受教育者不需要作理性的说服动员,更不用强迫命令,而是靠韵律和歌词本身的魅力来吸引学生,通过"一对多"、"多对多"、学生喜闻乐见的发散传播方式,实现了对学生的心灵陶冶,春风化雨,点滴渗透,产生共鸣,受其感染,很好地拉近了学生工作者与学生间的距离,提升了大学生理想信念教育、思政教育的生动力、感染力与针对性、实效性。

(三)坚持掷地有声与润物无声相结合,有效推动思政教育载体创作创新

经过不断的探索和努力,工作坊逐步实现思想政治教育潜移默化,通过有声题材做到教育无声,一部部由师生团队倾力打造的优秀校园原创文化作品应运而生:2017年4月创作的学校运动会主题曲《心梦飞翔》旋律激昂,火爆职院;6月推出的2017毕业嘉年华主题曲《逐梦起航》曲调优美,广泛传唱;11月创作的辅导员之歌《筑梦导航》内涵丰富,朗朗上口,唱出了职院辅导员的平凡与伟大。

(四)坚持显性灌输与隐形渗透相结合,有效提升思政教育工作育人效果

音乐是一种"隐性教育""隐性识记",强调渗透。它是以形象、直觉、自觉的摄入方式,留于人的脑海之中。工作坊为广大学生提供了展示的平台,创作了一系列优秀音乐作品,诠释了当代大学生对未来、对时代的憧憬与向往、自省与自觉;从作品的创作、演唱、MV制作、后期剪辑及发布等环节,均由在校学生在团队指导下共同完成,实现了与职业教育的有效结合;积极引导学生将身边故事与成长收获写出来、唱出来,有效实现了"以歌育人""以文化人",提升了学生的人文素质与综合能力。

五、下一步加强和改进的计划

该项目由具有14年一线工作经历的辅导员领头,针对高职学生思想特点与专业特征,结合自身专业学习及工作积累,引领学生工作者及学生骨干团队将音乐载体融入思政教育、创新理想信念教育载体的一次实践与探索。

该项目将始终坚持以服务学生成长作为宗旨,重点做好以下五点:一是紧密围绕习近平新时代特色社会主义思想,坚持文化自信、文化育人,弘扬奋斗筑梦主旋律;二是继续丰富主题资源库,设计更多主题,结合流行音乐、民族音乐、世界名曲等进行收集、分类,传播、创作更多更好的富有正能量的音乐作品;三是加强团队培训,建设一支有志于将音乐与德育相融

合的优秀团队，形成梯度传承、可持续发展；四是广开渠道，与网络思政、学生社团、主题活动、社会实践等有机结合，让"职院好歌曲""世界好声音"广为传唱；五是注重总结提升，探索党建音乐工作坊工作模式长效机制，建立音乐党课课程体系，建设工具书《"因你精彩"党建音乐资源库暨原创音乐作品集》，深化高职理想信念教育学习平台、优秀作品创作平台、育人成果推广平台建设等。

案例点评：

　　该案例由一线辅导员针对高职学生思想特点与专业特征，结合自身专业学习及工作积累，以服务学生的心理需求和成长成才为出发点和落脚点，引领学生工作者及学生骨干团队将音乐载体融入思想政治教育的一次创新实践与探索。项目坚持文化自信、文化育人；立足高职，视野开阔，贴近学生；立足党建，针对性强，服务学生；设计思路合理，目标方向明确，充分体现了立德树人的根本原则与理念，具有较强的首创性、实效性与创新性。

探索分类引导机制　多角度全方位加强学风建设

武汉船舶职业技术学院　龚娅玲

一、案例实施宗旨与内容

以学生为本,探索学风建设分类引导机制,从管理、教风、活动、榜样等多角度全方位来促进经管学院的学风建设。以各项管理制度为依托,促进各年级学生良好学习习惯的形成;以老师的教风为榜样,提高学生上课的积极性,用热忱和高质量的课堂抓住学生的心;以丰富多彩的学风特色活动为孵化器,增强营造良好的校园文化氛围,促进学风建设;以优秀学生为榜样,发挥他们的先锋模范作用,激发学生争先创优的内在动力。

二、案例实施方法与过程

（一）积极动员,统一思想

1.积极动员:通过党政联席会、专兼职辅导员班主任专项工作会和班会把学风建设活动精神层层传达,落实到位,使每位同学了解学风建设体系的框架和细节,有针对性地配合和参与。

2.密集宣传:以经管学院微信公众号和班级QQ群为主要宣传渠道,投放学风建设活动宣传资料;利用校园广播、校报、校新闻网等媒体加深印象。

（二）以管理育学风

通过多项管理制度,从生活和学习上促进学生良好习惯的形成,充分发挥老师们教育引导的作用,构建"严格、有爱、互敬"的师生关系,打造和谐的学习氛围。

1.推行辅导员查课、督课制度。各年级辅导员每周抽查一次,每月再随机抽查一次,以旷课缺勤次数显著的班级和同学为重点检查对象,严格记录,利用校纪校规约束逃课行为,同时也对课上玩游戏讲话的现象进行批评教育和整治。

2.用好辅导员、班主任进宿舍谈心谈话制度。用好课堂之外的阵地——宿舍,宿舍最能反映一个学生的生活状态,通过进寝室查看和学生交流,了解他们的实际困难,从良好作息入手,有针对地帮助学生重拾学习信心,走出低谷。

3.实施学习帮扶制度。发挥好优秀学生和高年级学生的先进性和带头作用,形成助理班主任制度和一对一学习帮扶制度。助理班主任制是大二年级优秀学干帮扶大一后进新生,比老师更亲切更有效;一对一学习帮扶制度是同班学习成绩优异者和本班后进生配对帮扶,同班关系更亲密,效率更高。

4.加强辅导员和班主任与家长的联系沟通制度,用好经管学院家长QQ群,通过在群里发布学校有关信息,使家长了解学校动态,能够积极配合学校做好学生的引导和教育工作,老师和家长双管齐下,成果显著。

（三）以教风带学风

1.学风建设的首要阵地就是课堂,而课堂的主导者就是教师。教师的教风直接影响学生学习的态度。首先教学质量要提高,没有丰富的教学手段和精彩的教学内容很难吸引学生认真听讲,所以教师要不断学习提高教学质量;其次课堂管理要严格,老师的敬业、严格和严谨能感染学生,通过强化点名制度,及时制止玩手机讲小话现象,加强对课堂纪律的管理,让学生心存敬畏。

2.开展"班主任—学生代表—专业课老师"三方会谈,完善教学质量监控与评价体系。班主任作为会谈的主持人,邀请学生畅谈教学纪律、教学质量、作业布置等方面的感想,请专业课老师现场回应,三方积极探讨改进教风和学风的对策,互相听取关于教学方面的意见和建议;另外通过辅导员和班主任深入课堂听课,加强教学规范的落实,多和任课老师沟通,及时处理存在的问题,纠正课堂不良现象。

3.加强师生交流。尊重任课教师,在学期初第一节课,请班长携带《致任课教师的一封信》与各门课程的任课教师进行礼节性问候,感谢他担任班级的任课教师,同时将班级学生的大体情况和教学期望与任课教师主动沟通,最好能达成共识;并将班长、学委及辅导员的电话告知任课教师,方便老师能在需要时第一时间联系。后期课程中,也要随时和老师交流,教学相长。

（四）以活动促学风

经管学院在积极构建学生素质教育体系过程中,纳入学风建设安排,依据大一到大三各年级学生的身心特点,打造与学风有关的品牌活动,营造良好学风的氛围。

1.分年级树立学风主题活动,保持学风建设的持续性和贯穿性。从新生入学教育开始,到毕业生文明离校,学院依据不同年级的学习特点,设计了不同的主题活动。大一主要是习惯养成,开展了新生入学教育和一周学习计划等活动;大二主要是提高能力,开展了"班级和个人学情分析"活动;大三主导实践成才,开展了职业规划讲座和求职意向调查活动。这样循序渐进,有的放矢,能让学生不断探索专业发展方向和阶段性的学习目标,使学生学有方向,学有动力。

2.打造丰富多彩的学习特色活动和比赛。通过举办学习经验交流会、英语角、演讲和辩论比赛、学术报告、书香之家等系列活动,使学生在活动的参与过程中享受竞争的冲击和学习的乐趣,使校园形成积极向上的学习氛围。另外,我们还结合专业特色,鼓励学生去参加"彩虹人生—全国挑战杯三创大赛""互联网＋创新创业大赛""全国职业技能大赛"等各类竞赛,提高学生的专业实践技能,培养学生的创新意识和能力。

（五）以榜样树学风

学风建设中需要发挥优秀学生的示范作用,所以我院从学生党员、入党积极分子和学生干部的培养和选拔入手,加强学生干部队伍建设,积极发挥其先锋模范作用。同时,通过各项优秀典型的表彰活动、宣讲活动来鼓舞学生,营造务实、活跃、创新、和谐的学风氛围。

1.严把入党和当选学干的选拔条件,把学生的上课情况和学习成绩作为干部评优、组织发展和党员民主评议的重要考评材料。进一步加强对分团委、学生会、学生党支部学干的指导,发挥他们的先锋模范作用。

2.落实好奖学金、先进班集体和书香寝室的评选和表彰工作。通过优秀典型的树立,使学生们形成创先争优的劲头,让学生做到"自我管理、自我服务、自我提高"。

3.充分利用校友资源。邀请目前已在社会上卓有成就的校友回学校做交流和报告,彰显学院人才培养的成效。校友讲坛的开展,在校生和优秀校友的交流,对鼓舞学生学习风气具有重要意义。

4.以学校有广泛影响力的船院之星人物评选、技能大赛冠军的出炉等为依托,在学生中大力宣传、宣讲,提高学生的竞争意识,努力提高自己的综合实力。

三、案例取得的成效及经验

1.学生到课率提高,抽查到课率均在80%以上。进班听课、和老师交流、和学生谈心谈话、和家长加深信息沟通等多方面管理制度,能让教师加强课堂管理并引起学生重视,任课教师在班主任群及时公布到课学生人数,辅导员和班主任迅速反馈并督促缺勤学生出勤。

2.教师教风和课堂气氛越发良好。"班主任—学生代表—专业课老师三方会谈"和《致任课教师的一封信》等形式,班主任当主持人,教师和学生双方互相听取关于教学方面的意见和建议,改进了教风和学风。

3.丰富的学风主题活动激发了学习兴趣。新生入学教育、一周学习计划、自我学情分析、学习和职业规划调查、期末考风考纪承诺书签订、书香之家、学习经验交流、"互联网+"大赛等活动开展得如火如荼,获奖作品精彩纷呈,有力地促进了优良学风的形成。

4.榜样力量营造了争先创优的学习氛围。奖学金表彰大会、校友学习论坛、船院勤学之星、技能大赛获奖者等学习典型在学生中起到了先锋模范作用,促进了学风建设。

四、下一步加强和改进的计划

整个体系较为完整,可以进一步加强思政教育和思政队伍的作用,在教学过程中,把马克思主义理论武装与明确学生学习目的、端正学习态度、增强学习动力等问题结合起来。全体思政工作者要增强"以生为本"的理念,树立为学生服务的观念,严格对学生的日常管理,通过班会、座谈会、专题报告会、深入寝室和课堂等形式,使学生懂得读书使人智慧、学习成就未来、知识奉献社会的道理,教育广大学生正视理想与现实、立志成才与报效社会的关系,增强学生成长成才的动能。

案例点评:

十九大报告中强调要实现高等教育的内涵式发展,必须坚持把提高教育质量作为中心任务。学风建设是一个系统工程,武汉船舶职业技术学院经管学院构建了学风建设的长效机制,以学生为本,探索学风建设分类引导机制,从管理、教风、活动、榜样等多角度全方位来促进经管学院的学风建设。以各项管理制度为依托,促进各年级学生良好学习习惯的形成;以老师的教风为榜样,提高学生上课的积极性,用热忱和高质量的课堂抓住学生的心;以丰富多彩的学风特色活动为孵化器,营造良好的校园文化氛围,促进学风建设;以优秀学生为榜样,发挥他们的先锋模范作用,激发学生争先创优的内在动力。整个案例营造了良好的学习氛围,提高了人才培养质量,激发了学生奋发进取的意识,创建了武汉船舶职业技术学院经管学院"厚德、笃行、致用、创新"的良好学风。

以孝道教育为载体的高职院校德育工作案例

大连职业技术学院　张　铭

所谓孝道是指子女对父母应尽的义务,包括尊敬、赡养、关爱、送终等。传统的孝道是中国古代社会的基本道德规范,一个对父母孝顺的人,即是有道德的人。孝道教育即爱的教育。古人把孝道,即敬老、爱老、养老列为学校教育和社会教化的一项重要内容,其宽泛、多层次、全面的内涵形成了比较完整的思想体系、伦理道德观念和基本的规范,引领着孝道教育的方向。

以孝道教育为载体,对高职学生开展德育工作,是新时代进一步培育和践行社会主义核心价值体系、弘扬中华优秀传统文化、提升高职学生道德修养的有力着力点,具有广泛的辐射功能和育人效果。

加强孝道教育,可以促进高职学生的爱国主义教育,引导学生孝敬父母进而达到热爱祖国的积极意义;加强孝道教育,可以建设和谐的校园环境,以孝德扩展仁心,抵制不正当竞争,保持谦虚恭敬的态度对待他人,逐步营造出团结友善的和谐环境,从而有力地推动和谐校园建设;加强孝道教育,有助于塑造学生的感恩意识,通过孝文化唤起学生的感恩心和感恩情,用感恩心来融化人们的自私心、冷漠心和自卑心,培养与人为善、与人为乐、乐于助人的品德;加强孝道教育,有助于增强学生对家庭的担当意识,把尽孝同学生的学业和事业紧密结合起来,进而发展为对自己工作的担当、对社会的担当;加强孝道教育,可以强化学生的诚信意识,把信用作为道德底线来对待,积极提高自身的道德修养。

一、案例实施宗旨

针对当下受价值观多元化等思潮的影响,传统孝道美德在一些大学生身上出现不同程度的缺失,结合学院老年服务与管理专业和社区康复专业的特点及优势,以孝文化为基础,以感恩教育为主线,以敬老爱老、感恩父母为起点,以加强学生的品格修养,培养学生高尚的道德品质为目标,以同学间、师生间关爱互助的活动为载体,秉承"感染、召唤、传承"的理念,让学生在爱与感恩中健康成长、快乐成才。

二、案例实施过程

(一)孝之初体验——时代的召唤

2012年10月,学院"德育辅导员"崔黎明教授来我院赠书100册《谈孝道》。这是学院师生第一次近距离接触孝文化。11月党的十八大胜利召开,在党的十八大报告中,中央明确提出"文化是民族的血脉,是人民的精神家园",确立了"建设社会主义文化强国"的宏伟目标,指出要加强"四德"教育,"弘扬中华传统美德,弘扬时代新风",要"建设优秀传统文化传承体系,弘扬中华优秀传统文化"。

作为党和国家思想政治工作的重要一端和前沿阵地,高校思想政治工作承载着学习研究宣传马克思主义,培养中国特色社会主义事业合格建设者和可靠接班人的重大任务。乘着时代的东风,借着学院老龄产业群的专业优势,党的十八大以来,学院注重通过各种活动为学生传播中华民族的优秀传统孝文化,进行孝道思想教育。如:母亲节我院举办的"感恩母爱,孝心相随"活动;"孝心不能等待,携手温暖夕阳"鞍山祥颐园老年公寓宣讲会暨赠书仪式;"礼以修身,诚以养德"主题讲座;学生对祥颐园老年公寓赠予的《孝心不能等待》一书纷纷写下读后感,并通过"家书抵万金"活动对学生进行孝道感恩职业素养教育;举办"微孝时代的召唤"孝文化主题演讲比赛;在"美的视线——师德篇"总结表彰大会上,学生们感念师恩情怀的抒发被给予高度认可和鼓励,师生关系进一步升华,等等。

（二）孝之基调——家有吾儿初成长

多年来,学院在前期活动的基础上,进一步梳理工作思路,利用现代传播工具与手段,宣传"弘扬孝道文化·继承传统美德"的育人理念,使广大学生明确活动的主题和宗旨。如在校园内通过学院《立德强能报》、微信公众平台、海报、条幅、宣传板、橱窗等形式大力宣传,营造良好的舆论环境及心育氛围,日积月累,逐步建立起学院孝道文化建设工程,形成孝道文化品牌德育项目。

（三）孝之主题教育活动

1.模块一:营造孝道心育环境。

①举办感恩主题教育讲座。《孝心不能等待》一书是校企合作单位——鞍山祥颐园老年公寓的员工内部学习用书。特邀该园张军园长来大连,向全体在校生表达了当初赠书与学生的良苦用心,从企业的角度对学生进行了感恩教育,并结合老龄产业和相关专业的特点引导同学们要从此书中感受到浓烈的孝心,将孝心转化成职业道德,以孝举践行道德典范。

②举办孝道故事宣讲和涉老影片观映活动。与会学生们为孝道故事感动,更理解了"孝"的真谛;感悟到孔子孝道文化的宗旨,提倡忠于国家,推崇敬业报国,追求"小孝及家,大孝惠国"。《飞越老人院》电影让学生们懂得敬爱老人的同时,更要理解老人。

③在学校开展"读书季"系列活动期间,我院推荐学生阅读《抗战家书》一书,并围绕此书开展了"读家书""品家书""树家风"三个阶段的活动。并在阅读的基础上,鼓励同学撰写读书感悟,开展"家书征文"活动,为家人写一封充满思乡情感的书信,让同学们在异乡求学的路上,依然心系家乡,心念家人。

2.模块二:树立孝道模范典型。

①请学生党员、道德优秀学生代表等谈他们的成长经历和人生感悟,以学生党支部为依托,建立从党员到发展对象、从发展对象到积极分子、从积极分子到普通同学的传帮带制度,帮助在校学生树立远大的理想和高尚的道德情操。

②以我院老年服务与管理专业为平台,培养学生高尚的职业道德。邀请"江苏省最美养老护理员"称号获得者、我校2012届老年服务与管理专业毕业生刘振伟,为在校生讲述了他从事养老护理员岗位以来"敬老爱岗、青春无悔"的工作感悟,以此激励学生树立爱岗敬业、回报社会的职业素养。

3.模块三:切身培养孝道情感。

①"我的爱对你说"心灵寄语。通过展板和微信公众平台的"表白墙",让同学们将心底一直对家人、对长辈、对老师等想说却不敢或没有机会说的话表达出来,切身体会爱的表达和心灵的诉说。

②"你最舍不得的人"教学体验活动。将学生放置到与生命中最重要的人一个接一个挥手告别的模拟情景中，引发学生思考，触动学生情感最深处，呼唤学生要更加懂得感恩，珍惜与至亲的人在一起的每时每刻。

③举办"弘扬孝道文化·提升职业素养"PPT大赛。从技能上提升了同学们对PPT制作等办公软件的应用能力，从内容上深化了学院"孝文化"活动理念的传承和发扬，让同学们对孝有感而发，学会感恩，传递善举，与专业特色结合，为进一步提升职业素养起到积极的推动作用。

4.模块四：自觉践行孝道行为。

①进一步积极开展志愿者服务活动和社会实践活动。组织孝文化调研实践服务队，鼓励学生走进社区、养老院等来宣扬敬老美德，给老人和孩子送温暖、送关爱。

②依托春节、中秋、重阳等节日，举办"打一通电话，寄一份思念""您的心思我来猜"等活动，让学生在其中能够体验到父母的艰辛，进而强化学生的亲情意识和敬老观念。

③加强学校与家庭、社会的交流方式，积极开展学院"十佳孝子"评选活动，使孝道观念深入人心。并将"孝子"的事迹改编成剧本，以心理剧的形式将学生的孝举表现出来，进一步感染学生。

（四）孝之"辐射"效果——时代的脚步：铭记·展现·传承

从党的十八大到十九大，我院孝道文化品牌项目紧跟时代的脚步，学生逐渐将孝道理念深入心间，除了创新性地开展主题教育活动，在文体等其他活动的表现上也都处处体现学院品牌项目。

1.我院连续十余年的爱心助残品牌活动一直以来备受同学们的欢迎和热衷，纷纷加入到帮扶残疾人王龙盛叔叔的队伍中，贡献自己的一份爱心和力量。十余年风雨助残路体现了我院多年来悉心经营孝道育人理念的可喜成果，在这份薪火相传的记忆中留下了同学们爱老敬老的无悔印记。

2.通过大型活动进一步体现学院孝文化品牌项目的辐射功能。如筹备迎新晚会快板歌舞秀《孝行天下》，并由此成立孝文化形象代表队，在运动会等赛场上做进一步展现，既体现了活动宗旨，又独具特色地充实了校园文化氛围，为构建和谐校园助力。

3.敬老尊师，为表达学生对老师的感恩之情，借由"雷锋月"系列主题活动的开展，以中医保健协会为依托，开展为全校老师义务按摩活动，活动受到老师们的热烈追捧，收到良好效果，拉近了师生关系，升华了师生情感，活动在每周的持续中不断传承和发扬。

4.为弘扬中华民族爱老敬老的传统美德，进一步认真贯彻落实习近平总书记在十九大报告中对于加强社会保障体系中特别强调的，要健全老年人关爱服务体系的有关要求，切实学懂弄通做实十九大精神，举办"重阳敬老·让爱围绕"主题团日观摩活动。学生们从一名准养老护理员的角度以多种形式表达和倡导大家关爱老人从身边的小事做起，把爱传开。

三、案例实施方法

（一）把握活动命脉

注重活动积累。学院从首次接触和开展孝文化活动至今已有6年时间，这是一个不断积累的过程。活动主题的选取和形式的设计来源于党的十八大的引领，来源于老龄产业相关专业特色的需求,来源于企业文化的感染,也来源于对学生道德修养教育的要求,并逐渐取得丰硕成果。

注重活动提升。活动起步早、时间长、素材多,要注重整合和提升。去粗取精,反复推敲,做精品活动中的精品项目,做精品项目中的精品环节,层层打磨,推陈出新。

注重活动延续。以此德育项目为活动导向,进一步拓宽活动领域,保持活动延续性。学生的德育教育可以此为出发点,着力探寻新的育人引导方向,提升活动的持久性和穿透性。

（二）体现组策能力

"弘扬孝道文化·继承传统美德"系列德育活动的顺利开展,考察着辅导员作为活动发布主体的策划、宣传、表现和组织等多种能力。高品质的学生活动需要设计出学生们喜闻乐见的活动方案,设计情景活动的主题;在活动中通过出色的宣传表演让学生们身临其境,执行力强的学生会和各班委会的成员,是活动顺利开展的重要保障。

（三）形成工作机制

结合育人主题,以创建优秀个人和团队为抓手,在活动中贯穿成长成才经验和引导,完善学生的成长成才途径;结合督促检查,有计划地开展阶段性考评工作,提升活动影响力,促进活动见成效,真正使德育工作落到实处,收到实效。

四、案例取得的成效及经验

（一）孝道教育成为强化学生道德修养的有力切入点

孝道教育和学生道德修养教育,二者相互渗透,相得益彰,实现了二者培养目标的一致性,即培养道德品质与培养成品德高尚、人格完美、思想进步人的一致;实现了价值取向的相通性和教育内容的相通性,即社会和他人的生存和发展贡献的大小与"孝为德之门,德为孝之显"的相通;实现了教育内容的相融性,即对学生进行以孝道为核心和精华的传统美德教育是学生强化道德修养的重要内容。

（二）以点带面,拓宽了职业院校德育工作维度

"弘扬孝道文化·继承传统美德"系列德育工作的有效开展,使同学们从爱国、敬业、诚信、友善、感恩、担当等多个方面提升了道德修养。能够将孝道教育与高职学生社会主义核心价值观培育相互融合,从孝道教育入手开展高职学生社会主义核心价值观引领工作,是对习近平新时代中国特色社会主义思想的深刻领会,是对中国特色社会主义文化的创造性转化和创新性发展。

（三）学生将孝心转化成孝举,道德修养显著提升

孝道系列德育工作使学生的孝道观念经历了从初识到深刻领悟的阶段,情景模拟式的情感体验将学生感悟推向一个新的高度,并进一步内化于心,外化于行,通过榜样的力量影响和带动他人。在关爱空巢老人的社会实践活动中,学生自然、真实的情感流露和良好的人际沟通能力,很好地诠释了我院道德修养教育的殷实成果,收到良好的社会声誉。

五、下一步加强和改进的计划

(一)要引导学生加强对孝道的表达与践行

学院在育人过程中,无论是从活动理念的宣传、深入,到活动主题和环节的设计,还是活动形式的创新等都绞尽脑汁、煞费苦心,为的就是能让学生真正地将孝道观念内化于心,外化于行。要引导学生敢于把心里的感恩和爱说出来,孝敬父母,尊敬师长,感恩社会,回报祖国等,在点滴处尽己所能,传递正能量,温暖自己也温暖他人。

(二)让品牌项目在创新中继承和发扬

对学生道德修养方面的德育培育方向需要整合聚焦,"弘扬孝道文化·继承传统美德"主题选取了一个与我院老龄产业群专业相关的孝道领域来开展,既弘扬了中华美德和中华优秀传统文化,又有助于提升学生的职业素养。在今后的活动开展中,本院应进一步探索新的手段和方式,激发学生参与的积极性和创造性,注重活动的实效性和延展性,让品牌项目在创新中传承和发扬。

案例点评:

该案例在活动主题的选取和形式的设计上来源于党的十八大的引领,来源于老龄产业相关专业特色的需求,来源于企业文化的感染,也来源于对学生道德修养教育的要求,通过多年经营取得了丰硕成果。育人形式和内容富有针对性、实效性,具备一定的典型性经验和长效工作机制。

项目团队结合育人主题精心打磨,以创建优秀个人和团队为抓手,在活动中贯穿成长成才经验和引导,完善学生的成长成才途径;注重提升活动影响力,促进活动见成效,真正使以孝道教育为载体的高职德育工作落到实处,收到实效。

该项目下系列教育活动的有效开展,使同学们从爱国主义、仁心仁爱、感恩情怀、担当意识、诚实守信等多个方面提升了道德修养,是一项既有特色又有强大辐射功能的品牌德育项目。

防艾宣讲团防艾宣教志愿服务项目

重庆医药高等专科学校　封　晟

一、案例实施宗旨

艾滋病，简称获得性免疫综合征，具有传播速度快，病死率高，波及地区广泛的特点，并且至今无法治愈，是当今医学界最为关注的传染性疾病。世界艾滋病大会公布的数据显示，全球每天有 6000 余名 15—24 岁的青少年感染 HIV 病毒。研究表明，当前全世界 70％以上的艾滋病病毒感染者通过性传播感染的，而感染者中青少年所占的比例在 50％以上。近年来，艾滋病患病者数量在我国呈现出年增长率约 30％的高增长率，我国已进入高增长期。特别是我国青少年性观念的变化为艾滋病的快速传播创造了条件。酒吧一夜情、未婚同居等现象在高校已不足为奇。最新调查表明，我国多所高校均发现艾滋病病毒感染者。国内高校缺乏相应的性健康与防艾教育是造成这种后果的直接原因，因此，加强大学生性观念的引导，普及防艾知识，阻止大学生成为新的艾滋病高发群体，是现代高校与社会共同面临的当务之急。

近年来，针对高校防艾教育形式死板、知识宣传空洞无味、受教育者参与度不高的现状，大学生志愿者在防艾教育中所起的作用受到了学校的普遍关注，中国教育部、卫计委也明确鼓励社会组织及志愿者组织加入高校防艾教育中，对防艾志愿者的培养，不仅为高校防艾教育注入了新鲜血液，同时还极大地发挥了大学生的主观能动性，实现了宣教形式与内容的改良。

二、项目介绍

2014 年，为了认真贯彻落实教育部、卫计委在高校中开展防艾教育的系列文件精神，重庆医药高等专科学校建立了一支以学校学生处与学院党总支联合指导，辅导员具体负责，大学生积极参与的防艾志愿者组织——防艾宣讲团，该组织创新宣教模式探索并实践出适合高校学生广泛参与、主动接受的防艾宣教模式，逐渐形成了针对性强、时效性佳，有典型经验、有固定平台、有长效机制，可示范、可推广的高校大学生德育案例。

三、案例内容

（一）创新宣教形式

传统的防艾宣教主要以老师讲授，学生听从为主要的形式，重庆医药高等专科学校防艾宣讲团以参与过防艾宣教培训的学生志愿者为宣教主体，将宣教内容融入诗歌、故事、小品、快板、演讲中，通过舞台剧的形式，向学生和社区居民普及防艾教育。

这种宣教形式主要有以下两点优势：一、以同伴教育的形式向学生普及防艾知识可以有效避免尴尬，且同龄人群在心理特征、成长经历有相似性，更易被同龄人所接受；二、舞台剧的表现形式不仅激发了学生志愿者参与防艾宣教的兴趣,还摆脱了以往教师讲授的枯燥,使学生更易于接受。

(二)创新宣教内容

在宣教内容上,重庆医药高等专科学校防艾宣讲团在传统的防艾教育基础上,结合学生的青春期发育特点和当前我国对艾滋病病毒感染者颁布的若干关怀文件,融入了艾滋病警示教育,青春期性健康教育,关"艾"(艾滋病人)教育等内容。并将这些教育内容巧妙地融入诗朗诵、小品、诗歌、快板等的表现形式中,使教育内容全面而生动。

(三)整合宣教资源

为了更好地推动防艾宣教活动,重庆医药高等专科学校防艾宣讲团整合校内外资源,主动为在校学生与社区大众提供服务。宣讲团将学校医学检验技术专业的学生作为防艾志愿者的主要来源,在发挥自身专业优势的同时,增加了学生的实践经验。在指导老师的分工上,由负责思想政治教育的学生辅导员为带队老师,负责队伍建设;由校内外负责艾滋病教育工作的老师作为专业指导老师,对宣讲内容进行指导。

(四)营造防艾校园文化

为了防艾志愿宣教活动在连续性和规模上有所创新,形成良好的防艾文化氛围,重庆医药高等专科学校防艾宣讲团于每年9—12月针对新生打造"青爱季"防艾主题教育活动。通过接受教育,新生对高校艾滋病的现状、防艾知识、艾滋病的警示等有所了解。学校展开的防艾教育活动有防艾宣讲团走进新生,防艾电影赏析,防艾知识竞赛,防艾主题班会,防艾承诺书,世界防艾日签名等。并通过在教室、食堂、宿舍等人群集中的地方张贴防艾宣传海报的方式,校园内逐渐形成长期防艾文化氛围。学生置身于防艾校园文化中,能够更好地认识、了解艾滋病。

(五)培养防艾志愿者队伍

防艾宣讲团是青年志愿者视域下的志愿服务组织,也是学校众多社团之一。要保障社团健康、持续的发展,就需要一个稳定、系统的组织者对其加以统一领导。学生社团的产生和发展具有自发性和自由性的特点,且很容易吸引广大学生的参与。但社团在人员管理方面存在的问题制约着自身的发展,常常出现"虎头蛇尾,一届期满,人员散尽"的局面。防艾宣讲团通过不断的探索与创新,在社团里建立团支部,凝聚团员力量,也能带动防艾宣讲团其他社员,将团组织建设的理念、实务、制度等优势作用于宣讲团内部,并做到届届传递,使社员在原有感情基础上强化了组织纪律观念,减少了社员的流动性,增强了社团的凝聚力与稳定性。

四、案例实施方法与过程

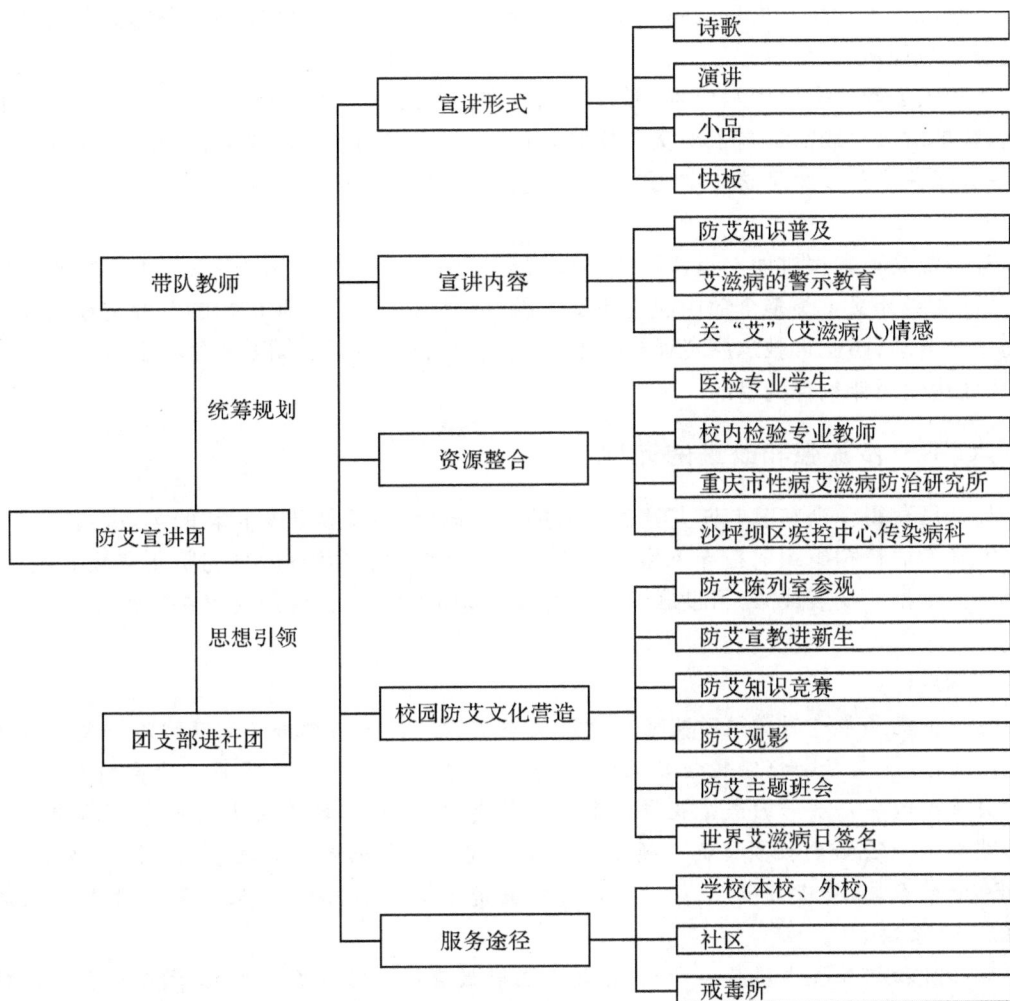

图 1　防艾宣教实施方法与过程

五、案例取得的成效及经验

(一)主要成效

自重庆医药高等专科学校防艾宣讲团成立以来,每年招募 20 余名专业扎实、特长突出的"防艾志愿者",志愿者通过小品、快板、演讲、知识讲解和实验展示等多种大众化形式,在高校、社区、戒毒所等地开展防艾宣教活动。累计宣讲高校学生、社区居民、戒毒所学员15000 余人次。人民网、重庆日报、重庆电视台、中国青少年艾滋病防治工程官网、沙坪坝区电视台等多家媒体对活动进行了报道、转载。

(二)主要经验

1.领导重视。学校成立了青春健康工作小组,由书记、校长亲自挂帅,党委学工部牵头协调,并由医学技术学院负责具体实施。在实施过程中,学院党总支安排专职辅导员进行指导,并将学生在该平台的锻炼作为共青团推优、学生党员发展的考核指标之一。使防艾宣讲团成了继团总支学生会之后又一个培养与发展学生的舞台,从而保障了防艾宣讲团团体机制的延续与稳定。

2.模式创新。宣讲团在内容、形式、方法、文化营造等多个方面都进行了创新,学生通过诙谐、幽默的舞台表演提高了防艾宣传的兴趣、增强了参与度。防艾宣讲团在舞台宣讲的同时,一并担任了学校大型防艾主题"青爱季"教育活动的组织者,带领其他同学共同学习爱,不要"艾"。

3.资源共享。宣讲团与重庆市疾病预防控制中心性病艾滋病研究所、沙坪坝地区疾控中心、江北绿叶义工等多个部门建立防艾宣教共建协议,利用专业机构的资源在校内外开展防艾宣教活动;防艾宣教志愿者通过接受专业组织、机构的培训,以此为基础再延伸培训他人,从而达到同伴教育的目的。

六、下一步加强和改进的计划

1.从已获得受众在参与防艾宣教前后的问卷调查中,确认防艾宣教的实效性。

2.在专业机构组织的指导下增加和改良具有针对性、普及程度高的防艾宣教节目。

3.逐步推广实践成果,帮助联谊学校并建立联谊学校自己的防艾宣讲组织。

案例点评:

重庆医药高等专科学校防艾宣讲团防艾宣讲项目是中国性病艾滋病防治协会高校防艾基金项目、重庆市社会科学规划普及项目、沙坪坝区科委创新科普项目中重要的组成部分。该项目连续两年以第一的成绩获得由重庆市教委、重庆市卫计委主办的重庆市高校青年领跑防艾 E 时代公益创投项目优秀项目奖。项目成立 4 年来累计宣教学生、居民、戒毒所、学院 15000 余人。《重庆日报》三度对我校防艾宣讲活动进行了报道,人民网、新浪网等主流媒体报道 30 余次。

该项目积极开展志愿服务活动,在鼓励自我教育的同时开展同伴教育,并配合政府部门服务社会。从队伍培养到活动实践,探索出了一套可参考、可推广、可复制的高教德育工作经验。该项目曾写入重庆市卫计委上报国家卫计委校园防艾工作的典型案例中,多次获得重庆市卫计委和疾控中心相关领导的肯定与好评。

后 记

　　2017 年 12 月 14 日,由中国职业技术教育学会德育工作委员会主办、中国职业技术教育学会德育工作委员会高职德育研究中心和海南经贸职业技术学院承办的第三届全国高职院校"立德树人"交流研讨会在海口举行。来自全国 67 所高职院校的 200 余名代表参加了会议。会上,中国职业技术教育学会副会长、高职德育研究中心主任、浙江金融职业学院党委书记周建松做了主旨报告,高职德育研究中心副主任、海南经贸职业技术学院党委书记张继友做了专题报告,来自江苏建筑职业技术学院、温州职业技术学院、扬州工业职业技术学院、浙江经贸职业技术学院、安庆职业技术学院、武汉铁路职业技术学院、海南经贸职业技术学院、长沙职业技术学院等 8 所代表院校进行了深入的交流,从不同角度分享了立德树人的经验与做法。南京交通职业技术学院党委副书记许正林,大连职业技术学院副院长王连云,福建卫生职业技术学院党委副书记林建团分别主持了主旨报告、专题报告和下午的交流会。

　　结合第三届全国高职院校立德树人交流研讨会会议精神,为积极贯彻党的十九大精神和习近平新时代中国特色社会主义思想,落实全国高校思想政治工作会议精神,进一步推进高职院校立德树人工作,高职德育研究中心于 2017 年 12 月在全国高职院校中开展了德育工作主题论文和优秀案例征集活动,活动得到了全国各地高职院校的积极响应。为巩固活动成果,扩大活动的影响面,更进一步推动全国各地高职院校的交流,经组织专家评审,高职德育研究中心在本次征集的文章中精心挑选了 32 篇论文和 20 篇案例结集汇编出版。

　　由于人力、物力以及时间的限制,编者在汇编过程中只是对部分文章的个别文字和参考文献进行了修改查核,论文的学术责任由作者本人承担,不当或不妥之处请论文作者理解见谅。感谢中国职业技术教育学会德育工作委员会领导对本文集出版的大力支持,感谢浙江工商大学出版社刘韵老师为出版此书所做出的辛勤付出。

　　由于时间仓促,疏漏错误之处在所难免,诚挚希望得到同行、专家和读者的批评指正。

本书编写组

2018 年 9 月